经济管理学术文库·管理类

最后一公里协同配送路径优化研究

Cooperative Vehicle Routing Optimization in
Last-Mile Delivery

李　建／著

经济管理出版社
ECONOMY & MANAGEMENT PUBLISHING HOUSE

图书在版编目（CIP）数据

最后一公里协同配送路径优化研究/李建著 . —北京：经济管理出版社，2023. 10
ISBN 978-7-5096-9424-4

Ⅰ.①最…　Ⅱ.①李…　Ⅲ.①物资配送—最佳化—研究　Ⅳ.①F252. 2

中国国家版本馆 CIP 数据核字（2023）第 215345 号

组稿编辑：张巧梅
责任编辑：张巧梅
责任印制：黄章平
责任校对：蔡晓臻

出版发行：经济管理出版社
　　　　　（北京市海淀区北蜂窝 8 号中雅大厦 A 座 11 层　100038）
网　　址：www. E-mp. com. cn
电　　话：（010）51915602
印　　刷：北京晨旭印刷厂
经　　销：新华书店
开　　本：720mm×1000mm/16
印　　张：15. 75
字　　数：292 千字
版　　次：2023 年 12 月第 1 版　　2023 年 12 月第 1 次印刷
书　　号：ISBN 978-7-5096-9424-4
定　　价：88. 00 元

前　言

　　最后一公里配送是企业与顾客联系的最前线，关乎企业的品牌形象和客户的服务体验。如何降低"最后一公里"的成本，提高配送领域的科学与精细化管理、决策和运营水平，是企业面临的重要问题。企业仅考虑单一配送环节、单一主体或单一方式的配送优化能获得的改进已经越来越少，有的甚至已消失。然而，建立多业务、多环节和多主体协同配送模式能帮助物流配送企业改进资产利用、分摊投资成本、取得经济规模效应、减少碳排放及开发新市场，因此，为了实现绿色高效的可持续发展，研究者和实践者开始考虑通过多要素协同优化配送业务。

　　本书重点考虑三个方面的协同：一是自有车辆与租赁车辆的协同；二是货物派送与集取之间的协同；三是同一企业多个车场（配送中心或站点）或多个企业（主体）之间的协同。内容安排上，本书主要包括两大部分：第一部分包括第1章和第2章，概述研究的背景意义及相关文献研究现状；第二部分是本书的主体部分，包括第3章至第13章，该部分又可进一步分为三部分：第3章研究自有车辆和租赁车辆的协同配送问题，第4章至第8章研究派货和集货的协同配送问题，第9章至第13章研究多个车场（配送中心或站点）或多主体（配送企业）之间的协同配送问题。

　　在本书研究成果形成过程中得到了许多业界专家的指导、建议和帮助，中国科学技术大学余玉刚院长、郭晓龙教授，东南大学达庆利教授、张永教授，合肥工业大学裴军教授，武汉科技大学马云峰教授，美国佛罗里达大学 Panos M. Pardalos 教授，他们在本书的相关研究中提供了宝贵的建设性意见，在此表示衷心的感谢。在研究的形成和书稿出版过程中还得到了同事和学生的大力支持，江亿平、汪浩祥、李阳、王瑞、李婷婷、李张敏、梁孟娇、高树杰、夏灵、邵洁、彭杭，借此机会向他们表示诚挚的谢意。最后，还要特别感谢经济管理出版社编辑对本书出版的辛勤付出。

尽管笔者倾注了多年的精力和努力研究最后一公里的协同配送路径优化，试图较深入、全面地展示该领域的研究动态，但限于认知和水平，书中难免存在不妥之处，恳请读者批评指正。

李　建

2023 年 11 月 3 日

目　录

第1章 概论

1.1 研究背景

随着我国市场经济的发展，作为"第三利润源泉"的物流对经济活动的影响日益明显，越来越得到了人们的重视，2017 年 10 月党的十九大报告正式将物流网和信息网纳入支撑国民经济发展的基础设施建设范畴。2022 年，全国社会物流总额达 347.6 万亿元，比 2012 年翻了一番；物流业实现营业总收入 12.7 万亿元，比 2012 年增长 69 倍，年均增长 84%；社会物流总费用占 GDP 的比重降为 14.7%[1]。

物流的基本功能包括运输、储存、装卸搬运、包装、流通加工、配送、信息处理七个方面。据统计，运输费用在整个物流费用中的比重一般为 40% ~ 60%[2]。近年来，随着市场一体化进程逐步加快、网络经济的出现，商品经济快速发展，经济要素流动规模和质量迅速提升，人们的生产生活方式发生了急剧变革，公路小件快运市场呈现需求旺盛的态势，以批量小、价值高、时间紧、个性化为特征的小件货物运输需求日益增长。据 2022 年中国快运快递业研究咨询报告显示，我国快递市场规模高达 1.05 万亿元[3]。随着高新技术的发展，小批量多品种、高附加值高技术含量的工业产品也促进了小批量多批次的运输发展。

以下几个方面的发展也进一步促进了最后一公里协同配送问题的研究：

（1）共同配送。城市物流共同配送，即依托专业化第三方物流或供应商为多个商贸企业、社区门店等共同配送；或连锁企业集中采购，利用其物流为所属门店和社会企业统一配送；或企业与社区便利店合作开展网订店取，建设公共自助提货柜等，使现代物流向绿色、节能、智能等方向发展。政府积极推行共同配送，2019 年商务部发布的《商务部办公厅关于复制推广城市共同配送试点经验的通知》总结了在构建布局合理、运行有序、绿色环保的城市共同配送服务体系工作中形成的 5 个方面共 16 条典型经验。其中，共同配送模式主要包括物流园区落地模式、连锁经营统一配送模式、商圈便利店共同配送模式、专业市场商户共同配送模式、末端资源共享模式、统仓统配模式、信息平台整合资源模式等。2023 年中央一号文件明确提出，要加快完善县乡村电子商务和快递物流配送体系，建设县域集采集配中心，推动农村客货邮融合发展，大力发展共同配送、即时零售等新模式，推动冷链物流服务网络向乡村下沉。农村客货邮融合发展是统筹解决农民群众出行、物流配送、寄递服务三个"最后一公里"问题的重要模式。农村客货邮融合发展主要通过主体融合、运力融合、产业融合，从而实现农村客运、农村物流与农村寄递优势互补、融合发展、资源整合、共同繁荣，有利于实现资源共享、复用、可持续。

（2）逆向物流的发展。逆向物流是指在企业物流过程中，由于某些物品失去了明显的使用价值（如加工过程中的边角料、消费后的产品、包装材料等）或消费者期望产品所具有的某项功能失去了效用或已被淘汰，将作为废弃物抛弃，但在这些物品中还存在可以再利用的潜在使用价值，企业为这部分物品设计一个回收系统，使具有再利用价值的物品回到正规的企业物流活动中来[4]。随着环境污染的日益严重，一些国家（如德国、日本和美国）已经立法要求企业回收产品的包装材料[5]，我国也制定了电子产品回收的相关法规[5]，因此逆向物流备受关注。美国逆向物流委员会的调查表明，2003 年的美国逆向物流成本达到400 亿美元，从事再制造的企业在美国有 73000 家，年销售额超过 530 亿美元。而在我国，逆向物流还有较大的发展空间。矿产资源的总回收利用率为 30%～50%，比世界平均水平低 10%～20%，单位产品能耗为世界平均水平的 2.3 倍，主要用能产品单位能耗比世界先进水平高 40%，每年可综合利用的固体废弃物和可利用的再生资源，没有利用其价值的高达 500 多亿元。我国工业中产品能源、原材料的消耗占企业生产成本的 75% 左右，若降低 1% 则可以取得 100 多亿元的效益[6]。

（3）人工智能、现代通信和计算机网络技术的发展。人工智能的发展为复杂问题的决策提供了有力的工具，现代通信和计算机网络技术的发展为车辆的实时有效调度提供了技术条件。

（4）汽车车厢设计的改进。为了适应物流配送的需要，车厢设计也发生了变化，如多门设计为卸货和上货提供了方便。

最后一公里配送问题大多归结为车辆路径问题及其变体，该问题除了在运输和物流配送中的实际应用外，由于其为 NP-Hard 难题，求解该问题极具挑战性，因此引起了运筹学、应用数学、物流科学、交通运输工程、管理科学与工程和计算机应用等学科的专家、工程技术人员和管理者的极大兴趣。大量关于车辆路径问题的学术论文发表于交通运输、运筹学、管理科学、计算科学以及应用数学的顶级期刊上，如 *Management Science*、*Operations Research*、*INFORMS Journal on Computing*、*Transportation Science*、*Transportation Research*、*European Journal of Operational Research* 和 *Computers & Operations Research* 等。因此，车辆路径问题的研究，成为"最近半个世纪运筹学领域最成功的研究之一"[7]。

综上所述，研究最后一公里协同配送问题具有重要的理论和现实意义：有助于丰富车辆路径、运输和运筹学等的研究内容，也有助于提高配送效率和服务水平、节约能源、减少污染、降低成本。

1.2　章节安排

本书内容主要包括两大部分：第一部分包括第 1 章和第 2 章，概述研究的背景意义及相关文献研究现状；第二部分是本书的主体部分，包括第 3 章至第 13 章，该部分可进一步分为三部分：第 3 章研究自有车辆和租赁车辆的协同配送问题，第 4 章至第 8 章研究派货和集货的协同配送问题，第 9 章至第 13 章研究多个车场（配送中心或站点）或多主体（配送企业）之间的协同配送问题。具体内容如下：

第 1 章为概论。指出本书的研究背景、研究意义及研究的主要内容。

第 2 章为协同配送问题的国内外相关文献综述。首先，回顾了国内外单向车辆路径问题的研究现状；其次，分析了集散车辆路径问题的特征、研究分类和研究方法；再次，简述了多车场车辆路径问题和非对称车辆路径问题的研究现状；最后，总结了车辆路径问题的发展趋势。

第3章研究考虑车辆租赁的第三方物流多车型硬时间窗路径问题。分析租赁条件下的第三方物流多车型硬时间窗车辆路径问题的特点，建立以车辆租赁费用和运行费用最小为目标的模型，并提出结合模拟退火法的混合遗传算法。通过数据计算验证算法的有效性，分析多车型容量对租赁车辆决策的影响。

第4章研究大规模同时集散货物路径问题的算法设计。首先，应用分形理论中的空间填充曲线法求解初始解；其次，将当前解分解成几个独立的路径子集合；再次，用新禁忌搜索法求解每个路径子集合；最后，再将子集合求得的最好路径组成新的当前解，其中新禁忌搜索算法集成了大量的邻域搜索方法，采用了重启和扰动策略，并通过数据测试验证算法的有效性。

第5章研究业务繁忙环境下的带时间窗的同时集散货物路径问题。分析该问题的多目标特征，以车辆数、运输里程和完成运输任务总时间最小为目标，建立多目标模型，并提出分解迭代算法。通过单向车辆路径问题的测试数据验证算法的有效性，并比较带时间窗的同时集散货物路径问题在不同权重目标下的成本值。

第6章研究配送车辆数和车辆工作时间有限的多趟次集散货物路径问题。以车辆数和运输里程最小为目标建立基于集合划分的多目标模型。针对该问题包括路径安排和路径分配两个子问题，提出允许不可行解的禁忌搜索法。该方法中路径安排采用4种邻域搜索方法和重启策略，路径分配采用初次分配和二次调整策略。通过算例验证该方法的有效性，比较多车次安排路径与单车次安排路径的成本。

第7章研究逆向需求模糊的同时集散货物路径问题。该问题的特点是客户可以同时取货和发货，而且客户发货量在路径安排前是不确定的。首先用三角模糊数表示客户发货量，建立基于模糊置信度理论的多目标模型，然后设计基于模拟的改进禁忌算法来求解该模型。该算法用模拟的方法计算路径失败值，在路径搜索中采用路径内部改善和路径间改善两类邻域操作，而且采用重启策略。通过算例计算验证该算法的有效性，并比较同时安排集散客户的运输成本与分开安排的运输成本。

第8章研究逆向需求动态出现的混合集散货物路径问题，即逆向需求出现的时刻、位置以及要求服务的时间和发货量事前是完全未知的，且具有时间窗约束的混合集散货物路径问题。将问题的求解过程分为静态和动态两阶段，每阶段分别用记录更新算法求解。记录更新法中采用随机大邻域搜索法及重启和扰动策略来提高解的质量，并通过约束邻域搜索范围和设计常量可行性检查两种策略来减少计算时间。通过数据测试验证算法的有效性，并比较单独安排动态客户的运输成本和将动态客户整合在集散客户中的运输成本。

第 9 章研究同时送货和取货的多车场车辆路径问题（MDVRPSDP），本章针对 MDVRPSDP 开发了一种基于迭代局域搜索的亚启发式方法，并为了增强搜索能力，在迭代局域搜索的改进步骤和扰动步骤中分别嵌入了自适应邻域选择机制。此外，为了使搜索多样化，还提出了新的扰动算子。计算结果表明，该方法优于以往的 MDVRPSDP 解决方法。此外，当应用于 VRPSDP 基准测试时，其计算结果优于大邻域搜索、粒子群优化及蚁群优化方法。

第 10 章研究了一种带时间窗的多车场车辆路径问题的新变体。在新的变体中，车辆终点的车场是灵活的，也就是说，它与起点的车场并不完全相同。在时间窗、车辆容量和路径持续时间、车队规模和各车场车辆数的约束下，以最小的总出行成本建立了一个整数规划模型。由于该问题是一个 NP-Hard 问题，所以提出了一种具有自适应局部搜索的混合遗传算法来解决该问题。最后，计算结果表明，该方法在求解质量方面具有竞争力。与传统的 MDRPTW 相比，允许灵活选择停车场可以进一步降低总出行成本。

第 11 章研究在共享车场资源下，允许车辆的路径从一个车场出发，结束于任意车场，为路径安排提供了更多的选择，潜在地减少了配送距离和燃料消耗。通过定义非共享车场与共享车场的效益比来量化效益，并证明了路径距离和油耗的最大效益比可达 2。然后通过数据实验分析了影响效益比的因素。计算结果表明，共享车场资源的优势取得在于具体实例特征。研究发现其中三个特征对相对效益具有重要意义，即车场—客户地理分布、最大路径距离和车场数量。

第 12 章研究了车辆路径问题的一个新变体，即农机维修中的非对称多车场车辆路径问题。不仅存在节点服务（例如，部件更换），还存在有向弧服务（例如，将故障的农业机械从农场位置拉到指定的维修站）。问题中存在多个约束条件，包括客户的时间窗口、修理工最长工作时间、车队规模、车辆容量等。我们将该问题转化为带时间窗的非对称多车场车辆路径问题，建立了总成本最小的数学规划模型，并且基于复合邻域的离散萤火虫算法提出了一种新的邻域求解方法，还提出了评估持续工作时间不可行性的新程序，以减少额外的计算复杂度。计算结果表明，该方法优于 CPLEX 求解器，特别是对于设计的大规模算例。此外，该方法在求解带时间窗的多车场车辆路径问题基准算例方面优于其他算法。

第13章针对生鲜农产品合作配送的旅行商问题，采用核心法、shapley 值法、GQP 法、简化的 MCRS 法和按比例分配成本方法，对合作者成本分配进行研究。结果表明：①形成大联盟时各个客户所分摊的成本比单独配送成本节约了 11.7%～80.9%，即合作更有利；②低需求的客户更应与其他客户形成联盟，而客户的需求量较高时，其与其他客户形成联盟的条件较严格；③采用核心法的分配方案优超于其他方法；④在缺少软件设备等情况下，可优先选择按第三方物流成本比例分配方法进行成本分配，其次选择按客户的需求量比例分配的方法。

参考文献

［1］经济观察报 . 2022 年全国社会物流总额为 347.6 万亿元，同比增长 3.4%［EB/OL］. https：//baijiahao. baidu. com/s？id = 1758679658200803967&wfr = spider&for = pc，2023-02-24.

［2］中国物流与采购联合会 . 中国物流发展报告 2007-2008［R］. 北京：中国物资出版社，2008.

［3］华经情报网 . 2023 年中国快递行业发展现状、竞争格局及发展趋势预测［EB/OL］. https：//baijiahao. baidu. com/s？id = 1767938982367691015&wfr = spider&for = pc，2023-06-06.

［4］达庆利，黄祖庆，张钦 . 逆向物流系统结构研究的现状及展望［J］. 中国管理科学，2004，12（1）：131-138.

［5］Alshamrani A，Mathur K，Ballou R H. Reverse logistics：Simultaneous design of delivery routes and returns strategies［J］. Computers & Operations Research，2007，34（2）：595-619.

［6］申成霖 . 基于循环经济理论的逆向物流网络规划研究［D］. 天津：天津大学管理学院，2004.

［7］Canen A，Scott L G. Bridging theory and practice in VRP［J］. Journal of the Operational Research Society，1995，46（1）：1-8.

第2章　相关文献综述

车辆路径问题（Vehicle Routing Problem，VRP）自学者 Dantzig 和 Ramser[1] 于 1959 年提出以来，产生了大量的研究成果。为了展示其发展趋势，概述各种单向车辆路径问题的研究现状，综述了集散车辆路径问题的特征、研究类型和求解算法，简述了多车场路径问题及非对称车辆路径问题的研究现状；最后指出了车辆路径问题的发展趋势。本书不区分车辆路径和车辆路线及配送中心（站点）和车场的差别。为了叙述方便，本书将学者 Dantzig 和 Ramser[1] 提出的车辆路径问题称为单向车辆路径或经典车辆路径问题。

2.1　单向车辆路径问题

单向车辆路径问题是一个经典的组合优化问题，其主要研究满足约束条件的最优的车辆使用方案以及最优的车辆路径方案。从图论的角度，单向车辆路径问题定义如下. 设 $G-(V_0,E)$ 为一个完备的无向图，其中 $V_0-\{0,1,2,\cdots,L\}$ 为节点集，$E=\{(i,j),i,j\in V,i\neq j\}$ 为边集。$V=V_0\setminus\{0\}$ 表示客户点集，0 代表车场（配送中心），一队具有相同额定载重量 Q 的车辆从车场（配送中心）对客户点进行配送服务。每个客户有一个固定的需求 q_i 和固定的服务时间窗 $[ET_i,LT_i]$。每条边 (i,j) 赋有一个权重，表示距离或者旅行费用 c_{ij}。通常，假设 $C=(c_{ij})$ 满足三角不等式，即 $c_{ij}\leqslant c_{ik}+c_{jk}$，$i,j,k\in V$。车辆路径问题的优化目标为：确定一个具有最小车辆数和对应的最小距离或者费用的路径集，其满足下列约束条件：

（1）每一条车辆路径开始于车场（配送中心），而且也结束于车场（配送中心）；

（2）每个客户的需求必须满足，只能被访问一次，且只能由一辆车服务；

（3）每一条车辆路径总的顾客需求不超过车辆额定载重量 Q；

（4）每一条车辆路径满足一定的边约束，比如持续时间约束和时间窗约束等。

2.1.1 单向车辆路径问题的构成要素

单向车辆路径问题典型的要素包括：客户、司机、车辆、路径及道路网络、车场（配送中心）数目、信息特征和目标函数[2,3]。单向车辆路径问题的示意图如图 2-1 所示，各要素的主要特征如下：

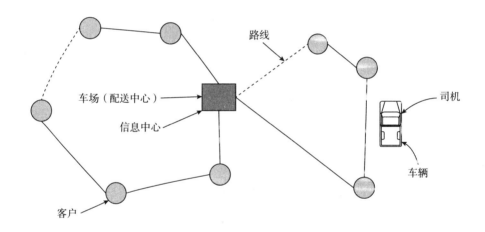

图 2-1 单向车辆路径问题示意图

2.1.1.1 客户

本书用客户表示运输网络上的节点，可以代表实际车辆路径问题中任意类型的服务对象，如零售商店、分销点、快递物流中的个体家庭、货物配送分支点等。客户的典型特征包括以下几个方面：

（1）时间窗；

（2）取货、送货或既取货也送货；

（3）对司机和车辆的特别要求；

（4）产品类型和数量要求。

2.1.1.2　司机

司机的工作制度和驾驶水平均影响车辆的调度和安排，具体特征为：

（1）工作时间和休息时间；

（2）多车型的要求；

（3）相关法规的要求。

2.1.1.3　车辆

车辆的具体特征包括以下几个方面：

（1）车队类型及规模；

（2）车辆货箱的结构（多门设计，多箱）；

（3）车辆的特殊装备（装卸设备，无线通信设备及定位系统等）；

（4）是否需要回到出发车场；

（5）对司机的要求；

（6）不同的费用结构。

2.1.1.4　路径及道路网络

（1）两点间旅行时间是否随时间变化；

（2）道路是双向通道还是单向通道。根据运输网络中连接两点的道路特征的不同，相应的弧可以分为有向弧和无向弧。有向弧是指车辆仅可以向一个方向行驶的道路，比较典型的是城市交通网络中单向行驶的道路；无向弧是指车辆可以在两个方向上行驶的双向道路。对应于每条弧，赋有一个非负的费用权重，根据实际研究的需要，可以赋予它不同的含义，例如可以表示两点之间的旅行距离、旅行时间等。

2.1.1.5　车场（配送中心）数目

车场（配送中心）是指车辆出发或结束的地方。在车辆路径调度研究中，有多车场（配送中心）和单车场（配送中心）之分。

2.1.1.6　信息特征

根据已知信息特征的不同，将车辆路径问题分为静态车辆路径问题和动态车辆路径问题，其中静态车辆路径问题又可以分为确定性车辆路径问题和不确定性车辆路径问题。

2.1.1.7　目标函数

在车辆路径问题的研究中，常用目标函数有以下几个方面：

（1）最小化全部运输费用；

（2）最小化使用的车辆数；

（3）平衡路径差异（包括旅行时间和装载量）；

（4）最小化惩罚费用。

2.1.2　单向车辆路径问题的扩展与研究概述

单向车辆路径问题的扩展是指在经典车辆路径问题的基础上，通过修改其假设条件或增加特征约束产生新问题。图 2-2 给出车辆路径基本扩展问题与经典车辆路径问题的关系，该图仅给出了加入单一特征之后的扩展车辆路径问题，若将多种特征加入经典车辆路径中，将产生更加复杂的扩展问题。

由于车辆路径问题将运筹学理论和企业物流活动紧密联系在一起，自提出后便引起运筹学、图论与网络分析、应用数学、物流科学、交通运输、计算机应用等学科的专家和管理者的重视，成为运筹学和组合优化领域的前沿和热点问题。单向车辆路径问题经过 60 多年的研究已取得了丰硕的成果，本书从确定性、不确定性和动态性三个方面总结单向车辆路径问题的研究概况。

2.1.2.1　确定性单向车辆路径问题

由图 2-2 可知，通过对经典车辆路径问题加入不同的要素特征（客户、司机、车辆、路径及道路、场站数目和目标函数）产生更加具体的实际问题。经典车辆路径问题研究时间最长，研究的文献也最多，文献[3-8]总结经典车辆路径问题的研究，其算法主要分为三类：精确算法、启发式算法和亚启发式算法。精确算法有分支界定算法、分支割平面法及基于集合划分的算法。如：文献[9-18]用精确算法研究了经典车辆路径问题，文献[19-28]采用启发式算法研究了该问题，文献[29-33]分别用模拟退火算法、禁忌搜索算法、遗传算法、蚁群算法和神经网络算法研究了经典车辆路径问题。

带时间窗的单向车辆路径问题（Vehicle Routing Problem with Time Windows，VRPTW）是在经典车辆路径问题的基础上，对于顾客点 i 设置了一个服务时间窗 $[ET_i, LT_i]$，车辆对顾客点的服务只能在时间窗里面完成。根据时间窗的性质不同，它又可以分为两类：硬时间窗车辆路径问题（VRP with Hard Time Windows，VRPHTW）和软时间窗车辆路径问题（VRP with Soft Time Windows，VRPSTW）。硬时间窗要求每个顾客的服务必须在时间窗口内完成，若超出相应的时间窗口，则对应的解为非可行解。而在软时间窗车辆路径问题中，每个顾客的服务可以不在时间窗口内完成，但若超出相应的时间窗口，则对其解的目标函数给予一定的

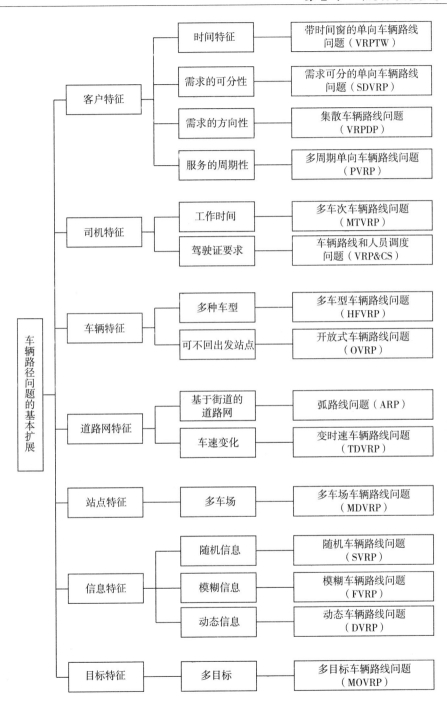

图 2-2 车辆路径问题的基本扩展

惩罚。文献[34-36] 分别总结了近三十年带时间窗的单向车辆路径问题在精确算法、启发式算法和亚启发式算法方面的研究。

需求可分的单向车辆路径问题是经典车辆路径问题（Split Delivery Vehicle Routing Problem，SDVRP）的松弛问题，也是 NP-Hard 问题[37]。在经典车辆路径问题中，每个顾客点的配送服务只能由一辆车完成；在 SDVRP 中，顾客点的需求可以同时被几个车辆分割来服务，而总的车辆数或车辆旅行费用可以得到减少。如：文献[38-41] 研究了需求可分的单向车辆路径问题。

多周期单向车辆路径问题（Periodic Vehicle Routing Problem，PVRP）通过延长服务时间拓展经典车辆路径问题。与经典车辆路径问题相比，在多周期单向车辆路径问题中，车辆服务的计划周期被扩展到多天，在该计划周期内，每个顾客点至少被访问一次。在该问题中，需要决定当天访问的客户点及路径安排。如：文献[42-45] 分别用启发式算法、禁忌搜索算法、分散搜索和可变邻域算法研究了该问题。

多车次单向车辆路径问题（Multi-trip Vehicle Routing，MTVRP）是经典车辆路径问题的松弛问题。在经典车辆路径问题中，一般假设车辆只服务一条线路（即一车次），而现实中车辆数是有限的，往往需要车辆在计划期内出驶多次。该问题需要决定路径的分配和路径访问顺序问题。如：文献[46-47] 用启发式算法研究了多车次车辆路径问题。

单向车辆路径和人员调度问题（Vehicle Routing and Crew Scheduling Problem，VRP&CS）是在经典车辆路径问题的基础上考虑了司机（或装卸工）的分配与调度问题。由于司机（或装卸工）的工作时间制度及技术特点的要求，需要安排特定的司机（或装卸工）驾驶（或装卸）特定车辆（或货物）。该问题既要考虑人员安排，又要考虑访问路径的顺序。如：文献[48] 研究了车辆路径与装卸工的调度问题，文献[49] 研究了车辆路径和司机的调度问题。

多车型单向车辆路径问题（Heterogeneous Fleet Vehicle Routing Problem，HFVRP）从研究的内容来看有两类：一类是每种车型的数量是无限的，另外一类是每种车型的数量是有限的。如：文献[50] 用禁忌搜索研究了第一类问题，文献[51] 用记录更新法（Record-to-record Travel Algorithm）研究了第二类问题。第一类问题适合于战略决策，第二类问题适合于战术层和操作层决策。

开放式单向车辆路径问题（Open Vehicle Routing Problem，OVRP）中，车辆不需要回到出发的车场，如果它们被要求回到车场，则必须沿原路返回。在业务外包条件下，企业并不需要车辆服务完最后一个顾客后回来。文献[52,53] 对开放式单向车辆路径问题作了较深入的研究。

弧路径问题（Arc Routing Problem，ARP）是用一组车辆服务城市中的街道，以费用最小为目标，也是 NP – Hard 难题[54]。ARP 与 VRP 的最大区别就在于：VRP 中需要进行服务的是一系列点，而 ARP 中需要进行服务的则是一系列边。如：文献[55] 用改进的启发式算法研究了该问题。

变时速单向车辆路径问题（Time Dependent Vehicle Routing Problem，TD-VRP）研究速度随时间变化的车辆路径安排问题。在商品运输和配送过程中，往往由于交通路网上周期性的事件导致在相同路段上的车辆行驶速度随着时间的变化而发生周期性的变化。例如，对于同一路段，在上下班高峰期车辆行驶速度小于非高峰期的行驶速度。而在经典车辆路径问题中常常假定车辆在路段上的行驶时间为定值，这就导致了模型描述与实际情况的差异，给理论在实际中的应用造成困难。为此文献[56-60] 分别用启发式算法研究了该问题。

多车场单向车辆路径问题（Multi–depot Vehicle Routing Problem，MDVRP）是经典车辆路径问题的扩展，指的是有限个车场（配送中心）同时对多个用户进行服务，各用户有一定的货物需求，每个车场（配送中心）都可提供货物，并有车队负责执行运输任务，要求对各车场（配送中心）的车辆和行驶路径进行适当的安排，在保证满足各用户需求的前提下，使总的运输成本最低。如：文献[61] 用禁忌搜索算法研究了多车场车辆路径问题，文献[62] 用改进的遗传算法研究了带时间窗的多车场车辆路径问题，文献[63] 用遗传算法研究了多车场车辆路径问题。

多目标单向车辆路径问题（Multiobjective Vehicle Routing Problem，MOVRP）是单目标单向车辆路径问题的拓展。车辆路径问题中常用的目标有运输费用、车辆数、路径平衡和惩罚费用等。如：文献[66] 以总的旅行时间和客户等待时间最小为目标函数研究了带时间窗的车辆路径问题，文献[67] 以车辆数和旅行距离最小为目标函数研究了带时间窗的车辆路径问题，文献[68] 以总运输路径最短、尽量准时到达、使用尽可能少的车辆数为目标函数研究了车辆路径问题，文献[69] 以各辆车的运行时间差异最小为目标函数研究了车辆路径问题。

2.1.2.2　不确定性单向车辆路径问题

不确定性车辆路径问题中部分信息（如客户位置、客户需求、车辆行驶时间等）以不确定的形式出现（如随机、模糊），且所有信息在决策前是完全已知的，输出结果是由该系列非确定性输入信息而得到。不确定性 VRP 具有如下特征：①在路径规划开始之前，并非所有有关路径规划的信息都是确定的，部分信息是不确定的（如随机的或模糊的等）；②初始路径构建以后，信息可能会发生变化（如随着车辆行驶，一些不确定性信息可能会逐渐变为确定性信息），但车辆路径不再重新优化。已有的不确定性单向车辆路径问题可分为随机问题（Stochastic Vehicle Routing Problem，SVRP）和模糊问题（Fuzzy Vehicle Routing Problem，FVRP）两类。

目前随机问题的研究包括以下几类：①需求的随机性，如需求量、需求时间的随机性；②网络性能的随机性，如天气变化、交通堵塞等原因导致的车辆行驶时间或网络容量的随机变化；③提供服务的车辆、司机及其他设施的随机性；④未来时间段网络管理和运作的不确定性导致的随机性[70]。如：文献[71] 用模拟退火算法研究了客户需求随机的车辆路径问题，文献[72] 用精确算法研究了客户和需求均随机的车辆路径问题，文献[73] 用基于神经网络的动态方法求解了需求随机的车辆路径问题。

模糊车辆路径问题的研究。在实际中，某些待服务的客户的位置、需求信息及车辆行驶时间无法给出准确描述，数据信息具有含糊性或者不明确性，就需要引入与之相应的模糊规化模型和算法来解决这类问题。其一般的思路都是先将数据信息模糊化，再运用模糊推理思想建立模糊判定准则，最后将输出信息去模糊化，变成正常的确定数据信息。如：文献[74] 首先用模糊变量处理了车辆路径中的不确定参数，用扫描算法求解了该问题；文献[75] 用基于可信性理论研究了旅行时间模糊的单向车辆路径问题，并提出用混合遗传算法求解该问题；文献[76] 对单向车辆路径问题的各模糊参数作了深入的研究。

2.1.2.3 动态性单向车辆路径问题

文献[77] 将动态车辆路径问题（Dynamic Vehicle Routing Problem，DVRP）定义为"在系统信息实时更新的情况下，安排车辆路径以满足系统目标要求"，包括由需求、服务车辆、运输网络和数据偏差等引起的动态问题。动态车辆路径问题的研究方法分为重新优化和局部优化。文献[78-80] 分析动态车辆路径问题的特点，总结了相关研究成果。

2.2　集散车辆路径问题

近年由于小批量多批次配送及逆向物流的发展，集散车辆路径问题引起研究者的关注，与单向车辆路径问题相比，集散车辆路径问题研究文献还较少，但其研究有增长的趋势，文献[81]预测该领域的研究至少还能活跃几十年。本书分析了其特征，从车辆数的角度对其作了分类，总结了求解算法。

2.2.1　集散车辆路径问题的特征

集散车辆路径问题中客户由取货（收货）客户和集货（发货）客户组成，取货客户是指需要从配送中心获取货物的客户，集货客户是指需要给配送中心发送货物的客户。集散车辆路径问题与单向车辆路径问题相比具有以下特点：

（1）集散车辆路径问题能更好地提高满载率，减少空驶行程，节约能源，减少污染。如文献[82]的算例研究表明，采用双向配送策略比单向配送策略可节省配送里程46.8%，节省配送车辆36.5%。

（2）集散车辆路径问题是单向车辆路径问题的拓展，其模型适应范围更广。只要将集散车辆路径问题的取货或集货需求设置为0，就能转化为单向车辆路径问题。

（3）可行性判断更复杂。单向车辆路径问题中车辆的装载量是单调变化的，要么逐渐减少，要么逐渐增加。而集散车辆路径问题中，有的客户取货，有的客户发货，导致车辆的装载量是波动变化的。

（4）需要研究与其适应的算法。由于集散车辆路径问题包含单向车辆路径问题，所以也为 NP-Hard 问题。从单向车辆路径的研究看，其不同的变体取得高质量解的方法并不一样，说明每类问题需要根据其特点设计算法。文献[81]指出，集散车辆路径问题与其他组合优化问题具有一样的属性：问题定义的小变化将导致新的求解研究。

2.2.2　集散车辆路径问题的研究分类

文献[83-85]对集散车辆路径问题的分类进行了讨论，根据运输货物（或人）

是否经过配送中心，可将集散车辆路径问题分为两类：经过配送中心的集散车辆路径问题和不经过配送中心的集散车辆路径问题。不经过配送中心的集散车辆路径问题较多地应用于客运方面，如多人合乘出租车问题。本书仅以经过配送中心的集散车辆路径问题为研究对象，为了叙述方便，将经过配送中心的集散车辆路径问题简称为集散车辆路径问题。

为了展示已有经过配送中心的集散车辆路径问题的研究现状，首先根据车辆数将其分为单车辆集散车辆路径问题和多车辆集散车辆路径问题。再根据各自集散客户的访问顺序、配送中心数目、目标函数和时间窗等要素进一步分类。

单车辆集散车辆路径问题已有的研究主要有三类：TSPB、TSPMB 和 TSPS-DP，区别在于对集散客户访问的顺序要求不同。集散客户访问顺序分为三种情况：①先收货客户后发货客户的集散车辆路径问题（简记为带回程的集散货物路径问题，单车辆为 TSPB，多车辆为 VRPB），即假设先将货物全部发出之后才能进行集货安排；②取、集货客户混合安排的集散车辆路径问题（简记为混合集散货物路径问题，单车辆为 TSPMB，多车辆为 VRPMB），即将客户集合分解成发货客户和收货客户两个子集合，在路径安排时允许需要发货的客户插入到需要收货的客户路径中去，但若客户既要收货又要发货，则需要被访问两次；③客户可同时收发货的集散车辆路径问题（简记为同时集散货物路径问题，单车辆为 TSPSDP，多车辆为 VRPSDP），即客户同时收、发货时，不需要被车辆访问两次。各类单车辆集散车辆路径问题的具体特征如表 2-1 所示。

表 2-1　单车辆集散车辆路径问题的分类及特征

问题	正逆客户访问顺序			配送中心数目		目标函数		时间窗	
	先送货后取货（带回程集散，B）	取送混合（混合集散，MB）	客户可同时收发货物（同时集散，SDP）	单一	多个（MD）	单目标	多目标（MO）	有（TW）	无
TSPB	√				√	√			√
TSPMB		√			√	√			√
TSPSDP			√		√	√			√

多车辆集散车辆路径问题的基本假设为：①车辆不能超载；②所有的车辆容量相同；③车辆从配送中心出发，结束任务后回到配送中心；④在计划期内（一

般为一天），车辆只运行一车次；⑤客户的需求不可分。

　　已有多车辆集散车辆路径问题研究涉及到的要素主要包括正逆客户访问顺序、配送中心数目、目标函数、时间窗和路径（车辆）最大行程五个方面。目标函数一般考虑旅行距离（运输费用）和车辆数。

　　由五个要素不同的组合，产生了 17 类问题，从正逆客户的访问顺序方面看，带回程集散和混合集散的研究类型较多（共 13 类），同时集散的研究类型较少（4 类）。各类多车辆集散车辆路径问题的具体特征如表 2-2 所示。

表 2-2　多车辆集散车辆路径问题的分类及特征

问题	正逆客户访问顺序			配送中心数目		目标函数		时间窗		路径最大行程	
	先派货后集货（带回程集散，B）	取送混合（混合集散，MB）	客户可同时收发货物（同时集散，SDP）	单一	多个（MD）	单目标	多目标（DO）	有（TW）	无	有（L）	无
VRPB	√			√		√			√		√
VRPBTM	√			√		√		√			√
VRPBL	√			√		√			√	√	
VRPBTML	√			√		√		√		√	
MDVRPB	√				√	√			√		√
DOVRPBTM	√			√			√	√			√
DOVRPBTML	√			√			√	√		√	
VRPMB		√		√		√			√		√
VRPMBL		√		√		√			√	√	
MDVRPMB		√			√	√			√		√
DOVRPMB		√		√			√		√		√
DOVRPTM		√		√			√	√			√
MDDOVRPMBL		√			√		√		√	√	
VRPSDP			√	√		√			√		√
MDVRPSDP			√		√	√			√		√
VRPSDPTM			√	√		√		√			√
VRPSDPL			√	√		√			√	√	

2.2.3 集散车辆路径问题的求解算法

根据集散车辆路径问题求解的精度可将算法分为精确算法和非精确算法，而非精确算法一般分为启发式算法和亚启发式算法两类。本书从精算法、启发式算法和亚启发式算法三个方面总结集散车辆路径问题的求解算法。

2.2.3.1　精确算法

由于集散车辆路径问题包含单向车辆路径问题，其求解比单向车辆路径问题更复杂。在单车辆和多车辆 20 类集散货物路径问题中，目前仅有 TSPMB、VR-PB、VRPBTM、VRPBTML、VRPSDP 和 VRPSDPTM 六类问题用精确算法研究过。

文献[86-88] 用精确算法研究了 TSPMB 问题。文献[86] 研究了基于树和循环图的 TSPMB 问题，设计了基于树的线性时间算法和基于循环图的多项式时间算法。文献[87] 为 TSPMB 问题提出了新的数学规划模型，应用 MTZ（Miller-Tucker-Zemlin）约束消除不包括车场的子回路，解决了小规模（30 个客户）的实际问题。文献[88] 提出了基于两种商品网络流的新整数规划模型，通过增加有效不等式到新模型的松弛问题中取得了新的下界值。最后整个问题由分支定界法、割平面法解决。

文献[89,93] 用精确算法研究了 VRPB 问题。文献[89] 提出了 VRPB 问题的新数学模型，计算了基于拉格朗日松弛的下界值，其发展的分支定界法求解测试数据的大部分例子。另外一个精确算法和下界程序由文献[90] 给出。该文献介绍了一种新的 0-1 整数模型，通过减少变量提高求解效率。测试例子取得最优解，最大规模为 100 个客户。

文献[91] 提出用基于时间间隔分支策略的分支定界法研究 VRPBTM 问题。测试数据由文献[92] 的数据修改而成，能解决的最大例子规模达到 100 个客户。

文献[93] 研究了小规模的 VRPBTML 问题。该文献用分支定界法制订出了每条路径 4 个取货客户和 4 个集货客户的最优路径计划，并考虑目的地的时间窗、车辆的最大旅行时间和车辆容量。

研究 VRPSDPTM 和 VRPSDP 问题精确算法的文献各检索到 1 篇。文献[94] 研究了 VRPSDPTM 问题，建立了基于集合覆盖的模型，设计了分支定价算法。定价问题是一个基本的带时间窗和容量约束的最短路径问题，具有两个资源约束变量：一个是为装载取货，另一个是为某些点的最大装载。为了能取得整数解，采用了分支定价算法。该文献是第一个处理 VRPSDPTM 问题，解决的最大例子包括 20 个客户。

文献[95] 也设计了分支定价算法解决不带时间窗的 VRPSDP 问题。采用了基于 4 种启发式算法和 1 种精确算法的层次结构。该精确算法是基于文献[96] 的双向标签算法，用基于状态空间松弛的迭代方法产生基本路径。文献[95] 的算法能解决最大客户规模为 40 的 VRPSDP 问题。

2.2.3.2 启发式算法

根据启发式算法的计算过程将其分为三类：构造性启发式算法、两阶段启发式算法和构造—改进性启发式算法。

（1）构造性启发式算法。集散车辆路径问题中，采用的构造性启发式算法主要是节约算法、插入算法和基于生成树的算法。

文献[97,98] 用基于节约算法的启发式算法研究集散车辆路径问题。节约算法首先由文献[99] 提出，并应用于单向车辆路径问题的求解。文献[97,98] 将文献[99] 的节约算法改进，分别应用于 TSPB 和 VRPBL 的问题中，并分析了其最坏情形。

文献[100-102] 用插入启发式算法分别求解了 TSPMB 和 VRPSDP 问题。文献[100] 提出了两种启发式算法研究 TSPMB 问题。一种是先构建一条通过不包括车场的所有客户的（最优）旅行商路径，然后选择保证路径可行性的最佳起点插入车场。另一种是将 TSP 问题的最小费用插入法拓展到 TSPMB 问题：先构建通过所有取货客户的最优旅行商路径，然后集货客户沿着路径以最小费用插入可行位置。文献[101] 研究了 VRPSDP 问题，提出了改进的最小费用插入法。插入指标考虑了旅行距离、车辆剩余空间和与车场的距离等因素。文献[102] 研究了单车场和多车场的 VRPMB 问题。在文献[103] 的基础上提出基于装载量的插入算法，该插入法允许 次插入多个客户，而不仅是 个客户。为了解决多车场问题，将取货客户集合划分为边界客户和非边界客户。非边界客户被分派到离其最近的车场，相应的 VRP 问题被解决，然后边界客户逐一插入到路径中。

文献[104] 为 TSPMB 问题提出了另一种启发式算法，即基于生成树的构造性算法。该算法构建了通过包括车场的所有客户的最小生成树，然后在其基础上生成可行路径，最后该文献分析了算法的最坏情形。

（2）两阶段启发式算法。两阶段启发式算法主要有两类：先聚类后安排路径和先安排取货客户后安排集货客户。

文献[105] 以路径费用最小为目标，研究了 MDVRPB 问题，提出了先聚类后安排路径的两阶段算法。另一个先聚类后安排路径的算法描写在文献[106] 中。该文献以 VRPB 为研究对象，聚类时伴随区域划分，通过不同的类别构建旅行商路径（每类要么是取货客户要么是集货客户）。然后将取货客户类分配给集货客户类，最后决定车场、取货客户和集货客户之间的连接。文献[107] 也用先聚类后路径安排的两阶段算法研究了 VRPMB 和 VRPSDP 问题。文献[108] 研究了两辆车在图书馆之间运书的 VRPSDP 问题，提出了先聚类后安排路径的两阶段算法。图书馆聚类成两组，分别求解 TSP 问题。若取得的解不可行，则惩罚超载的弧。

文献[109] 研究了 VRPMBL 问题，提出了两阶段算法：先采用节约算法安排取货客户，然后用最小费用插入法安排逆向客户。文献[110] 研究了相同的问题，算法也较相似，只是该文献以基于装载的插入标准插入剩余的逆向客户。

文献[111] 为 VRPMB 问题提出了基于路径划分的启发式算法，该算法首先建立 TSP 路径，然后划分不同车辆路径。文献[112] 研究了 VRPMB 问题，先产生取货客户的 VRP 解，然后插入集货客户。

（3）构造—改进性启发式算法。文献[113] 为 TSPB 问题设计了 6 种构造-改进启发式算法。其中三种构造-改进启发式算法是 GENI（Generalized Insertion）和 US（Unstringing and Stringing）[114] 的变体。另外三种是三种组合：GENI 与 Or-opt[115] 交换，最小费用插入（Cheapest Insertion，CI）与 US 及 CI 与 Or-opt 交换。一般插入法要求将新客户插入两个相连的客户之间，而 GENI 可将新客户插入任意两客户之间。US 算子是指将客户从路径中移除，再找合适的位置插回路径。

文献[116,117] 研究了 VRPB 问题，提出先聚类后安排路径的算法构造初始解，然后改进初始解。其聚类算法以 VRPB 问题的松弛解为基础，取得 k 组取货客户和 k 组集货客户，每组取货客户匹配一组集货客户。通过插入算法求解 TSPB 问题，并用线路内部节点交换方法改进解的质量。最后整个路径计划通过 1-1 交换和 2-2 交换等路径间交换算子得到改进。

文献[118] 研究了 DOVRPBTM 问题，又提出了另外一种构造-改进启发式算法。该算法首先用插入算法构建初始解，然后用 λ-interchange[119] 交换和 2-opt*[120] 交换进行改进。

文献[121] 详细描述了能解决单车场和多车场双目标 MVRPB 和 VRPSDP 问题的构建-改进启发式算法。该算法首先构造弱可行解，弱可行解是指路径长度不违背其最大值要求，车辆配送货物之和或收集货物之和分别小于车辆装载量；强可行解是指路径每条弧段的均满足约束。对取得弱可行解进行改进，再将其转化为强可行解，最后进一步对强可行解进行改进。

2.2.3.3   亚启发式算法

启发式算法与亚启发式算法相比各具特点：启发式算法易于适应车辆路径问题的变体问题，而且容易执行，但其计算质量远不如亚启发式算法。研究集散车辆路径问题的亚启发式算法可分为两大类，一类是基于种群的算法，如遗传算法；另一类是基于不同邻域搜索的算法，如禁忌搜索算法、可变邻域法及模拟退火算法等。具体求解算法如下：

（1）遗传算法。文献[122] 首先用亚启发式算法研究了 VRPBTM 问题。该文献提出组合贪婪路径构造的遗传算法，客户基于优先决定的顺序依次插入路径中。文献[123] 研究了在医院血液配送中出现的 VRPB 问题。该文献研究的 VRPB 问题除了包括纯取货客户和纯集货客户以外，还包括取集货一体的客户。对要求配送的客户必须优先服务。为了求解该问题，发展了名叫 CLOVES 的聚类搜索算法。先根据空间相似性聚类，然后用遗传算法改进该启发式算法。文献[124] 设计了结合 2-opt 法和等级替换策略的混合遗传算法，求解了问题节点规模为 40 点的 VRPSDP 问题。文献[125] 也用遗传算法研究了 VRPSDP 问题，其特点是采用了四位编码表示客户。

（2）蚁群算法。文献[126] 研究了 DOVRPBTML 问题，将插入算法应用到蚁群算法的初始解构建过程中，应用 1-1 交换和 1-0 交换改善蚂蚁路径质量。文献[127] 用蚁群算法研究 VRPMB 问题，文献[128] 用基于插入的蚁群算法研究了 DOVRPMDTM 问题。

（3）神经网络。文献[129] 用神经网络算法研究了 TSPB 问题，提出了基于新的网络结构的算法。该网络由两条对立的神经元链组成。为了使网络转变成可行的 TSPB 路径，首先第一条链连接取货客户，第二条链连接集货客户；然后再将两条链尾部相连；最后将两条链的头部与车场相连，形成可行的 TSPB 路径。用 2-opt 交换对 TSPB 可行路径进行了改进，取得较好的结果。文献[130] 用相似的算法研究 VRPB 问题。

（4）禁忌搜索算法。文献[131] 用禁忌搜索算法研究了 DOVRPBTM 问题。该算法应用了 2-opt*，Or-opt 和 swap 交换邻域方法，在每一代邻域方法是随机选择。为了扩大邻域开发规模，引入了发散策略。文献[132] 用禁忌搜索和可变邻域的混合算法研究了 VRPB 问题。文献[133] 研究了 VRPB 问题，提出了反应性的禁忌搜索算法，即用一个附加的算子通过监测重复解控制发散和集中阶段，应用了 λ-inerchange 邻域搜索方法。文献[134] 用禁忌搜索算法研究了 VRPB 问题，该算法分为三个阶段：①改进初始解，主要目标是产生可行解；②改善解的质量；③进一步改进，采用了基于频率的记忆装置。文献[135] 用禁忌搜索和可变邻域的混合算法研究 DOVRPMB 和 DOVRPSDP 问题。文献[136] 研究 TSPSDP，设计了基于 2-Exchange 交换的禁忌搜索算法。文献[137] 研究 VRPSDPL，运用了禁忌搜索算法框架，采用扫描法和线路划分等方法构建了初始解，使用了 Relocation、Interchange、Crossover 和 2-opt 交换邻域搜索法，禁忌搜索结构上用了短期记忆和长期记忆策略。文献[138] 用不同局域搜索算法和禁忌搜索算法研究了 VRPSDP 问题。

（5）模拟退火算法。文献[139] 研究了一大类集散车辆路径问题，提出了基于模拟退火算法的统一启发式算法。该算法应用不同的移除和插入算法，移除算法包括随机移除、相关移除和最坏移除等，插入算法分为贪婪插入法和后悔插入法。通过学习和监控层选择具体的移除和插入算法。该文献取得较多新的可接受解。文献[140] 用模拟退火算法研究了 DOVRPBTM 和 DOVRPMBTM 问题。文献[82] 设计了客户直接排列的解的表示方法，用模拟退火算法求解节点规模为 20 的同时集散货物路径问题（VRPSDP）。

（6）记录更新算法。文献[141] 研究 VRPSDP 问题，首先根据运输距离和装载容量设计了插入算法，取得初始解；然后将模拟退火算法的概率接受准则修改为确定性接受准则，采用 2-exchange、Swap/Shift、2-opt、or-opt 交换等邻域搜索方法对初始解进行了改进。

（7）贪婪随机自适应搜索。文献[142] 为 VRPB 和 VRPMB 问题设计了基于贪婪随机自适应搜索算法的可视决策系统，该系统能人机互动。文献[143] 研究了 DOVRPMBTM 问题，设计了贪婪随机自适应搜索程序，首先用种子法构造初始可行解，然后用局域搜索法优化路径，并给出了车辆数的下界值。

（8）可变邻域搜索。单独采用可变邻域法研究集散货物路径问题的文献较少，一般与其他亚启发式算法混合使用。文献[144] 把可变邻域搜索法应用到 TSPB 问题中，取得了较好的结果。

（9）导向局域搜索法。文献[145] 研究了 DOVRPBTM 问题和 DOVRPMBTM 问题，提出导向局域搜索法，其特点是把时间和容量约束松弛，将其违背量加入目标函数中，求解过程分为两个阶段，在第一阶段构建初始路径，然后用 2–opt、1–1 交换、1–0 交换三种邻域搜索方法改进路径质量；第二阶段主要集中在改善路径的可行性方面，用路径分割法，改善可行性，然后再用第一阶段三种邻域搜索法改进解的质量。

2.3 多车场车辆路径问题

根据是否考虑客户时间窗可以将多车场车辆路径问题分为带时间窗的多车场车辆路径问题和无时间窗的多车场车辆路径问题。对无时间窗的多车场车辆路径问题的概述，我们建议读者参考文献[146]。

目前对带时间窗的多车场车辆路径问题精确算法的研究较少，以往的带时间窗的多车场车辆路径问题研究主要集中在启发式算法上。文献[147] 对多车型车队（MDVRPTW–HF）进行了研究，并提出了用分支—切割—定价算法来解决该问题。将该算法应用于带时间窗的多车场车辆路径问题的四个小算例，但只具有48 个和 72 个客户的算例取到了最优解。

考虑到带时间窗的多车场车辆路径问题的精确算法难度，大多研究都集中在启发式算法上。文献[148] 建立了带时间窗的多车场车辆路径问题的数学模型，并提出了改进的蚁群优化算法（Ant Colony Optimization，ACO），避免陷入局部最优解。文献[149] 在人工蜂群算法的基础上，提出了一种改进的自适应遗传算法，6/20 个案例获得了新的最佳结果。文献[150] 引入了一种并行迭代禁忌搜索启发式算法，计算结果表明该算法具有很高的效率。文献[151] 提出了一种高效的混合亚启发式算法，它提供了文献中最知名的竞争性的解决方案。文献[152] 研究了带时间窗的多车场车辆路径问题和一个局部搜索（local search，LS）改进算法，该算法探索了当前解决方案的一个大邻域。文献[153] 开发了一种针对带时间窗的多车场车辆路径问题的协作自适应可变邻域搜索（Variable Neighborhood Search，VNS），11/20 个案例获得新的最佳结果。文献[154] 提出了一种基于协作自适应可变邻域搜索算法求解带时间窗的多车场车辆路径问题，计算结果表明，该方法在解的质量和计算时间方面比文献[155] 中的现有的禁忌搜索算法更具有竞争力。

MDVRPSDP 可以看作 VRPSDP 的扩展。早期的论文试图用启发式方法来解决 MDVRPSDP 问题。第一篇是文献[156]，他们提出对 MDVRPSDP 问题基于插入的启发式方法进行扩展，允许一次能够插入多个回程。另一篇是文献[121] 所提出的方法，该方法首先找到相应 VRP 问题的解，然后修改解使其对 VRPSDP 问题可行。两者都采用了边缘客户的概念，即将客户分为两个子集，分别为边缘客户和非边缘客户。首先将非边缘客户分配到离他们最近的车场，然后将边界客户逐个插入单个车场车辆路径中。

由于环境污染越来越引起人们的关注，将传统的多车场路径问题拓展为考虑燃油消耗相关的多车场路径问题。如：文献[157] 通过最小化距离、时间和能源消耗的成本，提出了带回程的 MDVRP，并通过蚁群算法求解。文献[158] 构建了一个用于可回收废物收集系统的多产品和多车场 VRP，以最小化行驶距离和二氧化碳排放为目标。实例表明，该项目提高了经济和环境效益。

2.4 非对称性车辆路径问题

非对称有容量限制的车辆路径问题（Asymmetric Capacitated Vehicle Routing Problem，ACVRP），以往关于非对称有容量限制的车辆路径问题的工作主要集中在单车场场景。在非对称有容量限制的车辆路径问题中，每辆车从同一个车场出发和结束，每个顾客都会被访问一次，每辆车服务的总需求不超过负载能力，必须满足客户的需求。文献[159] 对非对称有容量限制的车辆路径问题进行了研究，并对节约算法进行了扩展，提出了一种求解非对称有容量限制的车辆路径问题的启发式算法。文献[160] 考虑了一个特殊的车辆路径问题，该问题产生于大量可回收废物的收集和处置中，给出了非对称车辆路径规划的图模型，并讨论了启发式算法。文献[161] 提出了一种精确的非对称有容量限制的车辆路径问题算法，其中考察了两种分支规则和三种集合划分规则。文献[162] 研究了有容量限制的车辆路径问题（Capacitated Vehicle Routing Problem，CVRP）中非对称性的影响，将对称情形下的解与非对称情形下的解进行比较，以了解两者之间的差异。文献[163]

考虑了非对称有容量限制的车辆路径问题，采用了分支定界算法求解，并在基准算例上比较了基于瓶颈容量限制和成本的分支规则在搜索树规模大小和计算时间方面的差异。文献[164] 提出了一种新的亚启发式算法求解非对称且有容量约束的车辆路径问题，该算法将一些启发式概念与简化的混合整数线性规划公式相结合。

文献[165] 指出将精确算法专门应用于非对称有容量限制的车辆路径问题的工作很少见。在我们的研究中，带时间窗的非对称多车场车辆路径问题是非对称有容量限制的车辆路径问题的扩展问题，因此，用精确的算法求解是困难的，开发有效的带时间窗的非对称多车场车辆路径问题亚启发式算法是非常必要的。因此，针对带时间窗的非对称多车场车辆路径问题提出复合邻域离散萤火虫算法，可以在合理的时间内对农机维修提供有效、高效的响应。

2.5　研究趋势与本章小结

集散车辆路径问题、多车场车辆路径问题及非对称车辆路径问题是单向车辆路径问题的拓展，从车辆路径问题的研究过程看，问题逐渐由简单向复杂，模型逐渐由理想化到实用化，由确定性研究转向不确定性研究，由静态转向动态、实时研究，由单一主体优化到多主体协同优化。算法研究由小规模问题转向大规模问题，追求简单、快速和稳健性。

本章在归纳总结已有单向车辆路径问题、集散车辆路径问题、多车场车辆路径问题和非对称车辆路径问题的相关研究成果后，指出了车辆路径问题的发展趋势。

参考文献

［1］Dantzig G，Ramser J. The truck dispathing problem ［J］. Managemeng Science，1959，6（1）：80-91.

［2］Cotta C，Sevaux M，Sörensen K. Adaptive and multilevel metaheuristics ［M］. Berlin：Springer，2008.

［3］Toth P，Vigo D. The vehicle routing problem ［M］. Philadelphia：Siam，2002.

［4］郭耀煌，李军．车辆优化调度问题的研究现状评述［J］．西南交通大学学报，1995，30（4）：376-382.

［5］李军，郭耀煌．物流配送：车辆优化调度理论与方法［M］．北京：中国物资出版社，2001.

［6］Crainic T G, Laporte G. Fleet management and logistics［M］. Boston：Kluwer Academic Publishers，1998.

［7］祝崇俊，刘民，吴澄．供应链中车辆路径问题的研究进展及前景［J］．计算机集成制造系统—CIMS，2001，7（11）：1-6.

［8］刘云忠，宣慧玉．车辆路径问题的模型及算法研究综述［J］．管理工程学报，2005，19（1）：124-130.

［9］Christofides N, Mingozzi A, Toth P. Exact algorithm for the vehicle routing problem based on the spanning tree and shortest path relaxations［J］. Mathematical Programming，1981，20（1）：255-282.

［10］Laporte G, Mercure H, Nobert Y. An exact algorithm for the asymmetrical capacitated vehicle routing problem［J］. Networks，1986，16（1）：33-46.

［11］Fischetti M, Toth P, Vigo D. A brand-and-bound algorithm for capacitated vehicle routing problem on directed graphs［J］. Operations Research，1994，42（5）：846-859.

［12］Fisher M L. Optimal solution of vehicle routing problems using minimum k-trees［J］. Operations Research，1994，42（4）：626-642.

［13］Miller D L. A matching based exact algorithm for capacitated vehicle routing problem［J］. ORSA Journal on Computing，1995，7（1）：1-9.

［14］Mbaraga P, Langevin A, Laporte G. Two exact algorithms for the vehicle routing problem on trees［J］. Naval Research Logistics，1999，46（1）：75-89.

［15］Lysgaard J, Letchford A N, Eglese R W. A new branch-and-cut algorithm for the capacitated vehicle routing problem［J］. Mathematical Programming，2004，100（2）：423-445.

［16］Baldacci R, Christofides N, Mingozzi A. An exact algorithm for the vehicle routing problem based on the set partitioning formulation with additional cuts［J］. 2008，115（2）：351-385.

［17］Agarwal Y, Mathur K, Salkin H M. A set-partition-based exact algorithm for the vehicle routing problem [J]. Networks, 1989, 19 (7): 731−749.

[18] Hadhiconstantinou E, Christofides N, Mingozzi A. A new exact algorithmfor the vehicle routing problem based on q−paths and k−shortest paths relaxations [J]. Annals of operations Research, 1995, 61 (1): 21−43.

[19] Gillett B E, Miller L R. A heuristic algorithm for the vehicle−dispatch problem [J]. Operations Research, 1974, 22 (4): 340−349.

[20] Vigo D. A heuristic algorithm for the asymmetric capacitated vehicle routing problem [J]. European Journal of Operations Research, 1996, 89 (1): 108−126.

[21] Gaskell T J. Bases for vehicle fleet scheduling [J]. Operational Research Quarterly, 1967, 18 (3): 281−295.

[22] Yellow P. A computational modification to the saving method of vehicle scheduling [J]. Operational Research Quarterly, 1970, 21 (2): 281−283.

[23] Nelson M D, Nygard K E, Griffin J H, et al. Implementation techniques for the vehicle routing problem [J]. Computers and Operations Research, 1985, 12 (3): 273−283.

[24] Mole R H, Jameson S R. A sequential route−building algorithm employing a generalized saving criterion [J]. Operational Research Quarterly, 1976, 27 (2): 503−511.

[25] Christofides N, Mingozzi A, Toth P. The vehicle routing problem [C] // Christofides N, Mingozzi A, Toth P, et al, eds. Combinatorial optimization, Chichester, UK: Wiley, 1979: 315−338.

[26] Gillett B E, Miller L R. A heuristic algorithm for the vehicle dispatch problem [J]. Operations Research, 1974, 22 (2): 340−349.

[27] Fisher M L, Jaikumar R. A generalized assignment heuristic for the vehicle routing problem [J]. Networks, 1981, 11 (2): 109−124.

[28] Bramel J, Simchi−Levi D. A location based heuristic for general routing problems [J]. Operations Research, 1995, 43 (4): 649−660.

[29] Osman I H. Metastrategy simulated annealing and tabu search algorithm for the vehicle routing problem [J]. Annals of Operations Research, 1993, 41 (4):421−451.

[30] Xu J, Kelly J P. A network flow−based tabu search heuristic for the vehicle

routing problem [J]. Transportation Science, 1996, 30 (4): 379-393.

[31] Schmitt L J. An evaluation of a genetic algorithm approach to the vehicle routing problem [R]. Work paper, Department of information technology management, Christian Brothers university, Memphis, TN, 1995.

[32] Yu B, Yang Z Z, Yao B Z. An improved ant colony optimization for vehiclerouting problem [J]. European Journal of Operational Research, 2009, 196 (1): 171-176.

[33] Yoshiike N, Takefuji Y. Solving vehicle routing problems by maximum neuron model [J]. Advanced Engineering Informatics, 2002, 16 (2): 99-105.

[34] Bräysy O, Gendreau M. Vehicle routing problem with time windows, Part I: Route construction and local search algorithms [J]. Transportation Science, 2005, 39 (1): 104-118.

[35] Bräysy O, Gendreau M. Vehicle routing problem with time windows, Part II: Metaheuristics [J]. Transportation Science, 2005, 39 (1): 119-139.

[36] Kallehauge B. Formulations and exact algorithms for the vehicle routing problem with time windows [J]. Computers & Operations Research, 2008, 35 (7): 2307-2330.

[37] Dror M, Trudeau P. Split delivery routing [J]. Naval Research Logistics, 1990, 37 (3): 383-402.

[38] Dror M, Trudeau P. Savings by split delivery routing [J]. Transportation Science, 1989, 23 (2): 141-145.

[39] Archetti C, Hertz A, Speranza M G. A tabu search algorithm for the splitdelivery vehicle routing problem [J]. Transportation Science, 2006, 40 (1): 64-73.

[40] Archetti C, Savelsbergh, M W P, Speranza, M G. Worst-case analysis for split delivery vehicle routing problems [J]. Transportation Science, 2006, 40 (2): 226-234.

[41] Archetti C, Savelsbergh M W P, Speranza M G. To split or not to split: That is the question [J]. Transportation Research Part E, 2008, 44 (1): 114-123.

[42] Chao I M, Golden B L, Wasil E A. An improved heuristic for the period

vehicle routing problem [J]. Networks, 1995, 26 (1): 25-44.

[43] Cordeau J F, Gendreau M, Laporte G. A tabu search heuristic for periodic and multi-depot vehicle routing problems [J]. Networks, 1997, 30 (2): 105-119.

[44] Alegre J, Laguna M, Pacheco J. Optimizing the periodic pick-up of raw materials for a manufacturer of auto parts [J]. European Journal of Operational Research, 2007, 179 (3): 736-746.

[45] Hemmelmayr V C, Doerner K F, Hartl R F. A variable neighborhood search heuristic for periodic routing problems [J]. European Journal of Operational Research, 2009, 195 (3): 791-802.

[46] Taillard E, Laporte G, Gendreau M. Vehicle routing with multiple use of vehicles [J]. Journal Operational Research Society, 1996, 47 (8): 1065-1070.

[47] Petch R J, Salhi S. A multi-phase constructive heuristic for the vehicle routing problem with multiple trips [J]. Discrete Applied Mathematics, 2004, 133 (1): 69-92.

[48] 刘诚, 陈治亚. 含装卸工调配的物流车辆配送路径问题的研究 [J]. 铁道科学与工程学报, 2006, 3 (4): 79-83.

[49] Mesquita M, Paias A. Set partitioning/covering-based approaches for the integrated vehicle and crew scheduling problem [J]. Computers & Operations Research, 2008, 35 (5): 1562-1575.

[50] Gendreau M, Laporte G, Musaraganyi C, et al. A tabu search heuristic for the heterogeneous fleet vehicle routing problem [J]. Computers & Operations Research, 1999, 26 (12): 1153-1173.

[51] Feiyue Lia, Bruce Goldenb, Edward Wasilc. A record-to-record travel algorithm for solving the heterogeneous fleet vehicle routing problem [J]. Computers & Operations Research, 2007, 34 (9): 2734-2742.

[52] 符卓. 开放式车辆路径问题及其应用研究 [D]. 长沙: 中南大学, 2003.

[53] 李相勇. 车辆路径问题模型及算法研究 [D]. 上海: 上海交通大学, 2007.

[54] Bruce G, Raghavan S, Wasil E. The vehicle routing problem: Latest advances and new challenges [M]. Berlin: Springer, 2008.

［55］Santos L, Coutinho-Rodrigues João, John R. An improved heuristic for the capacitated arc routing problem ［J］. Computers & Operations Research, 2009, 36 (9): 2632-2637.

［56］Hill A C, Benton W C. Modelling intra-city time-dependent travel speeds for vehicle scheduling problems ［J］. Journal of the Operational Research Society, 1992, 43 (4): 343-351.

［57］Malandraki C, Daskin M S. Time dependent vehicle routing problems: Formulations, properties and heuristic algorithms ［J］. Transportation Science, 1992, 26 (3): 185-200.

［58］Park Y-B, Song S-H. Vehicle scheduling problems with time-varying speed ［J］. Computers & Industrial Engineering, 1997, 33 (3): 853-856.

［59］Tagmouti M, Gendreau M, Potvin J Y. Arc routing problems with time-dependent service costs ［J］. European Journal of Operational Research, 2007, 181 (1): 30-39.

［60］郑成武, 刘冬梅. 时变网络中物流车辆调度问题的研究 ［J］. 天津师范大学学报（自然科学版）, 2007, 27 (3): 76-80.

［61］Renaud J, Laporte G, Boctor F F. A tabu search heuristic for the multi-depot vehicle routing problem ［J］. Computers & Operations Research, 1996, 23 (3): 229-235.

［62］杨元峰, 崔志明, 陈建明. 有时间窗约束的多车场车辆路径问题的改进遗传算法 ［J］. 苏州大学学报（工科版）, 2006, 26 (2): 20-23.

［63］邹彤, 李宁, 孙德宝, 等. 多车场车辆路径问题的遗传算法 ［J］. 计算机工程与应用, 2004, (21): 82-83.

［64］Bouthillier A L, Crainic T G. A cooperative parallel metaheuristic for vehicle routing with time windows ［J］. Computers & Operations Research, 2005, 32 (7): 1685-1708.

［65］Homberger, J, H. Gehring. A two-phase hybrid metaheuristic for the vehicle routing problem with time windows ［J］. European Journal of Operational Research, 2005, 162 (1): 220-238.

［66］Hong S-C, Park Y-B. A heuristic for a bi-objective vehicle routing with time window constraints ［J］. International Journal of Production Economics, 1999, 62

（3）：249−258.

［67］Bräsy，O. A reactive variable neighborhood search for the vehicle routing problem with time windows ［J］. Informs Journal on Computing, 2003, 15 (4): 347−368.

［68］卫田，范文慧. 基于 NSGA Ⅱ的物流配送中车辆路径问题研究 ［J］. 计算机集成制造系统, 2008, 14 (4): 778−784.

［69］Lee T−R, Ueng J−H. A study of vehicle routing problem with load balancing ［J］. International Journal of Physical Distribution and Logistics Management, 1998, 29 (10): 646−657.

［70］谢秉磊. 随机车辆路径问题研究：西南交通大学 ［D］. 成都：西南交通大学管理学院, 2003.

［71］Teodorovic D, Pavkovic G. A simulated annealing technique approach to the vehicle routing problem in the case of the stochastic demand ［J］. Transportation Planning and Technology, 1992, 16 (4): 261−273.

［72］Gendreau M, Laporte G, Se′guin R. An exact algorithm for the vehicle routing problem with stochastic customers and demands ［J］. Transportation Science, 1995, 29 (2): 143−155.

［73］娄山佐，吴耀华，肖际伟，等. 基于增强学习解决随机需求车辆路径问题 ［J］. 系统仿真学报, 2008, 20 (14): 3675−3678.

［74］Teodorovic′D, Pavkovic′G. The fuzzy set theory approach to the vehicle routing problem when demand at nodes is uncertain ［J］. Fuzzy Sets and Systems, 1996, 82 (3): 307−317.

［75］Zheng Y, Liu B. Fuzzy vehicle routing model with credibility measure and its hybrid intelligent algorithm ［J］. Applied Mathematics and Computation, 2006, 176 (2): 673−683.

［76］张建勇. 模糊信息条件下车辆路径问题研究 ［D］. 成都：西南交通大学, 2004.

［77］Golden B L, Assad A A. Vehicle routing：methods and studies ［M］. Amstersam：North Holland, 1988.

［78］谢秉磊，郭耀煌，郭强. 动态车辆路径问题：现状与展望 ［J］. 系统工程理论方法应用, 2002, 11 (2): 116−120.

［79］肖增敏，李军. 动态网络车辆路径问题：研究现状及展望 ［J］. 系统工程，2004，22（7）：68-71.

［80］Zeimpekis V, Tarantilis C, Giaglis G M, et al. Dynamic fleet management：Concepts, systems, algorithms & case studies ［M］. Berlin：Springer, 2007.

［81］Anily S. Comments on：Static pickup and delivery problems：A classification scheme and survey ［J］. Top, 2007, 15（1）：32-34.

［82］郎茂祥. 装卸混合车辆路径问题的模拟退火算法研究 ［J］. 系统工程学报，2005，20（5）：485-491.

［83］Berbeglia G, Cordeau J F, Gribkovskaia I, Laporte G. Static pickup and delivery problems：A classification scheme and survey ［J］. Top, 2007, 15（1）：1-31.

［84］Corberán A. Comments on：Static pickup and delivery problems：A classification scheme and survey ［J］. Top, 2007, 15（1）：35-36.

［85］Parragh S N, Doerner K F, Hartl R F. A survey on pickup and delivery problems Part I：Transportation between customers and depot ［J］. Journal Für Betriebswirtschaft, 2008, 58（1）：21-51.

［86］Tzoreff T E, Granot D, Granot F, et al. The vehicle routing problem with pickups and deliveries on some special graphs ［J］. Discrete Applied Mathematics, 2002, 116（3）：193-229.

［87］Süral H, Bookbinder J H. The single-vehicle routing problem with unrestricted backhauls ［J］. Networks, 2003, 41（3）：127-136.

［88］Baldacci R, Hadjiconstantinou E, Mingozzi A. An exact algorithm for the traveling salesman problem with deliveries and collections ［J］. Networks, 2003, 42（1）：26-41.

［89］Toth P, Vigo D. An exact algorithm for the vehicle routing problem with backhauls ［J］. Transportation Science, 1997, 31（4）：372-385.

［90］Mingozzi A, Giorgi S, Baldacci R. An exact method for the vehicle routing problem with backhauls ［J］. Transportation Science, 1999, 33（3）：315-329.

［91］Gélinas S, Desrochers M, Desrosiers J, et al. A new branching strategy for time constrained routing problems with application to backhauling ［J］. Annual Operation Reserch, 1995, 61（1）：91-109.

［92］ Solomon M. Algorithms for the vehicle routing and scheduling problems with time window constraints ［J］. Operation Research, 1987, 35 (2): 254-265.

［93］ Yano C A, Chan T J, Richter L K, et al. Vehicle routing at quality stores ［J］. Interfaces, 1987, 17 (2): 52-63.

［94］ Angelelli E, Mansini R. The vehicle routing problem with time windows and simultaneous pickup and delivery ［C］//Klose A, Speranza MG, VanWassenhove LN (eds) Quantitative Approaches to Distribution Logistics and Supply Chain Management. Berlin-Heidelberg: Springer, 2002: 249-267.

［95］ Dell' Amico M, Righini G, Salani M. A branch-and-price approach to the vehicle routing problem with simultaneous distribution and collection ［J］. Transportation Science, 2006, 40 (2): 235-247.

［96］ Salani M. Branch - and - price algorithms for Vehicle Routing Problems ［D］. Italy: Universitádegli Studi di Milano, 2005.

［97］ Gendreau M, Laporte G, Hertz A. An approximation algorithm for the traveling salesman problem with backhauls ［J］. Operation Research, 1997, 45 (4): 639-641.

［98］ Christofides N. Worst - case analysis of a new heuristic for the travelling salesman problem ［R］. Technical reports 388, Graduate School of Industrial Administration, Carnegie-Mellon University, 1975.

［99］ Clarke G, Wright J V. Scheduling of vehicles from a central depot to a number of delivery points ［J］. Operations Research, 1964, 12 (4): 568-581.

［100］ Mosheiov G. The traveling salesman problem with pickup and delivery ［J］. European Journal of Operational Research, 1994, 79 (2): 299-310.

［101］ Dethloff J. Relation between vehicle routing problems: An insertion heuristic for the vehicle routing problem with simultaneous delivery and pick-up applied to the vehicle routing problem with backhauls ［J］. Journal of the operational research society, 2002, 53 (1): 115-118.

［102］ Salhi S, Nagy G. A cluster insertion heuristic for single and multiple depot vehicle routing problems with backhauling ［J］. Journal of the Operational Research Society, 1999, 50 (10): 1034-1042.

［103］ Golden B, Baker E, Alfaro J, et al. The vehicle routing problem with backhauling: Two approaches [C]//Hammesfahr RD (ed). Proceedings of the Twenty-First Annual Meeting of S. E. TIMS. Myrtle Beach, SC, 1985: 90-92.

[104] Anily S, Mosheiov G. The traveling salesman problem with delivery and backhauls [J]. Operations Research Letters, 1994, 16 (1): 11-18.

[105] Min H, Current J, Schilling D. The multiple depot vehicle routing problem with backhauling [J]. Journal of Business Logistics, 1992, 13 (1): 259-288.

[106] Anily S. The vehicle-routing problem with delivery and back-haul options [J]. Naval Research Logistics, 1996, 43 (3): 415-434.

[107] Halse K. Modeling and solving complex vehicle routing problems [D]. Denmark: Institute of Mathematical Statistics and Operations Research (IMSOR), Technical University of Denmark, 1992.

[108] Min H. The multiple vehicle routing problem with simultaneous delivery and pickup points [J]. Transportation Research A, 1989, 23 (4): 377-386.

[109] Golden B, Baker E, Alfaro J, et al. The vehicle routing problem with backhauling: Two Approaches [C] //Hammesfahr RD (ed). Proceedings of the Twenty-First Annual Meeting of S. E. TIMS. Myrtle Beach, SC, 1985, 90-92.

[110] Casco D, Golden B, Wasil E. Vehicle routing with backhauls: Models, algorithms, and case studies [M] //Golden B, Assad A (eds). Vehicle Routing: Methods and Studies. Amsterdam: North-Holland, 1988: 127-147.

[111] Mosheiov G. Vehicle routing with pick-up and delivery: Tour-partitioning heuristics [J]. Computers & Industrial Engineering, 1998, 34 (3): 669-684.

[112] Wade A C, Salhi S. An investigation into a new class of vehicle routing problem with backhauls [J]. Omega, 2002, 30 (6): 479-487.

[113] Gendreau M, Hertz A, Laporte G. The traveling salesman problem with backhauls [J]. Computer & Operation Research, 1996, 23 (5): 501-508.

[114] Gendreau M, Hertz A, Laporte G. New insertion and postoptimization procedures for the traveling salesman problem [J]. Operation Research, 1992, 40 (6): 1086-1094.

[115] Or I. Traveling salesman-type combinatorial problems and their relation to the logistics of regional blood banking [D]. The United States: Northwestern University, 1976.

［116］ Bianco L, Thot P. Advanced methods in transportation analysis ［M］. Berlin: Springer, 1996.

［117］ Toth P, Vigo D. A heuristic algorithm for the symmetric and asymmetric vehicle routing problem with backhauls ［J］. European Journal of Operational Research, 1999, 113 (3): 528-543.

［118］ Thangiah S R, Potvin J Y, Sun T. Heuristic approaches to vehicle routing with backhauls and time windows ［J］. Computer & Operation Research, 1996, 23 (11): 1043-1057.

［119］ Osman I H. Metastrategy simulated annealing and tabu search algorithmsfor the vehicle routing problems ［J］. Annual Operation Research, 1993, 41 (4): 421-451.

［120］ Potvin J Y, Rousseau J M. An exchange heuristic for routeing problems with time windows ［J］. Journal of the Operational Research Society, 1995, 46 (12): 1433-1446.

［121］ Nagy G, Salhi S. Heuristic algorithms for single and multiple depot vehicle routing problems with pickups and deliveries ［J］. European Journal of Operational Research, 2005, 162 (1): 126-141.

［122］ Potvin J Y, Duhamel C, Guertin F. A genetic algorithm for vehicle routing with backhauling ［J］. Applied Intelligence, 1996, 6 (4): 345-355.

［123］ Ganesh K, Narendran T T. CLOVES: A cluster-and-search heuristic to solve the vehicle routing problem with delivery and pick-up ［J］. European Journal of Operational Research, 2007, 178 (3): 699-717.

［124］ 张建勇, 李军. 具有同时配送和回收需求的车辆路径问题的混合遗传算法 ［J］. 中国公路学报, 2006, 19 (4): 118-122.

［125］ 孙小年, 陈幼林, 杨东援. 装卸一体化车辆路径问题的遗传算法研究 ［J］. 系统工程理论与实践, 2007, 27 (2): 149-152.

［126］ Reimann M, Doerner K, Hartl R F. Insertion based ants for vehicle routing problems with backhauls and time windows ［C］//Dorigo M, Di Caro G, Sampels M (eds). Ant Algorithms: Third InternationalWorkshop, ANTS 2002, Brussels, Belgium, 12-14 September 2002. Heidelberg-Berlin: Springer, 2002: 135-148.

［127］ Wade A, Salhi S. An ant system algorithm for the mixed vehicle routing problem with backhauls [C]//Metaheuristics: computer decision-making. USA: Kluwer Academic Publishers, 2004: 699-719.

[128] Reimann M, Ulrich H. Comparing backhauling strategies in vehicle routing using ant colony optimization [J]. Central European Journal of Operations Research, 2006, 14 (2): 105-123.

[129] Ghaziri H, Osman I H. A neural network algorithm for the traveling salesman problem with backhauls [J]. Computers & Industrial Engineering, 2003, 44 (2): 267-281.

[130] Ghaziri H, Osman I H. Self-organizing feature maps for the vehicle routing problem with backhauls [J]. Journal of Scheduling, 2006, 9 (2): 97-114.

[131] Duhamel C, Potvin J Y, Rousseau J M. A tabu search heuristic for the vehicle routing problem with backhauls and time windows [J]. Transportation Science, 1997, 31 (1): 49-59.

[132] Crispim J, Brandão J. Reactive tabu search and variable neighbourhood descent applied to the vehicle routing problem with backhauls [C] //MIC 2001 4th Metaheuristic International Conference. Porto, Portugal, 16-20, July 2001.

[133] Osman I H, Wassan N A. A reactive tabu search metaheuristic for the vehicle routing problem with backhauls [J]. Journal of Scheduling, 2002, 5 (4): 263-285.

[134] Brandão J. A new tabu search algorithm for the vehicle routing problem with backhauls [J]. European Journal of Operational Research, 2006, 173 (2): 540-555.

[135] Crispim J, Brandão J. Metaheuristics applied to mixed and simultaneous extensions of vehicle routing problems with backhauls [J]. Journal of the Operational Research Society, 2005, 56 (11): 1296-1302.

[136] Gendreau M, Laporte G, Vigo D. Heuristics for the traveling salesman problem with pickup and delivery [J]. Computers & Operations Research, 1999, 26 (7): 699-714.

[137] Tang F A, Galvão R D. A tabu search algorithm for the vehicle routing problems with simultaneous pickup and delivery service [J]. Computers & Operations Research, 2006, 33 (3): 595-619.

［138］Bianchessi N, Righini G. Heuristic algorithms for the vehicle routing problem with simultaneous pick-up and delivery ［J］. Computers & Operations Research, 2007, 34 (2): 578-594.

［139］Ropke S, Pisinger D. A unified heuristic for a large class of vehicle routing problems with backhauls ［J］. European Journal of Operational Research, 2006, 171 (3): 750-775.

［140］Hasama T, Kokubugata H, Kawashima H. A heuristic approach based on the string model to solve vehicle routing problem with backhauls ［C］//Proceedings of the 5th World Congress on Intelligent Transport Systems (ITS) . Seoul, 1998.

［141］CHEN J-F, WU T-H. Vehicle routing problem with simultaneous deliveries and pickups ［J］. Journal of the Operational Research Society, 2006 (5): 579-587.

［142］TütüncüG Y, Carreto C A C, Baker B M. A visual interactive approach to classical and mixed vehicle routing problems with backhauls ［J］. Omega, 2009, 37 (1): 138-154.

［143］Kontoravdis G, Bard J F. A GRASP for the vehicle routing problem with time windows ［J］. ORSA Journal on Computing, 1995, 7 (1): 10-23.

［144］Mladenovic N, Hansen P. Variable neighborhood search ［J］. Computer & Operaion Research, 1997, 24 (11): 1097-1100.

［145］Zhong Y, Cole M H. A vehicle routing problem with backhauls and time windows: A guided local search solution ［J］. Transportation Research Part E: Logistics and Transportation Review, 2005, 41 (2): 131-144.

［146］Montoya-Torres J R, Franco J L, Isaza S N, et al. A literature review on the vehicle routing problem with multiple depots ［J］. Computers & Industrial Engineering, 2015, 79: 115-129.

［147］Bettinelli A, Ceselli A, Righini G. A branch-and-cut-and-price algorithm for the multi-depot heterogeneous vehicle routing problem with time windows ［J］. Transportation Research Part C: Emerging Technologies, 2011, 19 (5): 723-740.

［148］Ma Y, Han J, Kang K, et al. An improved ACO for the multi-depot vehicle routing problem with time windows ［C］//Proceedings of the Tenth International Conference on Management Science and Engineering Management, Springer Sinore,

2017: 1181-1189.

[149] Liu C Y. An improved adaptive genetic algorithm for the multi-depot vehicle routing problem with time window [J]. Networks, 2013, 8 (5): 1035-1042.

[150] Cordeau J F, Maischberger M. A parallel iterated tabu search heuristic for vehicle routing problems [J]. Computers & Operations Research, 2012, 39 (9): 2033-2050.

[151] Noori S, Ghannadpour S F. High-level relay hybrid metaheuristic method for multi-depot vehicle routing problem with time windows [J]. Journal of Mathematical Modelling and Algorithms, 2012, 11 (2): 159-179.

[152] Dondo R G, CerdáJ. A hybrid local improvement algorithm for large-scale multi-depot vehicle routing problems with time windows [J]. Computers & Chemical Engineering, 2009, 33 (2): 513-530.

[153] Polacek M, Benkner S, Doerner K F, et al. A cooperative and adaptive variable neighborhood search for the multi depot vehicle routing problem with time windows [J]. Journal of Business Research, 2008, 1 (2): 207-218.

[154] Polacek M, Hartl R F, Doemer K. A variable neighborhood search for the multi-depot vehicle routing problem with time windows [J]. Journal of Heuristics, 2004, 12 (10): 613-627.

[155] Cordeau J F, Laporte G, Mercier A. A unified tabu search heuristic for vehicle routing problems with time windows [J]. Journal of the Operational Research Society, 2001, 52 (8): 928-936.

[156] Salhi S, Nagy G. A cluster insertion heuristic for single and multiple depot vehicle routing problems with backhauling [J]. Journal of the Operational Research Society, 1999, 50 (10): 1034-1042.

[157] Chávez J J, Escobar J W, Echeverri M G. A multi-objective Pareto ant colony algorithm for the multi-depot vehicle routing problem with Backhauls [J]. International Journal of Industrial Engineering Computations, 2016, 7 (1): 35-48.

[158] Ramos T R P, Gomes M I, Barbosa-Póvoa A P. Economic and environmental concerns in planning recyclable waste collection systems [J]. Transportation Research Part E-Logistics and Transportation Review, 2014, 62 (2): 34-54.

[159] Vigo D. A heuristic algorithm for the asymmetric capacitated vehicle routing

problem [J]. European Journal of Operational Research, 1996, 89 (1): 108-126.

[160] Aringhieri R, Bruglieri M, Malucelli F, et al. An asymmetric vehicle routing problem arising in the collection and disposal of special waste [J]. Electronic Notes in Discrete Mathematics, 2004, 17 (17): 41-47.

[161] Laporte G, Mercure H, Nobert Y. An exact algorithm for the asymmetrical capacitated vehicle routing problem [J]. Networks, 2006, 16 (1): 33-46.

[162] Rodríguez A, Ruiz R. A study on the effect of the asymmetry on real capacitated vehicle routing problems [J]. Computers & Operations Research, 2012, 39 (9): 2142-2151.

[163] Batsyn M, Goldengorin B, Kocheturov A, et al. Tolerance - based vs. cost - based branching for the asymmetric capacitated vehicle routing problem [R] //Models, Algorithms, and Technologies for Network Analysis, Springer, New York, NY, 2013: 1-10.

[164] Leggieri V, Haouari M. A matheuristic for the asymmetric capacitated vehicle routing problem [J]. Discrete Applied Mathematics, 2018, 234: 139-150.

[165] Herrero Antón R. Hybrid Methodologies for Symmetric and Asymmetric Vehicle Routing Problems [D]. Spain: Universitat Autònoma de Barcelona, 2016.

第3章 考虑车辆租赁的第三方物流多车型硬时间窗路径问题研究

3.1 引言

由于业务量的波动，第三方物流企业在为连锁店、专卖店和超市等的服务过程中常需租赁社会车辆来增强其服务能力。此类车辆路径问题与一般的路径问题相比，其特点如下：①运行的车辆包括企业的自有车辆和租赁的车辆，所以物流成本应包括车辆租赁费用和车辆的运行费用两部分；②属于多车型路径问题；③租赁的车辆数目有限制；④客户具有硬时间服务窗口要求。

从目前研究车辆路径的文献来看，研究经典车辆路径问题（VRP）和带时间窗车辆路径问题（VRPTW）较多：如文献[1]用遗传算法研究了经典的车辆路径问题（VRP）；文献[2]用遗传算法研究了带时间窗的车辆路径问题（VRPTW）；文献[3-4]用禁忌搜索研究了带时间窗的车辆路径问题。已有研究文献的不足表现在以下几方面：①对第三方物流企业租赁车辆路径问题缺乏研究；②对多车型问题研究较少；③模型目标主要以运行距离为衡量指标，对各车型的单位公里油耗差异缺乏考虑。根据以上研究不足，本章将主要研究第三方物流企业租赁条件下的多车型带硬时间窗车辆的路径问题。

3.2　问题描述与建模

第三方物流企业配送路径问题可以表述为：一个第三方物流企业有 L 个客户，第 i 个客户需运输的货物量为 q_i，且 $q_i < Q_k$（Q_k 为第 k 辆车的载重量），第三方物流企业派出多辆货车，给 L 个客户配送货物，车辆必须在一定时间范围 $[ET_i, LT_i]$ 内到达，即不早于 ET_i（若允许早到，可将 ET_i 设为 0），不迟于 LT_i，求满足货运需求的成本最低的车辆运输行程路径安排。根据边际成本理论，运输成本包括租赁成本和与运行距离有关的油费成本两部分，而不考虑企业自有车辆的固定成本。模型除满足到达时间要求外，还考虑了卸货时间、车辆载重量、多车型、车辆行驶最大距离和车队规模的约束。

3.2.1　模型符号

第三方物流企业配送中心编号为 0，客户点编号为 1，2，…，L，第三方物流企业配送中心及客户均以点 i、j 来表示；

k：表示巡回线路序号（或配送车辆），$k \in K$，K 为车辆集合（或巡回线路集合）；

C_{ij}：点 i、j 之间的距离；

x_{ijk}：决策变量，表示第 k 条线路（或车辆）是否从点 i 开向点 j，如果是，x_{ijk} 为 1，否则，其值为 0；

y_{ik}：若车辆 k 服务于客户 i，其值为 1，否则为 0；

F_k：第 k 条线路上车辆的日平均租赁成本；

q_i：客户的货物需求量；

t_{ijk}：第 k 辆车从 i 到 j 行驶所用的时间，等于这两点间的距离除以速度（v）；

t_{ik}：表示车辆 k 到达点 i 的时刻；s_{ik}：表示车辆 k 完成需求点 i 的卸货时间；

U_{ik}：第 k 条线路上的支路消去约束向量，表示客户 i 在线路 k 中被访问的顺序；

m：表示第三方物流企业自有车辆数；n：表示最大租赁车辆数；

D_k：第 k 辆车的最大行驶距离；ρ_k：第 k 辆车平均每公里油费。

3.2.2 模型表示

$$\min Z_0 = \sum_{k=1}^{L} \sum_{i=0}^{m+n} \sum_{j=0}^{L} \rho_k C_{ij} x_{ijk} + \sum_{k=1}^{n} F_k \sum_{j=1}^{L} x_{0jk} + M \sum_{k=1}^{m+n} \max\left(\sum_{i=1}^{L} q_i y_{ik} - Q_k,\ 0\right) +$$

$$M \sum_{j=1}^{L} \max(ET_j - t_{jk},\ 0) + M \sum_{j=1}^{L} \max(t_{jk} - LT_j,\ 0),\ (M \to \infty)$$

$$(3-1)$$

$$\sum_{i=1}^{L} q_i y_{ik} \leqslant Q_k,\ k \in K \tag{3-2}$$

$$\sum_{j=1}^{L} \sum_{k=1}^{m+n} x_{ijk} \leqslant m + n,\ i = 0 \tag{3-3}$$

$$\sum_{i=0}^{L} \sum_{j=0}^{L} C_{ij} x_{ijk} \leqslant D_k,\ k \in K \tag{3-4}$$

$$\sum_{k=1}^{m+n} y_{ik} = 1,\ i = 1,\ 2,\ \cdots,\ L,\ k \in K \tag{3-5}$$

$$\sum_{i=0}^{L} x_{ijk} = y_{jk},\ j = 0,\ 1,\ \cdots,\ L;\ k \in K \tag{3-6}$$

$$\sum_{j=0}^{L} x_{ijk} = y_{ik},\ i = 0,\ 1,\ \cdots,\ L;\ k \in K \tag{3-7}$$

$$U_{ik} - U_{jk} + L X_{ijk} \leqslant L - 1,\ i,\ j = 1,\ 2,\ \cdots,\ L;\ i \neq j;\ k \in K \tag{3-8}$$

$$t_{jk} = \sum_{i=0}^{L} x_{ijk}(t_{ik} + t_{ijk} + s_{ik}),\ j = 1,\ 2,\ \cdots,\ L;\ k \in K \tag{3-9}$$

$$x_{ijk}(t_{jk} - t_{ik}) \geqslant 0,\ i,\ j = 1,\ 2,\ \cdots,\ L,\ k \in K \tag{3-10}$$

$$x_{ijk} = 0\ \text{或}\ 1,\ i,\ j = 0,\ 1,\ \cdots,\ L;\ k \in K \tag{3-11}$$

$$y_{ik} = 0\ \text{或}\ 1,\ i = 0,\ 1,\ \cdots,\ L;\ k \in K \tag{3-12}$$

$$U_{ik} \geqslant 0,\ i \in L,\ k \in K \tag{3-13}$$

上述模型中，式（3-1）为目标函数，使可变成本和租赁成本之和最小化；约束（3-2）为车辆的容量限制；约束（3-3）表示派出车辆的数目不能超过第三方物流企业所要求的最大车辆数；约束（3-4）保证每条配送路径的长度不超过车辆一次配送的最大行驶距离；约束（3-5）表示每个客户仅由一个车服务，不能由两个及以上车服务；约束（3-6）和约束（3-7）表示每个客户有且仅被访问一次；约束（3-8）为消去支路约束条件；约束（3-9）表示车辆 k 到达 j 的时间表达式；约束（3-10）保证行车路径的先后顺序；约束（3-11）限制 X_{ijk}

的取值；约束（3-12）限制 y_{ik} 的取值；约束（3-13）表示支路约束向量恒为非负值。

3.3　多车型车辆的分配策略

在现实运营中，第三方物流企业的车辆往往是多车型的。多车型车辆路径问题（HFVRP）是 NP-Hard 难题[6]，从研究的内容来看，有两类：一类是每种车型的数量是无限的；另一类是每种车型的数量是有限的。如：文献[7] 用禁忌搜索研究了第一类问题，文献[8] 用记录更新法（Record-to-record Travel Algorithm）研究了第二类问题。第一类问题适合于战略决策，第二类问题适合于战术层和操作层决策，因为具体运营中车型和各车型的数量都是有限的，本章研究属于第二类问题。该类问题需要解决两个子问题：①车辆分配问题，即哪些客户分配到哪辆车；②路径的优化，即每辆车对自己服务的客户如何安排路径成本最少。

以上文献很少论述车辆的分配策略，文献[9] 提出了优先配装载重量大的车型的原则。但是由于第三方物流运输成本的大小取决于租赁费用和运行油费，各地方各时间段的租赁价格和油价都是动态变化的，而第三方物配送问题约束条件较多，不能保证大车型的满载率，所以很难说明载重量大的车用得多，费用就越小。即使用大车型会节约运行距离，但由于大车型的百公里油耗大于小车型的油耗，因此从车型大小上很难确定车辆分配的优先权；优先配装载重量大的车型的原则不适用于第三方物流企业配送路径优化。针对以上不足，本章在考虑车辆的载重吨位和车辆租赁费用的基础上，提出用优先满足最小费用车型策略来分配车辆：对可能使用 $m+n$ 辆的 λ 种车型，先假设每种车型的数量是无限的，对每种车型单独运行的总费用进行计算，然后按配送总费用由小到大给 $m+n$ 辆车依次编号为 1，2，…，$m+n$，再根据第三方物流企业配送问题的约束条件，按照优先配装运行总费用小的车型的原则，依次将解中的客户元素划入各台车辆的配送路径中形成初始解。若某个解中排在最后的若干个客户不能被纳入车辆的配送路径中，则说明该解为一个不可行解。按照这样的原则可以随机产生一组初始解，车辆的再分配和每辆车服务客户的先后顺序由混合遗传算法来实现。

3.4 混合遗传算法设计

由于多车型问题的复杂性，目前还没求解多车型问题的精确算法出现，现有的算法都集中在启发式算法上[10]。鉴于遗传算法和模拟退火算法求解车辆路径问题的良好效果，为克服它们各自的劣势将二者结合，形成混合遗传算法，来求解第三方物流企业配送问题。

因为一般的遗传算法设计中，采用客户与虚拟物流中心共同排列的表示方法来编码，须预先估计需要的车辆数，这样车辆数固定不能实现对本章提出的目标函数的优化，所以本章采用客户直接排列[11]的表示方法来编码，来实现车辆数的变化，以达到最后选择总运行费用最小的解的目的。

首先随机产生一组初始解，其次采用最佳个体保存和基于局部竞争机制的选择策略进行选择操作，再次进行染色体交叉操作，最后对交叉后的染色体逐一进行模拟退火算子计算，对模拟退火算子加入记忆功能，将最优的解保留下来。总体步骤如下：

步骤 1：随机产生一组初始解；

步骤 2：在设定的代数内重复步骤 2.1~步骤 2.3；

　　　　步骤 2.1：选择操作；

　　　　步骤 2.2：交叉操作；

　　　　步骤 2.3：对每个染色体重复 L_k 次步骤 2.3.1；

　　　　　　　　步骤 2.3.1：应用模拟退火算子。

3.4.1 选择操作

采用基于局部竞争机制和最优个体保存相结合的选择策略，取代一般采用的基于适应度比例或排名的选择策略。采用基于适应度比例或排名的选择策略时，常以目标函数的倒数作为适应度函数，当目标函数值较大时，两个目标函数相差较小的个体的适应度函数值相差更小，由于计算机的存储误差，这时两个个体会视为一样，这样就会抹掉它们的差异，而且随着规模的增大，运算量也会显著增加。而基于局部竞争机制的选择策略能有效避免以上缺点，选择时在群体中随机

选择 k 个个体，比较它们的适应度值，将适应度值最好的个体选择来生成下一代。基于局部竞争机制的选择策略采用适应度的相对值作为选择标准，难以保证最优个体能保存下来，所以采用最优个体保存选择策略将最优的个体保留下来，即将每代种群的染色体中适应度最大的染色体直接复制到下一代。本章以运输成本 Z_0 作为适应度函数。

$$Z_0 = \sum_{k=1}^{m+n} \sum_{i=0}^{L} \sum_{j=0}^{L} \rho_k C_{ij} x_{ijk} + \sum_{k=1}^{n} F_k \sum_{j=1}^{L} x_{0jk} + M \sum_{k=1}^{m+n} \max\left(\sum_{i=1}^{L} q_i y_{ik} - Q_k, 0\right) +$$

$$M \sum_{j=1}^{L} \max(ET_j - t_{jk}, 0) + M \sum_{j=1}^{L} \max(t_{jk} - LT_j, 0), (M \to \infty)$$

3.4.2　交叉算子

通常采用单点交叉或多点交叉，本章采用单点交叉。当两个相同的个体采用单点交叉时会产生相同的个体，为了避免这种情况发生，首先将比较随机选择用来交叉的两个个体，如果一样，将它们先分别变异（这里分别选择不相同的两点进行两两交换）之后，再进行交叉，这样更能保证群体的多样性，防止早敛。

3.4.3　模拟退火算子

在群体 $pop(T)$ 的每一个染色体 $i \in pop(T)$ 的邻域中随机选取一个状态 $j \in N$ (i)，按模拟退火中的接受概率：$A_{ij} = \min\left[1, \exp\left(-\dfrac{Z_j(t_T) - Z_i(t_T)}{t_T}\right)\right]$ 接受或拒绝 j，其中 $Z_i(t_T)$，$Z_j(t_T)$ 分别为状态 i，j 的目标函数值，$N(i)$ 是状态 i 的邻域结构。对每个染色体需要搜索 L_k（L_k 为模拟退火的链长）次，对群体共需 $Num\_pop \times L_k$ 次迭代（Num_pop 表示群体染色体数目）。在搜索过程中加入记忆功能，将每个染色体邻域中搜索到的最优解保留下来，以产生新群体。每个染色体的邻域包括由 or-opt 交换所产生的所有染色体，or-opt 交换即将一段路径（一个、两个或三个连续顶点）在另外两个顶点间重新定位。其中，t_T 为第 T 代的温度，降温函数为：$t_{T+1} = \alpha \times t_T$，$\alpha$ 为降温系数。

3.4.4　结束条件

当算法的当前进化代数大于预先设定的 T 时，算法结束。

3.5 算例分析

在[1，150]×[1，150]的区域上随机产生20个客户的分布，物流企业的配送中心坐标为(70，70)，其中客户的位置、货物需求量及时间窗口如表3-1所示。利用Visual Basic 6.0编写了混合遗传算法程序，先利用单车型验证混合遗传算法的效果，后对租用不同车型的配送成本进行分析。

表3-1 实例的基本数据

客户编号	横坐标（km）	纵坐标（km）	货物需求量（t）	服务时间（h）	时间窗开始时刻（h）	时间窗结束时刻（h）
1	107	77	3.4	0.2	1.5	3.5
2	109	139	0.8	0.2	3	5.5
3	120	22	3.9	0.2	2	5
4	48	47	1.9	0.4	1.5	5
5	116	22	3.2	0.2	2	5.5
6	12	138	1.4	0.5	4	8
7	86	40	2.2	0.4	1.5	3
8	121	124	2.1	0.2	2.5	5
9	61	57	3.5	0.2	4.5	8
10	40	113	2.3	0.2	2	3.5
11	129	24	1.8	0.4	2.5	5.5
12	12	84	1.6	0.4	2	4.5
13	44	116	2.7	0.2	3	6
14	102	52	1.5	0.2	3.5	5.5
15	41	36	1.3	0.2	4	7
16	132	138	2.4	0.4	3	6
17	104	139	2.9	0.2	3	5
18	104	54	1.3	0.4	1	3.5
19	22	104	1.1	0.4	2	4.5
20	46	133	0.7	0.4	2	4.5

3.5.1　混合遗传算法与简单遗传算法及基于 or-opt 的模拟退火算法的效果比较

为比较计算效果，再假定模型的参数值如下：物流企业自己车辆数 $m=0$，租赁车辆的载重量为 8（t），$\rho=0.56$ 元/kg，$v=40km/h$，$D=500km$，该车辆日平均租赁费用为 100 元，租赁车数 $n \leqslant 10$；遗传进化代数为 500，种群为 100，初始退火温度为 1000，降温系数取 0.95，链长 L_k 取客户数的 1/3；简单遗传算法采用轮盘赌选择，单点交叉，变异率为 0.02，交叉率为 0.9；模拟退火算法采用 or-opt 交换实施邻域操作。表 3-2 给出了混合遗传算法与简单遗传算法及基于 or-opt 交换的模拟退火算法求解上述问题的结果。由表 3-2 可以说明：混合遗传算法的解，优于基于 or-opt 交换的模拟退火算法，明显优于简单遗传算法而且解的稳定性更好。

3.5.2　多车型租赁条件下的求解结果比较

假定物流企业租赁决策时面临多种车型，需通过有效选择车型与企业自有车辆混合使用，实现总成本最小。为更有效描述该决策问题，分三种情况加以区别讨论：第一种情况是自己没有车辆（$m=0$）时的车辆租赁决策；第二种情况是自己拥有某种车型，需租赁单车型的决策；第三种情况是自己拥有多种车型，还需租赁多种车型的决策。

在第一种情况下，物流企业只需单独对每一种租赁车辆进行考虑，不需要考虑车辆的组合问题。根据表 3-2 和已知的模型参数，表 3-3 给出了三种车型（6 吨、8 吨和 16 吨）的相关参数和单独租赁该车型的车辆数和总的物流成本。

表 3-2　混合遗传算法与简单遗传算法效果比较

实验次数（10 次）	总费用均值（元）	子样标准差	最优解		
			总成本（元）	车辆数（辆）	相应路径
简单遗传算法	1611.474	86.09	1463.823	7	0-17-8-16-0；0-4-12-19-13-0；0-18-3-2-0；0-1-11-15-0；0-6-9-0；0-10-20-0；0-7-5-14-0

实验次数（10次）	总费用均值（元）	子样标准差	最优解		
			总成本（元）	车辆数（辆）	相应路径
基于 or-opt 的模拟退火算法	1219.931	18.11	1190.181	6	0-7-3-14-0；0-10-17-2-0； 0-18-5-11-0； 0-12-19-20-13-6-0； 0-15-4-9-0；0-1-8-16-0
混合遗传算法	1159.703	0.858	1159.229	6	0-10-20-17-2-0；0-18-3-11-0； 0-15-4-9-0；0-7-5-14-0； 0-1-16-8-0；0-12-19-6-13-0

表 3-3　租赁单车型的载重量灵敏度分析（$m=0$）

租赁车辆载重量（吨）	6	8	16
租赁车辆数量（辆）	8	6	4
车辆租赁费用（元）	70	100	180
每千克油耗（元）	0.45	0.56	0.80
车辆行驶距离（千米）	1215.90	999.10	783.90
车辆运行油费（元）	547.16	559.50	627.12
总成本值（元）	1107.16	1159.50	1347.12

在第二种情况下，假设企业自有载重量为 8 吨的车辆数 $m=2$，需租赁一部分车辆，欲租赁的车数满足 $n+m \leqslant 10$，任何一种车型数量都大于需求。本章在多车型的分配过程中优先对运行费用最小的车辆进行分配，而企业自有车辆仅考虑运行油费，不需考虑租赁成本。这样从表 3-3 中可以看出，企业自有车辆运营费用最小。因此，在求解过程中优先对自有车辆进行路径分配，而后再对租赁车辆进行分配。表 3-4 给出了在同样已知条件下的物流企业租赁不同车型的运行情况。

综合表 3-3 和表 3-4 可见：①大车型的运作成本不一定比小车型低，高低关键取决于车辆的租赁费用、客户分布状况以及车型间的单位油耗差异；②该例中物流企业租赁小车型（载重量为 6 吨）成本最低，而租赁大车型（载重量为 16 吨）次之。

表 3-4　物流企业租赁不同车型下的运行情况（$m=2$）

租赁车辆载重量（吨）	6	8	16
租赁车辆数量（辆）	5	4	2
单位车辆租赁费用（元）	70	100	180
车辆运行总距离（千米）	1142.46	998.62	815.27
车辆运行费用（元）	553.69	559.23	557.90
总成本值（元）	903.69	959.23	917.90

在第三种情况下，假设企业拥有车辆：载重量为 6 吨的车辆 2 辆，载重量为 16 吨的车辆 1 辆；可租赁的车辆：载重量为 6 吨的车辆 2 辆，载重量为 8 吨的车辆 3 辆。租赁费用和油耗同表 3-3。根据本章的车辆分配策略和算法随机计算 10 次，得出最好解如表 3-5 所示。

表 3-5　自有车辆和可租赁车辆均有限且为多车型的运行情况

车型	自有车辆		租赁车辆		合计
	6 吨	16 吨	6 吨	8 吨	
使用数量（辆）	2	1	2	1	6
行驶距离（千米）	329.99	184.20	381.07	89.94	985.20
行驶费用（元）	148.50	147.36	171.48	50.37	517.70
车辆租赁费用（元）	0	0	140	100	240
总费用（元）	757.70				

3.6　本章小结

第三方物流企业是整合社会闲散物流资源的重要力量，研究其租赁条件下的车辆路径问题具有重要现实意义。本章结合配送车辆多车型和可能租赁汽车的特点，以租赁费用和运行费用之和最小为目标函数，考虑了各车型的油耗差异，以及到达时间、卸货时间、车辆载重量、多车型、车辆行驶最大距离和车队规模等多种实际约束，建立了较符合实际情况的数学模型。由于模型属于 NP-hard 难题，本章提出了优先满足最小成本车型的车辆分配原则，然后将改进的遗传算子和模拟退火算子结合形成混合遗传算法，求解该模型。通过算例分析，结果表明该算法大大提高了解的精度和求解的稳定性；本章的模型和求解算法可为广大物流企业的多车型租赁决策提供决策支持。

本章参考文献：

［1］唐坤．车辆路径问题中的遗传算法设计［J］．东华大学学报（自然科学版），2002，28（1）：66-70.

［2］李大卫，王莉，王梦光．遗传算法在有时间窗车辆路径问题上的应用［J］．系统工程理论与实践，1999，19（8）：65-69.

［3］张炯，郎茂祥．有时间窗配送车辆调度问题的禁忌搜索算法［J］．北方交通大学学报，2004，28（2）：103-106.

［4］钟石泉，贺国光．有时间窗约束车辆调度优化的一种禁忌算法［J］．系统工程理论方法应用，2005，14（6）：522-526.

［5］Goldberg D E. Genetic algorithms in search, optimization, and machine learning ［M］. MA：Addison-Wesley, 1989.

［6］Choi E, Tcha D W. A column generation approach to the heterogeneous fleet vehicle routing problem ［J］. Computers & Operations Research, 2007, 34（7）：2080-2095.

［7］Gendreau M, Laporte G, Musaraganyi C, et al. A tabu search heuristic for the heterogeneous fleet vehicle routing problem ［J］. Computers & Operations Research 1999, 26（12）：1153-1173.

［8］Li F, Golden B, Wasil E. A record-to-record travel algorithm for solving the heterogeneous fleet vehicle routing problem ［J］. Computers & Operations Research, 2007, 34（9）：2734-2742.

［9］石洪波，郎茂祥．JD多车型配送车辆调度问题的模型及其禁忌搜索算法研究［J］．长沙交通学院学报，2005，21（3）：73-77.

［10］Lima C, Goldbarg M, Goldbarg E. A memetic algorithm for the heterogeneous fleet vehicle routing problem ［J］. Electronic Notes in Discrete Mathematics, 2004, 18：171-176.

［11］郎茂祥，胡思继．车辆路径问题的禁忌搜索算法研究［J］．管理工程

学报，2004，18（1）：81-84.

［12］玄光男，程润伟．遗传算法与工程设计［M］．北京：科学出版社，1998.

［13］王小平，曹立明．遗传算法——理论、应用与软件实现［M］．西安：西安交通大学出版社，2002.

［14］邢文训，谢金星．现代优化计算方法［M］．北京：清华大学出版社，1999.

［15］康立山，谢云，尤矢勇，等．非数值并行算法——模拟退火算法［M］．北京：科学出版社，2003.

第4章 大规模同时集散货物
路径问题的新禁忌搜索算法设计

4.1 引言

同时集散货物路径问题（VRPSDP）首先由文献[1]提出，最近几年由于零售业和逆向物流的发展，又引起人们的广泛关注[2~9]。配送中心派遣一组车辆为客户服务，客户可以同时收货和发货，也可只发货或收货，每个客户必须被访问且只被访问一次；车辆从配送中心出发，完成任务后返回配送中心，货物的装载量不能超过车辆容量。目标是要找出车辆数和总行驶里程最少的车辆路径安排。具体数学模型参见文献[2]。该问题广泛存在于邮政、快捷物流及连锁超市配送等活动中。

由于同时集散货物路径问题是 NP-Hard 难题[3]，设计有效的求解算法成为关键问题。已有文献对这类问题的研究方法分为精确算法和启发式算法，精确算法目前只能解决小规模问题，所以这里只论述用启发式算法求解的文献：文献[4]设计了客户直接排列的解的表示方法，用模拟退火算法求解规模为 20 点的集散货物路径问题；文献[5]设计了结合 2-opt 法和等级替换策略的混合遗传算法，求解问题规模为 40 点的集散货物路径问题；文献[6]首先用分区方法将大规模问题分解为小规模问题，其次用节约算法和 3-opt 交换相结合的算法实现车辆的分配，最后用求解旅行商问题的方法优化线路。文献[7]设计了一次插入多个客户的插入算法；文献[3]修改了大量的车辆路径（VRP）邻域搜索规则，如 2-opt

交换、3-opt 交换，并发展了逆转（Reverse）、分离正逆需求（Neck）等邻域搜索规则，最后按一定顺序将这些规则组织起来，形成启发式算法。文献[8] 也采用了基于插入的启发式算法，其特点是考虑了运输距离、车辆容量剩余和与车场的距离三项指标。文献[9] 首先根据运输距离和装载容量设计了插入算法，取得初始解；然后将模拟退火算法的概率接受准则修改为确定性接受准则，采用 2-exchange、Swap/Shift、2-opt、or-opt 交换等邻域搜索方法对初始解进行了改进。文献[2] 运用了禁忌搜索算法框架，采用扫描法和线路划分等方法构建了初始解，使用了 Relocation、Interchange、Crossover 和 2-opt 交换邻域搜索法，禁忌搜索结构上用了短期记忆和长期记忆策略。

已有文献对同时集散货物路径问题用不同的方法进行了研究，将计算的结果不断改进，但文献[2] 给出的测试算例解的下界表明，求解质量还有较大的改进空间。本章希望通过进一步扩大对解空间的搜索，以取得更好质量的解。由于禁忌搜索法在已有的组合优化研究中能取得较好质量的解，因此本章以禁忌搜索法为算法框架，设计了一种新的禁忌搜索算法，该方法主要特点是：①采用了基于线路集合的分解迭代法；②集成了大量的邻域搜索方法；③设计了重启和扰动策略。

4.2　算法设计

为了提高禁忌搜索算法的搜索质量，首先将当前解分解成几个独立的路径子集合，其次用禁忌搜索法求解每个路径子集合，最后将子集合求得的最好路径组成新的当前解，这样再分解迭代，逐渐逼近最优解。由于大量的邻域方法有助于拓展解的搜索空间，所以设计禁忌搜索法集成了大量的邻域搜索方法。但当这些邻域搜索方法按一定的顺序搜索超过一定代数时，解就会陷入局部最优解，为了跳出局部最优解，若超过一定代数，解一直没有改进，则启用重启策略，用扰动算子改变解的搜索方向，开发新的解空间，以便取得更好的解。另外，为了找出车辆数和总行驶里程最少的车辆路径安排，每增加一辆车在行驶里程值上加一惩罚值，以此作为最终的目标函数。VRPSDP 问题的新禁忌搜索算法步骤如下：

步骤 1：产生一个初始解；

步骤 2：若满足终止规则，则转向步骤 6；否则重复步骤 3~步骤 5；

步骤 3：采用路径分解策略将当前解分解成 σ 个线路集合；

步骤 4：用禁忌搜索法求解各个线路子集合，若各线路子集合求得的最好解劣于初始解，则直接返回初始解，否则返回最好解；

步骤 5：将子集合返回的路径合并成新的当前解，返回步骤 2；

步骤 6：终止算法，输出计算结果。

4.2.1 初始解的构造

引入空间填充曲线（Space Filling Curves，SFC）来构造初始解。空间填充曲线也称 Hilbert-Peano 曲线，是由德国数学家 D. Hilbert 于 1891 年提出，将正方形 4^n 等分之后的各小正方形的中心点连接而成的曲线。若 n 趋于无穷大（正方形无限细分），则它能经过平面上正方形区域的每一点，如此它能有效地将空间距离相近的点连在一起，便于用同一辆车服务这些"相邻"点。

本章利用文献[3] 思想进行构造，即先构造弱可行解，然后将弱可行解转化为强可行解。弱可行解是指每一条车辆路径中各个客户的取货量之和与发货量之和分别都小于车辆的额定载重量。在弱可行解的条件下，车辆路径的某一弧段的装载量可能会超过车辆的额定装载量。但是通过调整路径中各点的访问顺序，可以使车辆路径中各弧段的装载量满足车辆的容量要求，即转化为强可行解，这一点在文献[10] 中得以证明。

4.2.1.1 构造初始弱可行解

空间填充曲线法能将该曲线所经过的点按照它在曲线中相应的位置转化为单位长度中的坐标[11]。初始弱可行解的构造步骤如下：

步骤 1：将平面中各个客户点的位置转化为单位长度下的坐标[11]；

步骤 2：按照单位坐标下的顺序从某个客户开始构造路径，要求路径中客户的取货量之和与发货量之和都分别小于车辆的额定载重量。

例如，9 个客户的平面位置转化在单位坐标系下的坐标顺序如图 4-1 所示，假设它们的取货量的值分别等于 1，2，…，9，发货量为客户取货量的一半，车辆额定载重量设为 20，可以任选一客户，这里选择客户 d 作为车辆路径的第一客户，然后判断是否满足约束条件，即客户 d 的取货量和送货量是否超过车辆的额定载重量，由于能满足约束，可将客户 e 再加入到路径中来，再判断客户 e 是否满足约束，依次类推，形成路径：0-d-e-f-0；0-g-h-0；0-i-a-b-c-0。

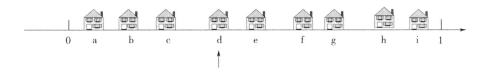

图 4-1　9 个客户在单位坐标系中的位置

4.2.1.2　形成初始强可行解

为了将弱可行解转化为强可行解，首先要计算路径中各点的净发货量，即客户的发货量与收货量之差。假设在车辆路径的某一弧段，车辆装载量超过了车辆的额定载重量，这时可将路径中净发货量较小者与之交换，再检查是否满足约束条件，这样直到各客户均满足约束为止。由于每个客户都可作为车辆路径的第一个客户，这样有 n 个客户就可形成 n 种路径安排，选择其中最好的路径安排（目标值最小）作为 TS 算法的初始解。

4.2.2　线路集合的分解策略

本章的路径分解策略是将客户邻近的线路划分为一个线路子集合。为了体现线路的相邻关系，定义了路径的最大弧度和最小弧度：路径 r 的最大弧度就是路径 r 中所有客户弧度的最大值，即 $\max_{i \in r}[rad(i)]$；而路径 r 的最小弧度就是路径 r 中所有客户弧度的最小值，即 $\min_{i \in r}[rad(i)]$；其中 $rad(i)$ 为客户弧度，表示客户 i 的位置在以配送中心为原点的极坐标体系下对应的弧度，$rad(i) \in [0, 2\pi]$。如图 4-2 所示，在 5 个客户组成的线路中，γ_1 就是路径最小弧度，γ_2 是路径最大弧度。这样把路径按照中间弧度 $[\min_{i \in r} rad(i) + \max_{i \in r} rad(i)]/2$ 的大小排序，随机选取一条路径为起点，按逆时针或顺时针方向旋转，依次将 α（$\alpha = 3 \sim 5$）条线路划分为一个子集合，直到所有路径被划分完为止。

4.2.3　线路子集合的算法设计

4.2.3.1　邻域结构设计

本章选用 6 种邻域搜索方法：逆转、1-0 交换、1-1 交换、or-opt-1 交换、3-opt 交换、2-opt* 交换。1-0 交换、1-1 交换和 2-opt* 交换属于线路间优化，逆转、or-opt-1 交换和 3-opt 交换属于线路内部优化。用 0 表示配送中心，用 1，2，…，L 表示各需求点。为了更有利于程序的编写和应用，采用编码的方式解释这些方法。

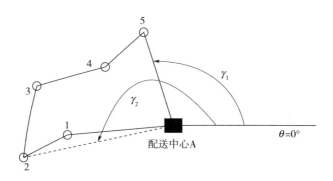

图 4-2　路径的最大弧度 γ_2 和最小弧度 γ_1

（1）逆转，就是将线路的一部分子线路逆转，属于线路内部变换。如图 4-3 所示，将第一条路径中的 23456 逆转为 65432。其计算复杂性为 $O\left(n^2\right)$。

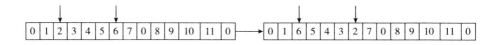

图 4-3　逆转

（2）1-0 交换，1-1 交换。它们也称为 Swap/shift 移动，是基于路径间的客户移动。1-0 交换就是一条路径的某一客户插入另一路径中去，1-1 交换是指在两条路径中各选一个客户来相互交换，具体实例如图 4-4 和图 4-5 所示，其计算复杂性为 $O\left(n^3\right)$。

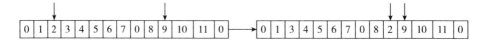

图 4-4　1-0 交换

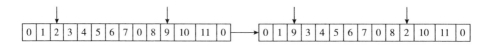

图 4-5　1-1 交换

（3）or-opt-1 交换，是指在一条路径内部将一客户插入另外的某一位置上，具体实例如图 4-6 所示，其计算复杂性为 $O(n^2)$。

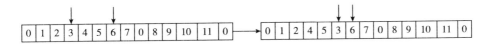

图 4-6　or-opt-1 交换

（4）3-opt 交换，它有几种变化方式，为了与其他方法互补，选择如图 4-7 所示的方式，即将线路内部连续 4 个点$(i, i+1, j, j+1)$变为$(i+1, i, j+1, j)$，其计算复杂性为 $O(n^2)$。

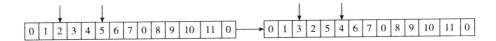

图 4-7　3-opt 交换

（5）2-opt* 交换，它是 1-1 交换的扩展，将两条路径的尾部进行交换，如图 4-8 所示，其计算复杂性为 $O(n^3)$。

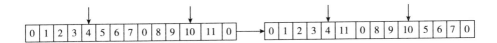

图 4-8　2-opt* 交换

4.2.3.2　重启策略

重启就是选择一个新解作为搜索的当前解，本章选择目前最好解作为重启的起点。当目前最好解超过一定代数没有更新，则该最好解作为当前解，清空记忆表，沿新的方向搜索解空间。其中，目前最好解是指从程序开始到当前搜索到的最好解。

4.2.3.3　扰动算子设计

为了改变解的搜索方向，加入扰动，以便沿着新的方向搜索，开发更大的解空间。本章采用了 5 种扰动方法，包括 1-0 交换，1-1 交换及其变体，即 1-0 交换，1-1 交换，2-0 交换，2-1 交换，2-2 交换。每次扰动时，随机选取一种执行。2-0 交换，2-1 交换，2-2 交换的实例如图 4-9～图 4-11 所示，其计算复杂性均为 $O(n^3)$。

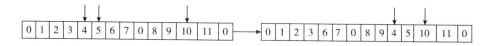

图 4-9　2-0 交换

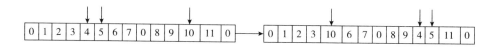

图 4-10　2-1 交换

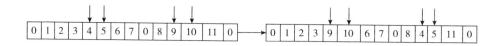

图 4-11　2-2 交换

4.2.3.4　禁忌表

文献[12]对单向车辆路径问题 5 种属性（弧段属性、弧段—路径属性、客户—路径属性、客户—位置属性、客户—位置—路径属性）的研究表明，基于弧段属性的求解质量最高，而且由于每种邻域方法每次插入的弧段和删除的弧段很容易观测到，所以为每种邻域搜索方法建一个禁忌表，将最近被删除的弧放入禁忌表中，以避免这些弧段近期再被插入路径中。每种禁忌表的长度等于［问题规模/5］向下取整后与每次移动删除的弧段数之积。

4.2.3.5　子集合的求解算法步骤

求解同时集散货物路径问题的整个算法步骤如下：

步骤 1：设置输入解（子集合）为当前解；

步骤 2：从当前解开始执行禁忌搜索算法，重复 $outer\_iter\_max$ 次步骤 2.1 和 2.2；

步骤 2.1：对当前解依序使用 2-opt*、Reverse、1-0、or-opt-1、1-1、or-opt-1；2-opt*、1-0、1-1、or-opt-1、3-opt 邻域搜索方法，选出最好的非禁忌解作为当前解，并更新目前最好解；

步骤 2.2：如果目前最好解超过一定代数（$Inner\_iter\_\max$）没有更新，则重启，清空禁忌表；随机选取一扰动算子改变当前搜索方向。

禁忌搜索过程中，每步邻域搜索要保证解的可行性，步骤 2.1 的前半部分是每进行一次线路间的改善，就进行一次线路内部的改善；后半部分是完成线路间的改善后，再连续进行线路内部的改善。

4.3 数据实验

4.3.1 数据的产生

基础数据来自文献[13] 的无最大里程约束的 7 组数据（CMT1，CMT2，CMT3，CMT4，CMT5，CMT11 和 CMT12），由于该数据是为单向车辆路径问题设计的，采用文献[7] 的方法将其转化为同时集散货物路径问题数据，取客户 j 的发货量为 $t_j\beta_j$，取货量为 $t_j(1-\beta_j)$。其中，t_j 为原始数据的需求量，$\beta_j = \min\{(x_j/y_j), (y_j/x_j)\}$，$x_j$，$y_j$ 为客户位置坐标，这样产生的问题称为 X 型；将每个 X 型客户的发货量和取货量交换，产生的数据称为 Y 型，共产生了 14 组数据。

设定迭代代数满足 15 次或连续 5 次当前解没有更新则终止程序；子集合的求解算法步骤中，$outer\_iter\_\max = 30$，$Inner\_iter\_\max = 10$。本章中用 Visual Basic 6.0 编写新禁忌搜索算法的程序，使用的计算机 CPU 为 Pentium Ⅳ 1.6GHz PC。

4.3.2 结果的比较

文献[2,3,8,9] 均测试过以上 14 组数据，最好解来自文献[2,9]，具体计算结果如表 4-1 所示。

表 4-2 除列出了文献[2,9] 取得的最好目标值外，还列出了本章方法求得的初始解对应的目标值、最后解对应的最好目标值、平均目标值和相应的车辆数、CPU 时间。通过与文献[2,9] 的最好目标值相比，在 14 组数据中，新禁忌搜索算

表 4-1　已有研究结果比较

算例	车辆容量(辆)	客户数量(个)	文献[8] 目标值	车辆数量(辆)	CPU时间(秒)	文献[3] 目标值	车辆数量(辆)	CPU时间(秒)	文献[9]结果 目标值	车辆数量(辆)	CPU时间(秒)	文献[2]结果 目标值	车辆数量(辆)	CPU时间(秒)	最好目标值
CMT1X	160	50	501	3	—	525	5	0.3	478.59	3	7.74	**472**	3	3.7	472
CMT1Y	160	50	501	3	—	525	5	0.3	480.78	3	7.81	**470**	3	4.37	470
CMT2X	140	75	782	7	—	841	10	0.8	**688.51**	6	24.86	695	7	6.91	688.51
CMT2Y	140	75	782	7	—	839	10	0.7	**679.44**	6	12.02	700	7	7.61	679.44
CMT3X	200	100	847	5	—	829	8	1.1	744.77	5	94.06	**721**	5	11.04	721
CMT3Y	200	100	847	5	—	829	8	1.5	723.88	5	120.66	**719**	5	12.01	719
CMT12X	200	100	804	6	—	820	10	1.3	678.46	6	46.83	**675**	6	12.23	675
CMT12Y	200	100	825	5	—	825	10	1.4	**676.23**	6	56.35	689	6	12.8	676.23
CMT11X	200	120	959	4	—	1087	7	2.4	**858.57**	4	321.08	900	4	18.2	858.57
CMT11Y	200	120	1070	4	—	1075	7	2.6	**859.77**	5	230.72	910	5	18.1	859.77
CMT4X	200	150	1050	7	—	1053	12	3.8	887.00	7	501.95	**880**	7	24.6	880
CMT4Y	200	150	1050	7	—	1047	12	3.3	**852.35**	7	406.32	878	7	29.1	852.35
CMT5X	200	199	1348	11	—	1334	16	7.4	**1089.22**	10	1055.83	1098	11	51.5	1089.22
CMT5Y	200	199	1348	11	—	1334	16	7.2	1084.27	10	771.71	**1083**	10	56.2	1083

注：文献[3] 的计算机为 VAX 4000-500 computer；文献[9] 的计算机硬件环境为 Pentium Ⅳ 1.6GHz PC；文献[2] 的为 Athlon 2.0 GHz PC。

法取得了 8 个新的最好目标值，其余的误差不超过 2.41%，误差计算公式为：
（本章最好目标值－文献[2,9] 最好目标值）/本章最好目标值，还在 CMT12X，
CMT11Y 中取得车辆数减少 1 辆的结果。综合表 4-1 和表 4-2，本章的新禁忌搜
索法与文献[2] 提出的禁忌搜索算法计算结果单独相比，新禁忌搜索算法取得 12
个更好目标值，其余 2 个误差不超过 0.87%，在 CMT2X，CMT2Y，CMT12X，
CMT11Y 和 CMT5X 中得出的车辆数减少 1 辆的结果；与文献[9] 相比，新禁忌搜
索算法取得 10 个更好目标值，其余 4 个误差不超过 2.41%，在 CMT12X 和
CMT11Y 中车辆数减少 1 辆。从计算时间来看，本章求解最长时间为 182 秒，低
于文献[9] 的最长时间 1055.83 秒，而长于文献[2] 的最长时间 56.2 秒。对解空
间搜索范围的扩大，将以较长的计算时间为代价。但由于计算机 CPU 对计算时
间有较大影响，可以选用 CPU 更高的计算机提高速度，缩短计算时间。

表 4-2　新禁忌搜索算法结果与过去最好解的比较

| 算例 | 新禁忌搜索算法 | | | | | | | | 文献[2,9] 最好值 | | | 误差（%） |
| | 初始值 | | | 平均值 | | | 最好值 | | | | | | |
	目标值	车辆数（辆）	CPU时间（秒）	目标值	车辆数（辆）	目标值标准差	目标值	车辆数（辆）	CPU时间（秒）	目标值	车辆数（辆）	CPU时间（秒）	
CMT1X	631.82	3	0.03	470.46	3	2.46	**467.81**	3	16	472	3	4	-0.90
CMT1Y	605.73	3	0.03	468.06	3	2.44	**466.77**	3	15	470	3	4	-0.69
CMT2X	1017.55	7	0.05	694.51	6	1.73	692.41	6	36	688.51	6	25	0.56
CMT2Y	948.54	7	0.04	690.94	6	3.16	688.05	6	37	679.44	6	12	1.25
CMT3X	1006.21	5	0.08	727.29	5	4.66	722.79	5	54	721	5	11	0.25
CMT3Y	1062.83	5	0.09	726.88	5	3.28	725.32	5	56	719	5	12	0.87
CMT12X	971.64	6	0.09	674.84	5	2.70	**672.13**	**5**	52	675	6	12	-0.43
CMT12Y	951.12	6	0.08	677.94	6	8.05	**663.69**	6	55	676.23	6	56	-1.89
CMT11X	1240.60	5	0.14	864.14	4	14.13	**847.49**	**4**	74	858.57	4	321	-1.31
CMT11Y	1211.72	5	0.13	887.41	4	4.01	880.99	**4**	71	859.77	5	231	2.41
CMT4X	1624.53	7	0.2	884.22	7	8.55	**870.57**	7	118	880	7	25	-1.08
CMT4Y	1600.78	7	0.2	870.27	7	8.31	863.51	7	123	852.35	7	406	1.29
CMT5X	1827.21	11	0.32	1079.34	10	7.76	**1067.34**	10	182	1089.2	10	1056	-2.05
CMT5Y	1804.58	11	0.33	1077.21	10	10.56	**1061.13**	10	178	1083	10	56	-2.06

4.4 本章小结

由于同时集散货物路径问题是 NP-Hard 难题，设计有效的求解算法是该问题的难点。为了求解该问题，本章提出了一种新的禁忌搜索算法，该方法的主要特点是：①采用了分解迭代法，使禁忌搜索法每次求解小规模问题，有利于提高搜索质量；②集成了大量的邻域搜索方法，扩大了对解空间的搜索范围；③设计了重启和扰动策略，改变搜索方向，有利于跳出局部最优解。最后实验结果与已有文献最好目标值相比表明，在 14 组测试数据中，取得 8 个新的最好目标值，其余的误差值不超过 2.41%，在 2 组数据中取得车辆数减少 1 辆的结果。该方法为同时集散货物路径问题的求解提供了新的思路。

本章参考文献：

［1］ Min H. The multiple vehicle routing problem with simultaneous delivery and pickup points ［J］. Transportation Research A，1989，23（4）：377-386.

［2］ Tang F A，Galvão R D. A tabu search algorithm for the vehicle routing problems with simultaneous pickup and delivery service ［J］. Computers & Operations Research，2006，33（3）：595-619.

［3］ Nagy，G，Salhi，S. Heuristic algorithms for single and multiple depot vehicle routing problems with pickups and deliveries ［J］. European Journal of Operational Research，2005，162（1）：126-141.

［4］ 郎茂祥. 装卸混合车辆路径问题的模拟退火算法研究 ［J］. 系统工程学报，2005，20（5）：485-491.

［5］ 张建勇，李军. 具有同时配送和回收需求的车辆路径问题的混合遗传算法 ［J］. 中国公路学报，2006，19（4）：118-122.

［6］ 曲志伟，蔡临宁，李晨等. 大规模车辆配送/收集问题的求解框架 ［J］. 清华大学学报（自然科学版），2004，44（5）：581-584.

［7］ Salhi S，Nagy G. A cluster insertion heuristic for single and multiple depot vehicle routing problems with backhauling ［J］. Journal of the Operational Research Society，1999，50（10）：1034-1042.

［8］Dethloff J. Vehicle routing and reverse logistics：the vehicle routing problem with simultaneous delivery and pick-up ［J］. OR Spektrum，2001，23（1）：79-96.

［9］Chen J-F，Wu T-H. Vehicle routing problem with simultaneous deliveries and pickups ［J］. Journal of the Operational Research Society，2006（5）：579-587.

［10］Mosheiov，G. The travelling salesman problem with pick-up and delivery ［J］. European Journal of Operational Research，1994（79）：299-310.

［11］John J. Bartholdi，Ⅲ and Loren K. Platzman. Heuristic based on spacefilling curves for combinatorial problems in euclidean space ［J］. Management Science，1988（1）：291-305.

［12］Derigs U，Kaiser R. Applying the attribute based hill climber heuristic to the vehicle routing problem ［J］. European Journal of Operational Research，2007，177（2）：719-732.

［13］Christofides N，Mingozzi A，Toth P，et al. Combinatorial optimization ［M］. Chichester：Wiley，1979：315-338.

第5章　带时间窗的同时集散货物
路径问题研究

5.1　引　言

带回程和时间窗的集散货物路径问题（VRPBTW）引起人们的关注主要来自以下两个方面的原因：一是由于国家对环境保护和资源节约的要求，逆向物流快速发展，为回程运输提供了条件；二是企业为节约成本，需要减少运输车辆的空载率。它与 VRPTW 的区别和联系是：VRPTW 仅考虑单向车辆路径问题，所有客户要么都取货，要么都发货；VRPBTW 中，部分客户取货，部分客户发货。从它们的研究内容可以看出 VRPBTW 是 VRPTW 的拓展，但是当客户既要取货又要发货时，客户需要被访问两次，这样给客户带来不便。实际中客户更希望一次完成取货和发货，所以本章在 VRPBTW 基础上研究带时间窗的同时集散货物路径问题（VRPSDPTW）。已有的研究中，对 VRPTW、VRPBTW 问题的研究较多，而对 VRPSDPTW 问题的研究还较少。如文献[1] 用改进的节约算法、基于时间方向的最近邻域算法和基于"种子"客户的顺序插入法研究 VRPTW 问题；文献[2] 仅以运输距离最小为目标，将已有的邻域搜索方法用于变异算子，用遗传算法研究 VRPTW 问题，取得了较好的结果。文献[3] 以车辆数和运行距离最小为目标，用插入法构造初始解，然后用 λ 交换和 2-opt* 交换改善初始解的方法求解了 VR-PBTW 问题；文献[4] 以车辆数和运行距离最小为目标，用导向局域搜索法研究了 VRPBTW 问题；文献[5] 以运输费用最小为目标，用遗传算法和分支定界算法求解 VRPBTW 问题；文献[6] 以运输距离和车辆数的线性组合最小为目标，用遗传算法研究了 VRPBTW 问题；仅文献[7] 以运输距离最小为目标，用精确算法（分支定界算法）研究了小规模（20 个客户）的 VRPSDPTW 问题。

　　本章研究了业务繁忙环境下的 VRPSDPTW 问题，以车辆数、运输里程和完成运输的总时间最小为目标，建立了多目标模型。而在相关研究的目标中，一般仅以成本最小为目标，即仅以运输里程最小为目标或以车辆数和运输里程最小为目标，很少考虑完成运输的总时间，运输的总时间包括旅行时间、服务时间和等待时间，由于当客户访问先后不同时，等待的时间也不一样，必然导致完成运输的总时间不同。当业务繁忙时，物流企业既要考虑降低成本，也要考虑争取时间，减少机会的损失，更需要运输距离适当而运输总时间少的路径安排，以赢得时间，接受新客户的服务请求。为此，本章同时考虑了以上三个目标。由于精确算法求解问题规模较小，为了求解大规模问题，本章采用启发式算法求解该问题。

5.2　模型的建立

5.2.1　问题的描述

　　带时间窗的同时集散货物路径问题（VRPSDPTW）可以描述为：一个配送中心有 L 个客户，第 i 个客户需发送的货物量为 d_i，其取货量为 p_i，且 $d_i < Q_k$，$p_i < Q_k$（Q_k 为第 k 辆车的额定载重量），配送中心派出多辆货车，给 L 个客户配送货物，每个客户的装卸任务必须在时间窗 $[ET_i, LT_i]$ 内开始，车辆若早到，需要等待，但不能迟于 LT_i，卸货时间为 s_{1ik}，装货时间为 s_{2ik}。配送中心也有服务时间窗口 $[ET_0, LT_0]$，车辆要在该时间窗口内出发和到达配送中心。求满足约束条件，能使目标函数最优的车辆路径安排。

5.2.2　模型

　　由于减少车辆能减少企业固定成本投入，所以将车辆数最小作为第一目标，将运输总时间和运输里程的线性组合作为第二目标，建立多目标模型如下：

5.2.2.1 模型符号

配送中心编号为0，客户点编号为1，2，…，L，配送中心及客户均以点i、j来表示；

k：表示巡回线路（或配送车辆），$k \in K$；

m：表示车辆数；

C_{ij}：点i，j之间的距离，可以转化为运输费用；

x_{ijk}：决策变量，表示第k辆车是否从点i开向点j，如果是，x_{ijk}为1，否则，其值为0；

$load_{ijk}$：表示在路径k的弧段i，j上的装载量；

y_{ik}：若车辆k服务客户i，其值为1，否则为0；

t_{ijk}：第k辆车从i到j行驶所用的时间，等于这两点间的距离除以速度（v）；

t_{ik}：表示车辆k到达客户点i的时刻（t_{0k}表示车辆返回配送中心的时刻）；

b_t_{ik}：车辆k在客户i点开始服务的时间；

d_i：客户i发货的量；

p_i：客户i取货的量；

Q_k：车辆的载重量；

U_{ik}：第k条线路上的支路消去约束向量，表示客户i在线路k中被访问的顺序；

α为运输里程权重值，β为完成运输任务的总时间的权重值。

5.2.2.2 模型表示

$$\min \sum_{k=1}^{m} \sum_{j=1}^{L} x_{0jk} \tag{5-1}$$

$$\min \alpha \sum_{k=1}^{m} \sum_{i=0}^{L} \sum_{j=0}^{L} C_{ij} x_{ijk} + \beta \sum_{k=1}^{m} t_{0k} + M \sum_{j=1}^{L} \max(t_{jk} - LT_j, 0), \quad (M \to \infty) \tag{5-2}$$

$$load_{ijk} \leq Q_k \times x_{ijk}, \text{ 这里 } Q_k = Q, k \in K \tag{5-3}$$

$$\sum_{k=1}^{m} y_{ik} = 1, \quad i = 1, 2, \cdots, L, k \in K \tag{5-4}$$

$$\sum_{i=0}^{L} x_{ijk} = y_{jk}, \quad j = 0, 1, \cdots, L; k \in K \tag{5-5}$$

$$\sum_{j=0}^{L} x_{ijk} = y_{ik}, \quad i = 0, 1, \cdots, L; k \in K \tag{5-6}$$

$$U_{ik} - U_{jk} + L x_{ijk} \leq L - 1, \quad i, j \in L, k \in K \tag{5-7}$$

$$\sum_{k=1}^{m} \sum_{j=0}^{L} r_{ijk} - \sum_{k=1}^{m} \sum_{j=0}^{L} r_{jik} = d_i - p_i \tag{5-8}$$

$$t_{jk} = \sum_{i=0}^{L} x_{ijk}(b\_t_{ik} + s_{1ik} + s_{2ik} + t_{ijk}), \ i, \ j = 0, \ 1, \ \cdots, \ L; \ k \in K \tag{5-9}$$

$$x_{ijk}(t_{jk} - t_{ik}) \geqslant 0, \ i, \ j = 1, \ 2, \ \cdots, \ L, \ k \in K \tag{5-10}$$

$$b\_t_{jk} = \max\{t_{jk}, \ ET_j \times y_{jk}\}, \ j = 1, \ 2\cdots, \ L; \ k \in K \tag{5-11}$$

$$x_{ijk} = 0 \ \text{或} \ 1, \ i, \ j = 0, \ 1, \ \cdots, \ L; \ k \in K \tag{5-12}$$

$$y_{ik} = 0 \ \text{或} \ 1, \ i = 0, \ 1, \ \cdots, \ L; \ k \in K \tag{5-13}$$

$$U_{ik} \geqslant 0, \ i \in 1, \ \cdots, \ L, \ k \in K \tag{5-14}$$

$$r_{ijk} \geqslant 0, \ i, \ j = 0, \ 1, \ 2, \ \cdots, \ L; \ k \in K \tag{5-15}$$

$$t_{jk} \geqslant 0, \ j = 1, \ 2, \ \cdots, \ L; \ k \in K \tag{5-16}$$

上述模型中，式（5-1）和式（5-2）为目标函数，式（5-1）表示目标使使用车辆数最小；式（5-2）表示旅行距离和运输总时间的线性组合最小；式（5-3）表示车辆的容量限制；式（5-4）表示每个点仅由一辆车服务，不能同时由多辆车服务；式（5-5）和式（5-6）表示对每条巡回线路上的配送限制，表示每个客户有且仅被访问一次；式（5-7）表示消去支路约束条件；式（5-8）表示货物流量守恒方程；式（5-9）表示车辆 k 到达 j 的时间表达式；式（5-10）保证行车路径的先后顺序；式（5-11）表示车辆 k 在 j 点开始服务的时间；式（5-12）表示限制 x_{ijk} 的取值；式（5-13）表示限制 y_{ik} 的取值；式（5-14）表示支路约束向量恒为非负值；式（5-15）表示限制 r_{ijk} 的取值；式（5-16）表示限制 t_{jk} 的取值。

该模型具有较好的拓展性，只要将所有客户的发货量 d_i 置为 0，就可变为 VRPTW 模型；而若将部分客户的发货量 d_i 置为 0，将其余客户的取货量 p_i 置为 0，则可变为 VRPBTW 模型。根据业务繁忙的程度不同，调整 α 和 β 的值，目标函数也可变为不同的组合。

5.3 算法设计

对多目标处理方法为：①在可行解中逐一取出每条路径，尽量将该路径中的客户点插入其他路径中以减少车辆数；②每使用一辆车在式（5-2）上加一惩罚值作为总目标值，这样转化为单目标 VRPSDPTW 的计算，具体计算过程如下：

单目标 VRPSDPTW 问题需要解决两个问题：一是客户点的分配；二是客户访问的先后顺序，但不管先考虑哪个问题，另外一个问题就会处于次优，为了弥补分解法的不足，本章引入迭代的思想，形成迭代分解法。其中，本章分解法与一般分解法不同点在于：①本章以线路集合为划分对象，而不是以客户点作为划分对象，能更好继承已取得的结果；②将记录更新法整合到分解迭代过程中。该分解迭代法来自两个事实：局域最优解包含部分全局最优解的路径，这一事实可以通过比较精确算法求得的最优解和启发式算法求得的局域最优解得到验证[2]；从解的图形分布看，某区域的最优解包含部分整个平面最优解的路径。前者是从线路集合的角度得到，后者是从直观图形上观测到。在计算过程中，基于线路集合的操作更精确，基于图形的操作能快速定位，所以本章用基于线路集合的分解迭代法来整合这两个事实。其总体思路为：先用两种策略将该问题的线路集合分解为几个子集合，用记录更新法求解每个子集合，将子集合求得的最好解反馈回来，再分解迭代，逐渐改善解的质量，其中解、路径和子路径集合的关系如图5-1所示。

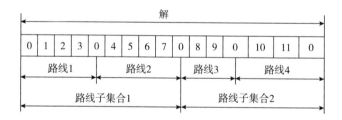

图 5-1　解、路径和子路径集合的关系

5.3.1　初始解的产生

本章采用文献[8]的扫描法来构造初始解。即以配送中心为原点建立极坐标系，极轴沿逆时针方向依次扫描，每扫描一个点，判断是否满足条件，若满足，则将该点加入当前路径中；若不满足，结束当前路径，以该点为起点重新建立路径，继续扫描，直到所有客户点被扫描完为止。

5.3.2　线路集合分解

采用两种分解策略来实现线路集合分解："相邻"路径策略和随机路径策略。

5.3.2.1　"相邻"路径分解策略

"相邻"路径分解策略就是将客户邻近的线路划分为一个线路子集合。为了体现线路的相邻关系，定义了路径的最大弧度和最小弧度：路径 r 的最大弧度就是路径 r 中所有客户弧度的最大值，即 $\max_{i \in r}(rad(i))$，而路径 r 的最小弧度就是路径 r 中所有客户弧度的最小值，即 $\min_{i \in r}(rad(i))$，其中 $rad(i)$ 为客户弧度，表示客户 i 的位置在以配送中心为原点的极坐标体系下对应的弧度，$rad(i) \in [0, 2\pi]$。如图 4-2 所示，在 5 个客户组成的线路中，γ_1 就是路径最小弧度，γ_2 是路径最大弧度。这样把路径按照中间弧度 $(\min_{i \in r} rad(i) + \max_{i \in r} rad(i))/2$ 的大小排序，随机选取一条路径为起点，按逆时针或顺时针方向旋转，依次将 $\delta(\delta = 3 \sim 5)$ 条线路划分为一个子集合，直到所有路径被划分完为止。

5.3.2.2　随机路径分解策略

由于时间窗的约束使距离"略远"的路径之间可能会产生更好的解，为避免"相邻"路径分解策略的不足，设计了随机路径分解策略，即按照一定概率选取部分线路组成路径子集。具体方法：对于线路集合的每一条线路，给定概率阈值，在 $[0, 1]$ 随机产生一数值，若大于该概率阈值，则被选中，将所有选中的线路组成一个线路集合。

5.3.3　线路子集合的求解

由于记录更新法（Record-to-record Travel）在求解组合优化问题有较强的竞争力，如文献[9] 求解开放式车辆路径问题（OVRP）时取得较好结果，所以本章用它作为线路子集合的求解框架。记录更新法最早介绍于文献[10]，它与模拟退火算法很相似，最大的区别在于它们对邻域解的接受规则：模拟退火算法以一个逐渐降低的概率接受恶化邻域解，而记录更新法则接受目标值不差于目前搜索到的最好解的目标值加上一个逐渐降低的偏差值之和的恶化邻域解。

5.3.3.1　线路子集合邻域解的产生

对线路集合分解后形成的子集合，本章采用了四种邻域搜索方法来优化目标。根据文献[11] 运用从已有线路中取出一部分客户点，再重新插入线路中，形成新线路的大邻域搜索思想，设计了三种取出–插入策略：①从线路中随机选取部分连续客户点，形成移出客户集合，再将该集合中客户按最佳位置逐个插回线路中（简记为 P_R）；②从线路随机选取单个客户点，形成移出客户集合，再将该集合中客户按最佳位置逐个插回线路中（简记为 S_R）；③从线路随机选取一条线路，再将其客户点按最佳位置逐个插回其余线路中（简记为 T_R）。另外选用第四种策略 2_opt* 来优化路径安排，具体实例如图 4–8 所示。前两种和第四种策略是为了改善解的运行距离和运输总时间，第三种策略是为了减少车辆数。

5.3.3.2 线路子集合的求解步骤

线路子集合求解的算法步骤：

步骤 0：输入子集合初始解和参数值（概率阈值、门槛值和迭代代数），记录值=初始解值；

步骤 1：若满足终止规则，则转向步骤 4，否则重复步骤 2 和步骤 3；

步骤 2：分别用 T_R，P_R，S_R 和 2_opt* 搜索邻域解，若解的目标值小于记录值，则更新当前解，否则不更新当前解；

步骤 3：若当前目标值小于目前搜索到的最好值，则更新记录值和目前搜索到的最好值，记录值=目前搜索到的最好值×（1+Δ），门槛值 $\Delta \in$（0，1），否则，不更新；

步骤 4：若整个计算过程中产生的最好解优于初始解，则返回该最好解，否则返回初始解。

5.3.4 VRPSDPTW 问题分解迭代算法总体步骤

步骤 1：产生一个初始解；

步骤 2：若满足终止规则，则转向步骤 5；否则重复步骤 3 和步骤 4；

步骤 3：采用"相邻"路径分解策略分解线路集合，求解各个线路子集合，更新当前解；

步骤 4：采用随机路径分解策略分解线路集合，求解各个线路子集合，更新当前解；

步骤 5：终止算法，输出计算结果。

5.4　数据实验

5.4.1　分解迭代算法有效性的验证

由于 VRPTW 问题有标准测试数据，本章选用 VRPTW 问题来检验分解迭代算法的有效性。只要将 VRPSDPTW 中所有客户的发货量 d_i 置为 0，就可变为 VRPTW 问题。VRPTW 测试问题由文献[1] 于 1987 年给出，其中包括地理上均匀分布（R1、R2），聚类分布（C1、C2）和二者混合（RC1、RC2），每类又分为紧时间窗（R1、C1、RC1）和宽时间窗（R2、C2、RC2），共 6 类数据。客户数量均为 100。本章从每类数据中选取第一组数据来实验。

通过实验，参数设置为：当采用"相邻"路径分解策略时，将 4~6 条路径划分为一个子路径集合，若小于该值时，就化为一个集合；当采用随机路径分解策略时，概率阈值取为 0.6；使用车辆的惩罚值设为 500；门槛值设为目前搜索到的最好解的 1/（10+Iter1），Iter1 表示线路子集合求解的当前代数；线路子集合求解的终止规则为：迭代代数达到 150，或连续 30 次最好解没有被更新则终止程序；VRPSDPTW 问题分解迭代的终止规则为：迭代代数达到 30，或连续 5 次最好解没有被更新则终止程序。本章用 Visual Basic 6.0 编写迭代分解算法的程序，运行计算机 CPU 为 Pentium Ⅳ 1.6GHz PC。

具体实验数据和目前取得最好值由表 5-1 给出，其中最好值来自文献[2] 对近 20 年以车辆数和运输距离最小为目标取得的最好值的总结，这些最好值来自不同的文献。为了便于比较，将本章 α 置为 1 和 β 置为 0，具体计算结果如表 5-1 所示。

表 5-1　分解迭代算法有效性的验证

数据（实验 10 次）		R101	C101	RC101	R201	C201	RC201
车辆容量（公斤）		200	200	200	1000	700	1000
已有最好解	车辆数（辆）	19	10	15	4	3	4
	目标值（公里）	1645.79	828.94	1623.58	1252.37	591.56	1406.91

数据（实验10次）			R101	C101	RC101	R201	C201	RC201
分解迭代算法	平均值	车辆数（辆）	19.8	10	15.3	4	3	4.4
		目标值（公里）	1653.53	828.94	1658.31	1265.40	591.56	1411.28
		CPU时间(秒)	0：04：01	0：00：35	0：03：46	0：05：02	0：00：30	0：05：46
	最好值	车辆数（辆）	19	10	15	4	3	4
		目标值（公里）	1659.15	828.94	1624.98	1252.37	591.56	1406.91
		差值（%）	0.8	0.0	0.1	0.0	0.0	0.0

从表5-1中可以看出，6组数据中，有4组数据取得相同的最好解，其余2组数据与已知最好解的差值分别为0.8%和0.1%。以上结果说明本章设计的算法是有效的。

5.4.2 带时间窗的同时集散货物路径问题的计算

由于VRPSDPTW没有公共的测试数据，本章将VRPTW测试数据修改为VRPSDPTW数据，方法为：VRPSDPTW客户j的发货量为$d_i = \omega_j \times \eta_j$，取货量为$p_i = \omega_j \times (1 - \eta_j)$，其中$\omega_j$为VRPTW数据中客户的需求量，$\eta_j = \min\{(x_j/y_j), (y_j/x_j)\}$，$x_j$，$y_j$分别为VRPTW数据中客户的横坐标和纵坐标；VRPSDPTW客户的卸货时间和装货时间分别为VRPTW客户服务时间的1/2；车辆容量为VRPTW的1/2；速度为VRPTW中的3倍；客户坐标和时间窗与VRPTW数据相同，客户数量仍为100。

参数设置和计算机环境与第5.4.1部分相同。计算结果如表5-2~表5-4所示，表5-2列出了只以车辆数和旅行距离最小为目标的计算结果，表5-3列出了旅行距离与运输总时间的权重系数相同时以车辆数、运输总时间和旅行距离最小为目标的计算结果，表5-4列出了只以车辆数和运输总时间最小为目标的计算结果。表5-3中的最好值1和最好值2对应的解是Pareto解，最好值1的旅行里程优于最好值2，而最好值2的运输总时间优于最好值1。综合表5-2~表5-4可以看出，随着α值的降低，β值的增加，旅行里程值在逐渐增加，运输总时间在逐渐减少。

表5-2 旅行距离与运输总时间的权重系数为 α=1，β=0

数据（实验10次）	R101	C101	RC101	R201	C201	RC201
车辆容量（公斤）	100	100	100	500	350	500

续表

数据（实验 10 次）		R101	C101	RC101	R201	C201	RC201
平均值	车辆数（辆）	13.7	12.8	12.9	3	4	3
	里程值	1523.99	1213.52	1595.99	1295.73	671.21	1446.08
	运输总时间值	2493.23	11584.77	2316.82	2606.55	11853.73	2529.51
	CPU 时间	0：07：38	0：04：50	0：02：48	0：03：33	0：01：58	0：03：42
最好值	车辆数（辆）	13	12	12	3	4	3
	里程值	1555.07	1267.57	1589.47	1271.62	664.96	1398.11
	运输总时间值	2398.00	11609.08	2322.068	2600.04	12294.52	2539.68
	CPU 时间	0：05：04	0：04：30	0：02：05	0：04：03	0：00：34	0：04：38

表 5-3　旅行距离与运输总时间的权重系数为 $\alpha=0.5$，$\beta=0.5$

数据（实验 10 次）		R101	C101	RC101	R201	C201	RC201
车辆容量（公斤）		100	100	100	500	350	500
平均值	车辆数（辆）	13.8	12.1	12.7	3	4	3
	里程值	1599.24	1410.82	1648.492	1344.31	721.84	1502.30
	运输总时间值	2328.26	10539.85	2189.595	2356.43	10518.63	2274.88
	CPU 时间	0：07：13	0：04：23	0：03：08	0：04：00	0：05：42	0：06：40
最好值 1	车辆数（辆）	13	12	12	3	4	3
	里程值	1630.98	1295.021	1680.509	1304.67	710.65	1446.97
	运输总时间值	2251.31	10519.27	2160.179	2464.84	10575.07	2419.06
	CPU 时间	0：10：24	0：04：25	0：02：48	0：05：50	0：06：23	0：05：23
最好值 2	车辆数（辆）	13	12	12	3	4	3
	里程值	1635.96	1444.033	1681.133	1409.10	737.99	1605.20
	运输总时间值	2196.69	10242.8	2070.658	2190.36	10169.78	2095.69
	CPU 时间	0：09：58	0：04：33	0：02：35	0：05：53	0：06：19	0：06：48

表 5-4　旅行距离与运输总时间的权重系数为 $\alpha=0$，$\beta=1$

数据（实验 10 次）		R101	C101	RC101	R201	C201	RC201
车辆容量（公斤）		100	100	100	500	350	500
平均值	车辆数（辆）	13.1	12	12	3	4	3
	里程值	2065.75	1947.61	2013.52	1728.55	882.75	1877.22
	运输总时间值	2153.79	10400.43	2066.14	2132.55	10379.89	2038.81
	CPU 时间	0：09：08	0：05：12	0：03：13	0：07：32	0：06：05	0：07：02

续表

数据（实验10次）		R101	C101	RC101	R201	C201	RC201
最好值	车辆数（辆）	13	12	12	3	4	3
	里程值	2170.63	1760.51	1982.65	1670.71	890.58	1909.13
	运输总时间值	2054.82	10123.06	2042.13	2098.07	9568.76	1933.37
	CPU 时间	0：11：41	0：04：55	0：03：49	0：07：24	0：06：44	0：07：38

为了比较里程值和运输总时间的变化幅度，用表5-2、表5-3和表5-4的任何两表的平均值来计算：里程值（运输总时间）变化幅度%=（较大的里程值（运输总时间）-较小的里程值（运输总时间））/较大的里程值（运输总时间），具体数值如表5-5所示。从表5-2和表5-3的比较可以看出，旅行距离与运输总时间的权重系数从 $\alpha=1$，$\beta=0$ 变化为 $\alpha=0.5$，$\beta=0.5$ 时，用较小的距离变化将取得较大运输总时间变化（C101除外）；而从表5-3和表5-4的比较可以看出，旅行距离与运输总时间的权重系数从 $\alpha=0.5$，$\beta=0.5$ 变化为 $\alpha=0$，$\beta=1$，要赢得较大运输总时间变化将付出多倍的距离变化；最后表5-2和表5-4的比较给出了可以赢得的时间最大变化幅度及里程代价变化幅度。在实际业务中，可根据业务繁忙程度，选取不同的 α 和 β 值，以适当的成本来争取时间，获得更大利润。

表5-5 旅行距离与运输总时间的变化幅度比较 单位：%

数据		R101	C101	RC101	R201	C201	RC201
表5-2与表5-3比较	里程值	4.71	13.98	3.18	3.61	7.01	3.74
	旅行总时间	6.62	9.02	5.49	9.60	11.26	10.07
表5-3与表5-4比较	里程值	22.58	27.56	18.13	22.23	18.23	19.97
	旅行总时间	7.49	1.32	5.64	9.50	1.32	10.38
表5-2与表5-4比较	里程值	26.23	37.69	20.74	25.04	23.96	22.97
	旅行总时间	13.61	10.22	10.82	18.19	12.43	19.40

5.5 本章小结

本章研究了业务繁忙环境下的带时间窗的多目标同时集散货物路径问题，考虑了车辆数、旅行里程和运输总时间等目标的要求，建立了多目标模型。提出了分解迭代算法，用两种策略将路径集合分解为路径子集合，再用记录更新法求解子集合，不断迭代，逐渐改善解的质量。通过实例计算表明该方法能有效解决单向和双向车辆路径问题。带时间窗的多目标同时集散货物路径问题的研究，为物流配送提供了有力的决策参考；同时分解迭代算法将有利于平行计算的实现。

本章参考文献：

［1］ Solomon M M. Algorithms for the vehicle routing and scheduling problems with time window constraints［J］. Operations Research，1987，35（2）：254-265.

［2］ Alvarenga G B，Mateus G R，Tomic G. A genetic and set partitioning two-phase approach for the vehicle routing problem with time windows［J］. Computers & Operations Research，2007，34（6）：1561-1584.

［3］ Thangiah S R，Potvin J Y，Sun T. Heuristic approaches to vehicle routing with backhauls and time windows［J］. Computers & Operations Research，1996，23（11）：1043-1057.

［4］ Zhong Y J，Cole M H. A vehicle routing problem with backhauls and time windows：A guided local search solution［J］. Transportation Research Part E，2005，41（2）：131-144.

［5］ 郭伏，隆颖. 带时窗回程取货的车辆路径问题的算法［J］. 东北大学学报（自然科学版），2006，27（5）：575-578.

［6］ 尹传忠，卜雷，蒲云等. 带回送和时间窗的车辆问题的模型及算法［J］. 西南交通大学学报，2006，41（3）：290-295.

［7］ Angelelli E，Mansini R. The vehicle routing problem with time windows and simultaneous pickup and delivery［M］//Klose A，Speranza M G，VanWassenhove L N（eds）. Quantitative Approaches to Distribution Logistics and Supply Chain Management. Berlin-Heidelberg: Springer, 2002: 249-267.

[8] Gillett B E, Miller L R. A heuristic algorithm for the vehicle-dispatch problem [J]. Operations Research, 1974, 22 (4): 340-349.

[9] Li F, Golden B, Wasil E. The open vehicle routing problem: Algorithms, large-scale test problems, and computational results [J]. Computers & Operations Research, 2007, 34 (10): 2918-2930.

[10] Dueck G. New optimization heuristics: the great deluge algorithm and the record-to-record travel [J]. Journal of Computational Physics, 1993, 104 (1): 86-92.

[11] Shaw P. Using constraint programming and local search methods to solve vehicle routing problems [C]//CP-98, Fourth international conference on principles and practice of constraint programming, Lecture notes in computer science, 1998, 1520: 417-431.

第6章 多车次同时集散货物路径问题研究

6.1 引 言

由于近年零售业和逆向物流的发展，同时集散货物路径问题（VRPSDP）引起人们的广泛关注，该问题广泛应用于快捷物流、邮政及连锁超市等的配送活动中。

目前研究多车次同时集散货物路径问题的文献几乎没有。已有的研究主要集中在单车次同时集散货物路径和多车次单向车辆路径问题上。

文献[1-6]主要研究了单车次问题的同时集散货物路径问题。文献[1]设计了客户直接排列的解的表示方法，用模拟退火算法求解了问题规模为20点的集散货物路径问题；文献[2]设计了结合2-opt法和等级替换策略混合遗传算法，以运输距离最小为目标求解了问题规模为40点的集散货物路径问题；文献[3]设计了一次插入多个客户的插入算法，文献[4]修改大量的车辆路径（VRP）邻域搜索规则，如2-opt、3-opt，并发展了reverse、neck等邻域搜索规则，最后按一定顺序将这些规则组织起来，形成启发式算法。文献[5]也采用了基于插入的启发式算法，其特点是考虑了运输距离、车辆容量剩余和离车场距离三项插入客户的标准。文献[6]首先根据运输距离和装载容量设计了插入算法，取得初始解，然后用记录更新法（Record-to-record Travel）对初始解进行了改进。

以上文献对同时集散货物路径问题的算法设计作了研究，但研究的问题还存在以下三个方面的不足：①假设在计划期内（一般为一天），车辆只运行一车次；②车辆工作的时间没有约束，也没有考虑装卸时间的影响；③仅以旅行距离最短为目标。这些假设使问题与实际存在明显的差距，实际中集散货物的车辆一天一般要出行多车次；由于司机的休息和车辆的检修，车辆每天工作的时间是有限制的；为了减少固定投入和司机人数，应该维持一个合理规模的车队。

文献[7-8] 研究了多车次车辆路径问题，但仅为单向车辆路径问题，没有整合逆向需求，这样导致车辆空载率高。

所以本章针对以上不足，研究了以车队数量和旅行距离最小为目标的多车次同时集散货物问题。由于单车次集散货物路径问题是 NP-Hard 难题[4]，而多车次集散货物问题一方面要求解单车次集散货物路径问题，另一方面还要将路径分配给车辆，而且这两者相互影响，所以难度更大。为此，本章提出用允许不可行解的禁忌搜索法求解该问题。

6.2 模型的建立

6.2.1 问题的描述

配送中心派遣一组车辆为客户服务，客户可以同时收货和发货，也可只发货或只取货，每个客户必须被访问且只访问一次；车辆从配送中心出发，完成任务后返回配送中心，货物的装载量不能超过车辆容量；在每个计划期内，每辆车可以服务多车次，但工作的总时间不超过最大值 T，其中两点间的旅行时间等于两点间的距离除以平均速度 v，客户点的装卸时间为 s_i，配送中心装货时间（或卸货时间）计为 s_0。目标是要找出车辆数和运输里程最少的车辆路径安排及路径分配。

6.2.2 模型

6.2.2.1 模型符号

V：所有客户的集合；

V_0：所有节点的集合，包括客户和配送中心；

K：车辆集合；

R：路径集合；

Q：车辆容量；

c_r：路径 r 的旅行距离；

$load_{ijr}$：路径 r 中弧段 ij 的装载量；

t_r：路径 r 的旅行时间；

T：车辆每天的最大工作时间；

m：车辆数量，$m = |K|$；

y_{ir}：二进制变量，表示路径 r 是否访问客户 i，若访问，其值为 1，否则为 0；

x_r^k：二进制变量，表示路径 r 是否分配给车辆 k，若分配，其值为 1，否则为 0。

6.2.2.2 模型的建立

$$\min m \tag{6-1}$$

$$\min \sum_{k \in K} \sum_{r \in R} c_r x_r^k \tag{6-2}$$

$$\text{s.t.} \sum_{k \in K} \sum_{r \in R} y_{ir} x_r^k = 1, \quad \forall i \in V \tag{6-3}$$

$$load_{ijr} \leqslant Q, \quad \forall i \in V_0, \quad \forall j \in V_0, \quad i \neq j, \quad \forall r \in R \tag{6-4}$$

$$\sum_{r \in R} \left(t_r + \sum_{i \in V} s_i y_{ir} + 2s_0 \right) x_r^k \leqslant T, \quad \forall k \in K \tag{6-5}$$

$$x_r^k \in \{0, 1\}, \quad \forall k \in K, \quad \forall r \in R \tag{6-6}$$

$$y_{ir} \in \{0, 1\}, \quad i \in V, \quad \forall r \in R \tag{6-7}$$

上述模型中，式（6-1）和式（6-2）是目标函数，式（6-1）表示使车辆数最小；式（6-2）表示旅行距离最小；式（6-3）表示每个客户必须且仅被一条线路访问；式（6-4）表示满足车辆容量约束；式（6-5）是对车辆工作时间的约束；式（6-6）和式（6-7）分别限制变量 x_r^k 和 y_{ir} 的取值。

6.3 算法设计

由于禁忌搜索算法在经典车辆路径（VRP）研究中表现出较强的竞争力[9]，

所以本章选用禁忌搜索算法作为求解框架。为了使式（6-1）和式（6-2）最小，首先确定最小车辆数：仅考虑容量约束，计算出旅行距离最小的路径安排及其总运输时间，进而由车辆最大工作时间，确定出最小车辆数；然后将容量约束和车辆工作时间约束一起考虑，再确定旅行距离最小的路径安排。

由于多车次集散货物路径问题包含路径的构造和路径的分配两个子问题，而这两个子问题相互作用，无论先考虑哪一个子问题，都难以确保解的可行性。为了同时决策这两个子问题，将车辆工作时间约束（6-5）修改后加入旅行距离式（6-2）中，允许产生不可行解。目标函数（6-2）修改后的结果如（6-8）式所示，其中 M 为惩罚值。

$$\min \sum_{k \in K} \sum_{r \in R} c_r x_r^k + M \sum_{k \in K} \max\left(T - \sum_{r \in R}\left(t_r + \sum_{i \in V} s\_t_i y_{ir} + 2s\_t_0\right)x_r^k,\ 0\right) \quad (6-8)$$

目标函数（6-8）需要计算总的旅行距离和总的时间违背量，总的旅行距离通过构造线路直接求出，而总的时间违背量要通过路径分配的结果来计算。其总体算法步骤为：

步骤 1：仅考虑容量约束构造初始解。

步骤 2：仅考虑容量约束，以旅行距离最小为目标，即目标函数（6-2），从当前解执行禁忌搜索算法，重复 $outer\_iter\_\max$ 次步骤 2.1~步骤 2.7。

步骤 2.1：对当前解使用 2-opt* 邻域搜索方法，计算目标值，选出最好的非禁忌解作为当前解；

步骤 2.2：对当前解使用 Reverse 邻域搜索方法，计算目标值，选出最好的非禁忌解作为当前解；

步骤 2.3：对当前解使用 1-0 邻域搜索方法，计算目标值，选出最好的非禁忌解作为当前解；

步骤 2.4：对当前解使用 Reverse 邻域搜索方法，计算目标值，选出最好的非禁忌解作为当前解；

步骤 2.5：对当前解使用 1-1 邻域搜索方法，计算目标值，选出最好的非禁忌解作为当前解；

步骤 2.6：对当前解使用 Reverse 邻域搜索方法，计算目标值，选出最好的非禁忌解作为当前解；

步骤 2.7：如果目前最好解超过一定代数（$Inner\_iter\_\max$）没有被更新，则执行步骤 2.7.1 和步骤 2.7.2；

步骤 2.7.1：重启，清空禁忌表；

步骤 2.7.2：随机选取扰动算子来执行。

步骤 3：根据仅考虑容量约束，以旅行距离最小为目标求得的路径安排，确定最小车辆数。

步骤 4：以旅行距离和总的时间违背量之和最小为目标，即目标函数（6-8），重复 *outer_iter_* max 次步骤 2.1~步骤 2.7。其中，在步骤 2.1~步骤 2.7 中每执行一步后，对目前最好解进行更新，更新的规则是：若时间违背量

$$\sum_{k \in K} \max \left(T - \sum_{r \in R} \left(t_r + \sum_{i \in V} s_{-} t_i y_{ir} + 2s_{-} t_0 \right) x_r^k, \ 0 \right)$$

减小，则更新；或者时间违背量相等，而运输里程 $\sum_{k \in K} \sum_{r \in R} c_r x_r^k$ 减小，则更新。目前最好解是指从程序开始到当前搜索到的最好解。

6.3.1　初始解的构造

用扫描法[10] 构造初始路径，其步骤如下：

步骤 1：根据客户极坐标值，对客户进行排序。

步骤 2：随机选取一个客户作为起点，依次将客户分配给路径，路径装载量只需满足约束（6-4），如图 6-1 所示。

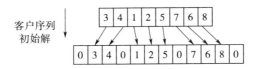

图 6-1　初始解的产生

步骤 3：设置车辆数等于路径数，即每辆车分配一条路径，并计算目标函数。

步骤 4：由于每个客户都可作为车辆路径的第一个客户，这样有 n 个客户就可形成 n 种路径安排，选择其中最好的路径安排（即目标值最小）作为禁忌搜索算法的初始解。

6.3.2 路径邻域搜索方法

6.3.2.1 邻域结构设计

本章选用4种邻域搜索方法：Reverse、1-0交换、1-1交换、2-opt*交换。1-0交换、1-1交换、2-opt*交换属于线路间优化，Reverse是对线路内部进行优化。采用客户和配送中心共同排列表示解的方法，用0表示配送中心，用1，2，…，n表示各需求点。为了利于程序的编写和应用，本章采用编码的方式来解释这些方法。

（1）Reverse。该方法出自文献[4]，就是将线路的一部分子线路逆转，属于线路内部变换。如将某条路径012345670中的划线部分逆转后变为016543270。

（2）1-0交换，1-1交换。它们也称为Swap/shift移动，介绍在文献[6]中，是基于路径间的客户移动。1-0交换就是一条路径的某一个客户插入另一路径中去，如路径012345067890中的客户2插入客户8前面，得到路径013450672890；1-1交换是指在两条路径中各选一个客户来相互交换，如路径012345067890中的客户2与客户8交换，得到路径018345067290。

（3）2-opt*交换。该方法介绍于文献[11]，它是1-1交换的扩展，将两条路径的尾部进行交换，如路径012345067890中的划线部分交换，得到路径012890673450。

6.3.2.2 重启策略和扰动

重启就是选择一个新解作为搜索的当前解，本章选择目前最好解作为重启的起点。当目前最好解超过一定代数没有被更新，则将该最好解作为当前解，清空记忆表，沿新的方向搜索解空间。

为了改变解的搜索方向，加入扰动，以使解沿着新的方向搜索，开发更大的解空间。本章采用的扰动方法是在以上四种邻域方法（Reverse、1-0交换、1-1交换和2-opt*交换）中随机选取两种方法来执行，以改变固定搜索顺序。

6.3.3 车辆数的确定

通过取消时间约束，先求出总的运输时间（包括旅行时间和装卸时间），再确定最小车辆数。具体方法为：先将时间约束 T 设置为一大数 M，把问题变为只有容量约束的集散货物路径问题。通过第6.3.1部分和第6.3.2部分求解该问题，得出总运输时间 $\sum_{r \in R} (t_r + \sum_{i \in V} s_\_ t_i y_{ir} + 2s_\_ t_0)$。由于总运输时间须满足

$\sum_{r=1}^{|R|} (t_r + \sum_{i \in V} s_\_ t_i y_{ir} + 2s_\_ t_0) \leqslant \sum_{k=1}^{m} T$，其中使该不等式满足的最小 m 值就是所求

的最小车辆数，即 $m = [\sum_{r \in R} (t_r + \sum_{i \in V} s_\_ t_i y_{ir} + 2s_\_ t_0)/T] + 1$，"[ ]"表示向下取

整。由于车辆最大工作时间的约束，若在最小 m 值下找不到可行解，可将 m 增

加 1，重新搜索。

6.3.4　路径的分配和调整

6.3.4.1　路径的初次分配

路径初次分配的方法是将运输时间最长的路径分配给剩余时间最多的车辆，

依次循环直到路径分配完为止，其中允许不满足时间约束。

6.3.4.2　路径的调整

若初次分配的结果不能满足时间约束，则对其路径进行调整，以减少时间违

背量。对路径调整的策略是两两交换，即在两辆不同车中随机选取了两条路径进

行交换，以取得时间违背量小的解。

6.4　数据实验

某第三方物流企业需要为 100 个客户集送货物，其中第三方物流企业的配

送中心坐标为（34，36），其中客户的位置、货物需求量和发送量如表 6-1 所

示，在每个客户点的装卸货时间设为 0.1 小时，车辆在配送中心装货和卸货时

间各为 0.1 小时，车速设为 35 千米/小时，车辆装载容量为 10 吨，每辆车的

工作时间为 8 小时，惩罚值 m 设置为 3000，$outer\_iter\_max = 100$，$Inner\_iter\_max = 20$。作者利用 Visual Basic 6.0 编写了算法程序，运行计算机 CPU 为

Pentium IV 1.6GHz PC。

表 6-1　客户数据

序号	X坐标	Y坐标	发货量（吨）	收货量（吨）	序号	X坐标	Y坐标	发货量（吨）	收货量（吨）	序号	X坐标	Y坐标	发货量（吨）	收货量（吨）	序号	X坐标	Y坐标	发货量（吨）	收货量（吨）
1	42	7	0.08	0.42	26	10	20	0.95	0.95	51	15	19	0.08	0.02	76	49	73	1.68	0.82
2	24	12	0.25	0.25	27	5	30	0.03	0.17	52	22	22	0.20	0.00	77	67	5	0.19	2.31
3	23	3	0.09	0.61	28	20	40	0.60	0.60	53	18	24	1.65	0.55	78	56	39	2.51	1.09
4	11	14	1.41	0.39	29	15	60	0.43	1.28	54	26	27	2.60	0.10	79	37	47	0.47	0.13
5	6	38	0.25	1.35	30	45	65	0.62	0.28	55	25	24	1.92	0.08	80	37	56	0.33	0.17
6	2	48	0.00	0.10	31	45	20	0.49	0.61	56	22	27	0.90	0.20	81	57	68	1.26	0.24
7	8	56	0.39	2.31	32	45	10	0.40	1.40	57	25	21	1.01	0.19	82	47	16	0.85	1.65
8	13	52	0.90	2.70	33	55	5	0.26	2.64	58	19	21	0.10	0.61	83	44	17	0.35	0.55
9	6	68	0.26	2.74	34	35	35	0.16	0.14	59	20	26	0.69	0.21	84	46	13	0.23	0.57
10	47	47	1.30	0.00	35	65	20	0.18	0.42	60	18	18	1.70	0.00	85	49	11	0.40	1.40
11	41	49	0.84	0.16	36	45	30	1.13	0.57	61	49	58	0.84	0.16	86	49	42	1.11	0.19
12	35	17	0.34	0.36	37	35	40	1.40	0.16	62	27	43	0.57	0.33	87	53	43	1.14	0.26
13	55	45	1.06	0.24	38	37	41	1.44	0.16	63	37	31	1.17	0.23	88	61	52	0.26	0.04
14	55	20	0.69	1.21	39	64	42	1.40	0.70	64	57	29	0.92	0.88	89	57	48	1.94	0.36
15	15	30	1.30	1.30	40	40	60	1.40	0.70	65	63	23	0.07	0.13	90	56	37	0.40	0.20
16	25	30	0.25	0.05	41	31	52	1.61	1.09	66	53	12	0.14	0.46	91	55	54	2.55	0.05
17	20	50	0.20	0.30	42	35	69	1.17	1.13	67	32	12	0.26	0.44	92	15	47	0.51	1.09
18	10	43	0.21	0.69	43	53	52	1.08	0.02	68	36	26	1.30	0.50	93	14	37	0.42	0.68
19	55	60	1.47	0.13	44	65	55	1.18	0.22	69	21	24	2.45	0.35	94	11	31	0.25	0.45
20	30	60	0.80	0.80	45	63	65	0.78	0.02	70	17	34	0.15	0.15	95	16	22	2.98	1.12
21	20	65	0.37	0.83	46	2	60	0.02	0.48	71	12	24	0.65	0.65	96	4	18	0.78	2.72
22	50	35	1.33	0.57	47	20	20	0.80	0.00	72	24	58	0.79	1.11	97	28	18	1.67	0.93
23	30	25	1.92	0.38	48	5	5	1.60	0.00	73	27	69	0.39	0.61	98	26	52	0.45	0.45
24	15	10	1.33	0.67	49	60	12	0.62	2.48	74	15	77	0.18	0.72	99	26	35	1.11	0.39
25	30	5	0.13	0.67	50	40	25	0.56	0.34	75	62	77	1.61	0.39	100	31	67	0.14	0.16

为了确定最小车辆数，首先将 T 设置为 m，即取消车辆工作时间约束，求解单车次集散货物路径问题。单车次集散货物路径问题的最好可行解目标值为 919.181（运算 10 次），CPU 计算时间为 36 秒，解为：

车辆 1：0-70-71-26-96-48-4-24-3-25-67-12-68-0；

车辆2：0-99-28-93-18-5-27-94-15-95-53-59-16-0;

车辆3：0-62-98-17-8-29-21-72-20-41-37-0;

车辆4：0-79-11-19-81-45-75-76-40-80-0;

车辆5：0-92-6-7-46-9-74-73-100-42-30-61-91-43-10-0;

车辆6：0-31-82-66-49-77-35-65-34-39-44-88-89-13-87-86-0;

车辆7：0-63-36-14-64-90-78-22-38-0;

车辆8：0-54-55-57-97-23-0;

车辆9：0-50-83-84-85-33-32-1-2-60-51-58-47-52-69-56-0。

解的相关数据如表6-2所示。

表6-2　单车次集散货物路径问题解的相关数据

数据	车辆1	车辆2	车辆3	车辆4	车辆5	车辆6	车辆7	车辆8	车辆9	平均值
	路径1	路径2	路径3	路径4	路径5	路径6	路径7	路径8	路径9	
最大装载量（吨）	9.45	9.75	9.33	9.83	9.45	9.98	9.59	9.12	9.57	9.56
满载率（%）	94.5	97.5	93.3	98.3	94.5	99.8	95.9	91.2	95.7	95.6
路径时间（秒）	4.80	3.84	3.69	4.39	5.91	5.60	3.02	1.88	4.93	4.23
车辆使用时间利用率（%）	60.0	48.0	46.1	54.9	73.9	70.0	37.8	23.5	61.6	52.9

利用 $m = \left[\sum_{r \in R} (t_r + \sum_{i \in V} s\_t_i y_{ir} + 2s\_t_0)/T \right] + 1$，计算最小车辆数 $m = [38.06/8] + 1 = 5$ 辆，求解多车次集散货物路径问题。最好可行解目标值为940.6621（运算10次），CPU计算时间为45秒，解为:

车辆1：0-23-55-54-0-93-5-18-6-46-9-74-21-73-100-42-61-19-91-43-0;

车辆2：0-66-33-77-49-35-65-34-39-89-13-87-86-10-0-37-79-41-20-72-98-0;

车辆3：0-38-22-78-90-64-14-36-63-0-11-80-40-30-76-75-81-45-44-88-0;

车辆4：0-68-12-67-25-3-24-48-4-51-60-47-58-0-62-17-29-7-8-92-28-99-0;

车辆5：0-70-15-94-27-96-26-71-95-53-59-16-0-50-31-83-82-84-

85-32-1-2-97-57-52-69-56-0。

解的相关数据如表6-3所示。

表6-3 多车次集散货物路径问题解的相关数据

数据	车辆1		车辆2		车辆3		车辆4		车辆5		平均值
	路径1	路径2	路径3	路径4	路径5	路径6	路径7	路径8	路径9	路径10	
最大装载量(吨)	6.44	9.58	9.61	5.85	9.59	9.95	9.96	9.23	9.68	9.84	8.97
满载率（%）	64.4	95.8	96.1	58.5	95.9	99.5	99.6	92.3	96.8	98.4	89.7
路径时间（秒）	1.4	6.4	5.3	2.5	3.0	4.7	4.5	3.2	3.6	4.3	3.9
车辆使用时间（小时）	7.84		7.79		7.68		7.62		7.95		7.78
车辆使用时间利用率（%）	98.0		97.3		96.0		95.2		99.4		97.2

从单车次集散货物路径问题和多车次集散货物路径问题的计算可知，该算法均能搜索到满意解：车辆数均取得下界值，单车次集散货物路径问题的解具有较高的平均满载率（95.6%），多车次集散货物路径问题的解具有较高的平均时间利用率（97.2%）。为了更好地体现多车次安排的优势，将多车次安排和单车次安排的主要参数作比较，如表6-4所示。

表6-4 多车次集散货物路径问题与单车次集散货物路径问题的比较

比较	车辆数（辆）	运行距离（千米）	车次平均满载率（%）	车辆使用平均时间利用率（%）
单车次集散货物路径问题	9	919.18	95.6	52.9
多车次集散货物路径问题	5	940.66	89.7	97.2

从表6-4的比较可以看出采用多车次安排能够节约4辆车辆的使用，相应减少44.4%的车辆固定使用费（或租赁费）和司机工资，而运行距离只增加了21.48千米，占总旅行距离的2.3%；车次平均满载率虽然降低5.9%，但车辆使用平均时间利用率提高了44.3%。总之，采用多车次安排，在车辆满载率和车辆使用时间利用率之间取得了更好的平衡，使配送操作更加经济。

6.5　本章小结

多车次集散货物路径问题的研究对配送操作具有十分重要的现实意义。本章针对现实中配送车辆和工作时间有限的特点，建立了更符合实际的多车次集散货物路径问题模型。由于模型属于 NP-hard 难题，本章提出根据单车次集散货物路径问题的解确定最小使用车辆数，再采用允许不可行解的禁忌搜索法同时决策路径安排和路径分配的问题。最后算例的计算表明该方法能有效地求得满意的可行解；采用多车次路径安排更加经济合理。本章的模型和求解算法可为广大物流企业（尤其是第三方物流企业）的实际配送操作提供优化技术支持。

本章参考文献：

［1］郎茂祥. 装卸混合车辆路径问题的模拟退火算法研究［J］. 系统工程学报，2005，20（5）：485-491.

［2］张建勇，李军. 具有同时配送和回收需求的车辆路径问题的混合遗传算法［J］. 中国公路学报，2006，19（4）：118-122.

［3］Salhi S, Nagy G. A cluster insertion heuristic for single and multiple depot vehicle routing problems with backhauling［J］. Journal of the Operational Research Society, 1999, 50（10）：1034-1042.

［4］Nagy, G, Salhi, S. Heuristic algorithms for single and multiple depot vehicle routing problems with pickups and deliveries［J］. European Journal of Operational Research, 2005, 162（1）：126-141.

［5］Dethloff J. Vehicle routing and reverse logistics：The vehicle routing problem with simultaneous delivery and pick-up［J］. OR Spektrum, 2001, 23（1）：79-96.

［6］Chen J-F, Wu T-H. Vehicle routing problem with simultaneous deliveries and pickups［J］. Journal of the Operational Research Society, 2006（5）：579-587.

［7］Taillard E, Laporte G, Gendreau M. Vehicle routing with multiple use of vehicles［J］. Journal Operational Research Society, 1996, 47（8）：1065-1070.

［8］Petch R J, Salhi S. A multi-phase constructive heuristic for the vehicle rou-

ting problem with multiple trips ［J］. Discrete Applied Mathematics, 2004, 133
（1）: 69-92.

［9］郎茂祥. 物流配送车辆调度问题的模型和算法研究 ［D］. 北京：北方
交通大学, 2002.

［10］Gillett B E, Miller L R. A heuristic algorithm for the vehicle-dispatch prob-
lem ［J］. Operations Research, 1974, 22 （4）: 340-349.

［11］Potvin J Y, Kervahut T, Garcia B L et al. A tabu search heuristic for the
vehicle routing problem with time windows ［A］. Technical Report CRT-855, Univer-
site de Montreal, Quebec, Canada, 1992.

第7章 逆向需求模糊的同时集散货物路径问题研究

7.1 引言

随着环境污染的日益严重，一些国家（如德国、日本和美国）已经立法要求企业回收产品的包装材料[1]，我国也制定了电子产品回收的相关法规[2]，因此逆向物流备受关注。为了减少运输费用，如何将逆向物流整合到正向物流中，成为物流企业十分关注的问题。

将不确定条件下的逆向需求整合到正向路径中的研究几乎没有。已有的研究主要集中在确定条件下的集散货物路径和单向不确定条件下的车辆路径问题的研究。如文献[3] 首先介绍了同时集散货物路径问题，提出了先聚类后路径安排的算法；文献[4] 从逆向物流的观点研究了同时集散货物路径问题，设计了基于插入算法的启发式算法；文献[5] 提出基于不可行解的启发式算法；文献[6] 提出了基于记录更新和禁忌表的启发式算法。这些研究虽然整合了逆向需求，但均假设其为确定值。

不确定条件下的单向车辆路径研究包括随机车辆路径问题和模糊车辆路径问题：文献[7] 首先用模糊变量处理了车辆路径中的不确定参数，用扫描算法求解了该问题；文献[8] 用基于可信性理论建立带时间窗的车辆路径问题，并提出混合遗传算法求解该问题；文献[9] 和文献[10] 研究了随机车辆路径问题。文献[7-10] 虽然考虑逆向需求的不确定性，但逆向需求没有整合到正向车辆路径中。

另外，文献[1] 研究了随机环境下的单车辆集散货物路径问题，但是在一些新系统中，由于缺乏历史数据，参数难以表示为随机变量，而且实际中多车辆也是经常遇到的。

针对以上研究不足，本章研究了模糊环境下的多车辆同时集散货物路径问题。该问题与经典车辆路径问题（VRP）相比，具有以下特点：①客户需要配送（发送）一定量的货物，或者既发送货物也接受货物；②客户的发货量（逆向需求）是不确定的，本章假设其为三角模糊变量；③计算难度增加。由于 VRP 问题是 NP-Hard 难题，整合逆向物流的车辆路径问题包含 VRP 且逆向需求为不确定值，所以其计算难度增大。

针对该问题的特点，以车辆数和运输费用最小为目标，建立了基于置信性理论的模糊规划模型。在不确定条件下的车辆路径问题，一般路径解在一定的置信度水平下取得。但由于在实际过程中规划的路径可能出现失败，将产生处理失败路径的额外费用。决策者更希望找到使计划费用和失败费用之和最小的路径安排，所以本章将失败费用包含到目标函数中。

针对该问题的计算复杂性，提出用基于模拟的禁忌搜索算法来求解。采用包括线路内部交换和线路间交换的邻域搜索和重启策略来开发邻域结构，然后用基于模拟的方法求解目标函数。

7.2　模糊模型

7.2.1　问题的描述

模糊环境下的多车辆集散货物路径研究的问题是：配送中心派遣多辆车辆为客户服务，客户可以仅取货（发货）或既取货也发货，目标是要找到使车辆、计划费用和失败费用之和最少的路径安排。具体假设如下：

（1）配送中心和客户的位置是已知的；

（2）客户的发货量和取货量均小于车辆容量，且发货量为三角模糊变量；

（3）车辆的容量相同；

（4）若车辆到达客户 i 时车辆的剩余空间小于客户 i 的净发货量，车辆将返回配送中心卸货后，再返回客户 i 继续集散货物；

（5）每个客户的需求必须满足。

7.2.2　基于置信性理论的计算

关于模糊变量的基本概念可参见文献[9]，设模糊变量 $\varepsilon = (r_1, r_2, r_3)$，其可能性、必要性和可信性表示如下：

$$Poss(\varepsilon \geqslant r) = \begin{cases} 1, & if \quad r \leqslant r_2 \\ \dfrac{r_3 - r}{r_3 - r_2}, & if \quad r_2 \leqslant r \leqslant r_3 \\ 0, & if \quad r \geqslant r_3 \end{cases} \tag{7-1}$$

$$Nec(\varepsilon \geqslant r) = \begin{cases} 1, & if \quad r \leqslant r_1 \\ \dfrac{r_2 - r}{r_2 - r_1}, & if \quad r_1 \leqslant r \leqslant r_2 \\ 0, & if \quad r \geqslant r_2 \end{cases} \tag{7-2}$$

$$Cr(\varepsilon \geqslant r) = \begin{cases} 1, & if \quad r \leqslant r_1 \\ \dfrac{2r_2 - r_1 - r}{2(r_2 - r_1)}, & if \quad r_1 \leqslant r \leqslant r_2 \\ \dfrac{r_3 - r}{2(r_3 - r_2)}, & if \quad r_2 \leqslant r \leqslant r_3 \\ 0, & if \quad r \geqslant r_3 \end{cases} \tag{7-3}$$

随机产生 L 个客户的排列为 $(i_1, i_2, \cdots, i_{L-1}, i_L)$，依次将客户分配给车辆，车辆服务完客户 i' 后，是否继续服务下一个客户点 i，取决于正向需求之和是否小于车辆容量及客户发货净增量之和是否小于车辆剩余空间 S_k，即满足约束（7-4）和约束（7-5）。

$$S_k = Q - \sum_{j=1}^{L} p_j y_{jk} \geqslant 0, \ k \in K \tag{7-4}$$

$$Cr\left(S_k - \sum_{j=1}^{i} (\tilde{d}_j - p_j) y_{jk} \geqslant 0\right) \geqslant \alpha, \ k \in K, \ i = 1, \cdots, L \tag{7-5}$$

其中，Q 是车辆容量，p_i 是客户 i 的取货量，$\tilde{d}_i$ 是客户 i 的发货量，K 是车辆或路径集合，$K = \{1, 2, \cdots, m\}$，y_{ik} 是决策变量。

如果约束（7-4）和约束（7-5）都满足，车辆将继续服务客户 i，其中式

（7-5）可根据式（7-3）计算。

7.2.3 模糊模型

逆向需求模糊的同时集散货物路径问题的计划路径的数学模型如下：

$$\min \sum_{k=1}^{m} \sum_{i=0}^{L} \sum_{j=0}^{L} C_{ij} x_{ijk}, \quad \min m \tag{7-6}$$

$$Q - \sum_{j=1}^{L} p_j y_{jk} \geq 0, \quad k \in K \tag{7-7}$$

$$Cr \left(S_k - \sum_{j=1}^{i} (\widetilde{d}_j - p_j) y_{jk} \geq 0 \right) \geq \alpha, \quad k \in K, \quad i = 1, \cdots, L \tag{7-8}$$

$$\sum_{k=1}^{m} y_{ik} = 1, \quad i = 1, 2, \cdots, L, \quad k \in K \tag{7-9}$$

$$\sum_{i=0}^{L} x_{ijk} = y_{jk}, \quad j = 1, \cdots, L; \quad k \in K \tag{7-10}$$

$$\sum_{j=0}^{L} x_{ijk} = y_{ik}, \quad i = 1, \cdots, L; \quad k \in K \tag{7-11}$$

$$U_{ik} - U_{jk} + Lx_{ijk} \leq L - 1, \quad i, j \in L, \quad k \in K \tag{7-12}$$

$$\sum_{k=1}^{m} \sum_{j=0}^{L} \widetilde{t}_{ijk} - \sum_{k=1}^{m} \sum_{j=0}^{L} \widetilde{t}_{jik} = \widetilde{d}_i - p_i \tag{7-13}$$

$$x_{ijk} = 0 \ or \ 1, \quad i, j = 0, 1, \cdots, L; \quad k \in K \tag{7-14}$$

$$y_{ik} = 0 \ or \ 1, \quad i = 1, \cdots, L; \quad k \in K \tag{7-15}$$

$$U_{ik} \geq 0, \quad i \in 1, \cdots, L, \quad k \in K \tag{7-16}$$

$$Cr(\widetilde{t}_{ijk} \geq 0) = 1, \quad i, j = 0, 1, 2, \cdots, L; \quad k \in K \tag{7-17}$$

其中，L 是客户数量；$\widetilde{d}_i = (d_{i1}, d_{i2}, d_{i3})$ 是客户 i 的发货量；C_{ij} 是客户 i 到 j 的距离，$i, j = 0, 1, \cdots, L$；若车辆 k 直接从点 i 驶向点 j，则 $x_{ijk} = 1$；否则为 0；若客户 i 由车辆 k 服务，$y_{ik} = 1$，否则为 0；t_{ijk} 是路径 k 的弧段 ij 上的装载量；U_{ik} 是消去子循环的辅助变量。式（7-6）是目标函数，式（7-7）和式（7-8）分别是正向和逆向的容量约束；约束（7-9）保证每个客户仅被一辆车服务；约束（7-10）和约束（7-11）表示客户仅被访问一次；式（7-12）消除子循环；约束（7-13）是流量守恒方程；约束（7-14）~约束（7-17）是变量取值。

7.3　基于模拟的禁忌算法设计

首先采用顺序插入产生初始解，然后用禁忌搜索法改进。为了减少车辆数，将车辆数乘以惩罚值加入目标函数中。如果超过一定代数，最好解没有被更新，则采用重启策略。

7.3.1　初始解的产生

初始解的产生步骤如下：

步骤 1：随机产生客户排列；

步骤 2：根据约束（7-4）和约束（7-5），依次将客户划分到车辆路径中，如图 6-1 所示；

步骤 3：根据第 7.3.2 节，计算目标值；

步骤 4：重复步骤 1~步骤 3，计算 N 次，选取目标函数最小的解作为初始解。

7.3.2　路径失败费用的模拟

旅行距离的目标值等于计划费用与失败费用之和。由于逆向需求为模糊变量，所以计划路径可能不满足实际容量约束，车辆将先返回车场卸货，然后再继续集散货物。额外产生的费用被称为失败费用（f_c）。失败费用的计算通过模拟的方法求得，其计算程序伪代码如下：

设置 $f\_c = 0$ and $Sum = 0$

$For\ i = 1\ to\ N$

　　Do

　　　　在（d_{i1}，d_{i3}）之间，随机一个值 d，并计算其隶属度值 u

　　　　在（0，1）间随机产生 r

　　　　如果 $u > r$ 那么就接受 d

　　$Loop\ Until$ 所有的客户产生实际发货量

　　根据实际值计算失败费用 f_c

$$Sum = Sum + f\_c$$

Next i

设置 $Sum = Sum/N$，即为该计划路径的失败费用。

7.3.3 禁忌搜索

禁忌搜索算法是导向其他启发式算法（包括局域搜索法）跳出局部最优解的亚启发式算法。在经典车辆路径的研究中，其性能优于其他算法，所以本章选用禁忌搜索算法求解逆向需求模糊的多车辆集散货物路径问题。用 4 种类型的邻域方法来开发邻域结构，包括（1，1）交换、（1，0）移动、2-opt 和 or-opt。在每个邻域搜索结束之后，当前邻域的最好非禁忌解被置为当前解，并将其放入禁忌表中，同时更新整个过程中的最好解。如果超过一定代数，最好解没有被更新，则采用重启策略。

7.3.3.1 邻域结构

（1，1）交换，（1，0）移动介绍于文献[11]，用于线路间的改善；2-opt 和 or-opt 分别介绍于文献[12] 和文献[13]，用于线路内部的改善。

（1）（1，1）交换，就是在两条路径中分别选取一个客户点交换；

（2）（1，0）移动，就是从一条路径中选取一个点，插入到另外一条路径中；

（3）2-opt 交换，就是删除不相邻的两条弧，再重新连接；

（4）or-opt，在一条线路中取出两个连续的点，再重新插入到同一条路径的其他位置。

7.3.3.2 禁忌表

为每个邻域方法建立禁忌表，将删除和添加的弧段放入禁忌表中，其长度为删除和添加的弧段数的 3~7 倍。

7.3.3.3 停止规则

当设定的代数完成时，计算终止。

7.3.3.4 重启

当超过一定代数时，最好解若没有被更新，则将该最好解设置为当前解继续搜索。

7.3.3.5 禁忌算法步骤

Iter：当前迭代代数；

max_iter：最大迭代代数；

cons_iter：最好解连续没有被改进的代数；

max_cons_iter：允许最好解连续没有被改进的最大代数。

禁忌算法的伪代码如下：

设置 iter 和 cons_iter 为 0；

产生初始可行解，设置该解为当前解和最好解；

Do While （iter≤max_iter）

    从 4 种邻域方法中随机选取一种求邻域解

    选取最好非禁忌解

    设置该新解为当前解，并更新禁忌表和 iter 值

    If 新解改进最好解 Then

        更新最好解；设置 cons_iter 为 0

    Else

        cons_iter＝cons_iter+1

    End if

    If cons_iter≥max_cons_iter

        重启

    End if

Loop

7.4 数据实验

在平面 $[0，40km]×[0，40km]$ 上随机产生 20 个客户。每个客户 j 的发货量和取货量之和 t_j 在 $[0，3.5t]$ 之间产生，发货量和取货量的产生方法如下：取货量 p_j 为 $(1-r_j)×t_j$，发货量 d_{i1} 为 $1/3×r_j×t_j$、d_{i2} 为 $2/3×r_j×t_j$、d_{i3} 为 $r_j×t_j$，具体数据如表 7-1 所示。其中，$r_j=\min\{(x_j/y_j)，(y_j/x_j)\}$，$x_j$ 和 y_j 是客户 j 的坐标。车场坐标设为 $(0，0)$，车辆的容量为 6 吨。采用 Visual Basic 6.0 编写了算法程序，运行在 PC Pentium-IV 1.60GHz，计算参数设置为 max_iter＝500，max_cons_iter＝100。为了比较本章算法的效果，与文献[7] 的扫描算法作了比较。

表 7-1　客户的基本数据

客户序号	x坐标	y坐标	客户发货量（吨）	客户的取货量（吨）	客户序号	x坐标	y坐标	客户发货量（吨）	客户的取货量（吨）
1	32.1	28.7	(3.6, 7.2, 10.8)	1.27	11	2.9	0.9	(1.4, 2.9, 4.3)	9.66
2	12.3	17.6	(1.4, 2.8, 4.2)	1.81	12	2.1	8.2	(2.2, 4.4, 6.7)	19.34
3	23.4	2.0	(0.4, 0.9, 1.3)	13.72	13	14.6	32.0	(3.3, 6.7, 10)	11.96
4	25.6	38.5	(1.1, 2.2, 3.3)	1.68	14	33.7	8.1	(1.8, 3.5, 5.3)	16.71
5	10.8	39.9	(2.1, 4.2, 6.2)	16.77	15	16.0	31.3	(1.4, 2.7, 4.1)	3.91
6	30.3	25.8	(6, 12, 17.9)	3.11	16	23.7	24.3	(2.9, 5.9, 8.8)	0.22
7	14.8	9.4	(4.9, 9.7, 14.6)	8.39	17	34.3	13.4	(1, 2.1, 3.1)	4.87
8	3.5	23.8	(1.6, 3.1, 4.7)	27.29	18	1.3	5.9	(1, 1.9, 2.9)	10.14
9	35.6	22.3	(5.8, 11.7, 17.5)	10.46	19	12.3	3.0	(1, 2, 2.9)	9.07
10	34.9	32.4	(10.2, 20.4, 30.6)	2.36	20	15.6	3.2	(2.3, 4.6, 7)	27.03

表 7-2 比较了不同置信度水平下，基于模拟的禁忌搜索算法和扫描算法求得平均值、最好值和最坏值。其计算结果表明基于模拟的禁忌搜索算法优于扫描算法。为了更直观反映其差别，在图 7-1 中给出了两种算法的计算结果曲线图。最好目标值为 287.0，路径计划为：

表 7-2　计算结果比较

置信度水平	基于模拟的禁忌搜索算法				扫描算法			
	平均值	最好值	最坏值	平均车辆数（辆）	平均值	最好值	最坏值	平均车辆数（辆）
0	295.0	287.0	301.6	4	493.1	481.2	500.3	4
0.1	295.0	287.0	301.1	4	494.0	481.2	500.3	4
0.2	295.3	287.0	297.6	4	496.1	490.7	501.0	4
0.3	293.8	287.0	297.6	4	495.4	482.5	509.0	4
0.4	295.3	288.9	300.7	4	502.1	462.9	520.1	4.8
0.5	295.3	287.0	301.1	4	500.4	466.4	526.7	4.5
0.6	290.6	287.0	301.5	4	479.8	463.3	552.7	4.7
0.7	296.3	287.0	304.6	4	440.5	440.5	440.5	5
0.8	307.5	291.3	312.6	4	439.8	439.8	439.8	5
0.9	312.0	300.6	316.6	4	453.9	453.9	453.9	5
1	315.6	313.1	326.3	4	453.9	453.9	453.9	5

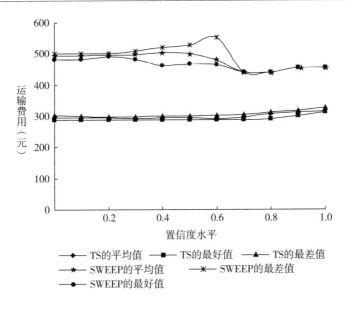

图7-1 计算结果曲线

车辆1：$0 \to 3 \to 14 \to 17 \to 6 \to 16 \to 15 \to 13 \to 2 \to 0$；

车辆2：$0 \to 12 \to 18 \to 0$；

车辆3：$0 \to 11 \to 19 \to 20 \to 7 \to 0$；

车辆4：$0 \to 8 \to 5 \to 4 \to 10 \to 1 \to 9 \to 0$。

而且当该计划执行时，$Cr\left(S_k - \sum_{j=1}^{i}(\tilde{d}_j - p_j)y_{jk} \geqslant 0, \ k \in K, \ i = 1, \cdots, L\right) \geqslant$ 0.73。不同置信度水平下的运行时间均小于60秒。

从约束（7-5）可以看出，如果最优解的置信度水平大于或等于 $\bar{\alpha}$，那么当置信度 α 设置为小于 $\bar{\alpha}$ 时，都能搜索到最优解。表7-2的第三列表明，置信度水平从0到0.7（0.4除外）都应搜索到最优解。虽然在置信度水平为0.4时，没能取得最好目标值，但其差距仅为1.9（0.66%）。图7-1也表明了基于模拟的禁忌搜索算法更稳定。

表7-3计算了分别运输正向需求和逆向需求的运输费用，其总费用（503.2元）大于将逆向物流整合到正向物流中的运输费用（287.0元，节约43%）。

表 7-3　正向需求和逆向需求分别运输的费用　　　　单位：元/辆

总费用	正向物流		逆向物流	
	费用	车辆数	费用	车辆数
503.2	276.9	4	226.3	2

7.5　本章小结

针对逆向物流不确定的特点，研究了逆向需求模糊的多车辆集散货物路径问题，建立了基于模糊置信度理论的多目标模糊规划模型。由于该问题为 NP-Hard 难题，设计了基于模拟的禁忌搜索算法求解该问题，其中采用四种邻域方法和重启策略。最后计算结果表明该算法取得最好解和稳定性均优于扫描算法，而且表明将逆向物流整合到正向物流中，其运输成本明显少于分别运输的费用。

本章参考文献：

［1］Alshamrani A，Mathur K，Ballou R H. Reverse logistics：Simultaneous design of delivery routes and returns strategies ［J］. Computers & Operations Research，2007，34（2）：595-619.

［2］达庆利，黄祖庆，张钦. 逆向物流系统结构研究的现状及展望 ［J］. 中国管理科学，2004，12（1）：131-138。

［3］Min H. The multiple vehicle routing problem with simultaneous delivery and pick-up Points ［J］. Transport Research Λ，1989，23（4）：377-386.

［4］Dethloff J. Vehicle routing and reverse logistics：The vehicle routing problem with simultaneous delivery and pickup ［J］. OR Spektrum，2001，23（1）：79-96.

［5］Nagy，G，Salhi，S. Heuristic algorithms for single and multiple depot vehicle routing problems with pickups and deliveries ［J］. European Journal of Operational Research，2005，162（1）：126-141.

［6］Chen J-F，Wu T-H. Vehicle routing problem with simultaneous deliveries and pickups ［J］. Journal of the Operational Research Society，2006（5）：579-587.

[7] Teodorovic D, Pavkovic G. The fuzzy set theory approach to the vehicle routing problem when demand at nodes is uncertain [J]. Fuzzy Sets and Systems, 1996, 82 (3): 307-317.

[8] Zheng Y, Liu B. Fuzzy vehicle routing model with credibility measure and its hybrid intelligent algorithm [J]. Applied Mathematics and Computation, 2006, 176 (2): 673-683.

[9] Teodorovic D, Pavkovic G. A simulated annealing technique approach to the vehicle routing problem in the case of the stochastic demand [J]. Transportation Planning and Technology, 1992, 16 (4): 261-273.

[10] Gendreau M, Laporte G, Seguin R. An exact algorithm for the vehicle routing problem with stochastic customers and demands [J]. Transportation Science, 1995, 29 (2): 143-155.

[11] Fu Z, Eglese R, Li L Y O. A new tabu search heuristic for the open vehicle routing problem [J]. Journal of the Operational Research Society, 2005, 56 (3): 267-274.

[12] Lin S. Computer solutions of the TSP [J]. Bell System Technical Journal, 1965, 44 (10): 2245-2269.

[13] Or I. Traveling salesman-type combinational problems and their relation to the logistics of blood banking [D]. Chicago, Illinois, USA: Northwestern University, 1976.

第8章 逆向需求动态出现的混合集散货物路径问题研究

8.1 引言

在快递业务中，为了提高对客户的反应速度，经常会遇到逆向需求动态出现的混合集散货物路径问题。通信技术的快速发展，为车辆实时调度的实现提供了技术保障。

根据车辆访问正逆客户的顺序将正逆向物流一体化车辆路径问题的研究分为以下三类：①第1类是先正向客户后逆向客户的正逆向物流一体化车辆路径问题（以下简记为带回程的集散货物路径问题，VRPB）；②第2类是正逆向客户混合安排的正逆向物流一体化车辆路径问题（以下简记为混合集散货物路径问题，VRPMB）；③第3类是客户可同时收、发货的正逆向物流一体化车辆路径问题（以下简记为同时集散货物路径问题，VRPSDP）。第3类研究一般不考虑客户服务的时间窗，以降低成本为目标，主要集中在算法研究上；第1、第2类的区别在于第1类要求必须先把货物配送完再集货，第2类允许边送货边集货。每类问题均有其现实应用，本章以第2类正逆向物流一体化车辆路径问题为研究对象。

对第2类正逆向物流一体化车辆路径问题的研究主要集中在静态问题的研究中，文献[1]设计了贪婪随机适应搜索程序求解带时间窗的混合集散车辆路径问题，首先用种子法构造初始可行解，然后用局域搜索法优化路径，并给出了车辆数的下界值；文献[2] 用禁忌搜索法和变邻域下降搜索法研究不带时间窗的混合集散车辆路径问题；文献[3] 提出导向局域搜索法研究带时间窗的混合集散车辆路径问题，其特点是把时间和容量约束松弛，将其违背量加入目标函数中，求解过程包括两个阶段，在第一阶段构建初始路径，用 2-opt 交换、1-1 交换、1-0 交换三种邻域搜索方法改进路径质量；第二阶段主要集中在改善路径的可行性方面上，用路径分割法，改善可行性，再用第一阶段三种邻域搜索法改进解的质量。文献[4] 在确定目标时，综合考虑了车辆运行成本、人员等待成本及服务成本等因素，采用分支定界算法和遗传算法求解带时间窗的混合集散车辆路径问题，但对于区域节点过多的实例利用该方法很难在有限的时间内得到理想结果。

文献[1-4] 都假设正、逆物流需求为静态的，而由于逆向订单在正向配送过程中动态出现，如果作为静态问题必须将逆向订单移到下一个周期完成。为了提高对订单的响应速度，本章在静态混合集散货物路径问题的基础上，研究了逆向需求动态出现的混合集散货物路径问题。该问题具有以下特点：①逆向需求具有动态性。车辆在送货过程中，集货订单陆续出现，调度中心需要做出决策，集货是否可以在当前周期完成？是专门为该订单派遣车辆还是将该订单的客户分配到已有路径安排中？还是二者的混合？②对求解时间要求更高[5]。在静态问题中可以事先花较长时间安排路径，而在动态问题中由于车辆在运动，位置在不断变化，需要迅速反应，所以与静态问题相比，设计有效且更快速的算法非常有必要。③正逆向客户均有服务时间窗限制。

为了充分利用已有车辆安排，采用混合策略安排动态客户，将部分动态客户加入已有路径安排中，因容量和时间窗约束不能安排的动态客户，专门派遣车辆为其服务。动态混合集散车辆路径问题包含静态混合集散车辆路径问题，也为 NP-Hard 难题，为了快速求解，提出用记录更新法求解该问题，该方法中以随机大邻域搜索为邻域搜索方法，采用了重启和扰动策略，通过约束邻域搜索范围和设计常量可行性检查两种策略减少计算时间，最后通过 27 组数据（每组 100 个客户）实验表明了该方法的有效性。

8.2 问题的描述

8.2.1 问题的假设

本章研究的逆向需求动态出现的混合集散货物路径问题可描述为：一个配送中心用多辆车向多个客户送货（正向需求）和集货（逆向需求），其中正向需求和部分逆向需求是已知的，但在配送的过程中陆续出现的逆向订单信息是未知的，只有等订单出现后才能确定。要求合理安排车辆运行路径，使车辆运行的可变成本和固定成本之和最小。具体假设如下：

（1）配送中心的位置确定，正向需求量、位置和服务时间是确定的；

（2）在截止时刻前收到的逆向订单必须在当前周期（当天）完成，之后收到的逆向订单在下一个周期完成或者放弃；

（3）动态出现的逆向订单的出现时刻、服务时间、位置及发货量事前是完全未知的，没有任何概率信息；

（4）配送中心采用同一种车辆，其额定载重量为 Q；

（5）在车辆路径的每条弧段上，货物装载量不超过车辆的额定载重量，并且满足任意客户 i 时间窗（ET_i，LT_i）约束，若提前到达需要等待，但不能迟于时间窗上限 LT_i；

（6）每个客户只能被访问一次，且只能由一辆车服务；

（7）若车辆在 A 点还没有出发，计划可以改变，但若已经出发驶向 B 点，则该车辆不能再改变计划。

8.2.2 目标函数

由于车辆运行的可变成本与运行的距离有关，而固定成本与车辆数有关，所以本章直接以车辆运行的距离和车辆数最小为目标。为了减少车辆数，将车辆数乘以惩罚值加入目标函数中，如式（8-1）所示。

$$\min \sum_{k=1}^{m} \sum_{i=0}^{n} \sum_{j=0}^{n} C_{ij} x_{ijk} + M \sum_{k=1}^{m} \sum_{j=1}^{n} x_{0jk} \qquad (8-1)$$

其中，k 表示巡回线路（或配送车辆），$k \in K$，K 是车辆集合；C_{ij} 表示 i，j 之间的距离；x_{ijk} 为决策变量，表示第 k 辆车是否从点 i 开向点 j，如果是，则 x_{ijk} 为 1，否则为 0；M 为惩罚值；n 是客户数量（包括静态客户和动态客户）；m 是车辆数。

8.3　记录更新算法设计

由于在逆向需求动态出现的混合集散货物路径问题中，包括静态和动态两个阶段，前一阶段客户是静态的，包括正向需求和上周期没有完成的逆向需求，后一阶段客户是动态的，即当前周期动态出现的逆向需求。所以针对以上特点，将问题分解成两个阶段，每阶段分别用记录更新法求解。由于假设逆向需求出现没有任何概率信息，所以动态阶段问题可分解为多阶段静态问题分别求解。该静态问题与一般静态问题相比，对求解时间要求更高，所以设计高效率算法成为求解关键。

记录更新法（Record-to-record Travel）参数少、效率高，如文献[6,7] 求解经典车辆路径（VRP）和开放式车辆路径问题（OVRP）时取得较好结果，本章用它作为求解框架。记录更新法最早介绍于文献[8]，它与模拟退火算法很相似，最大的区别在于它们对邻域解的接受规则：模拟退火算法以一个逐渐降低的概率接受恶化邻域解，而记录更新法则接受目标值不劣于记录值的恶化邻域解，其中记录值等于目前搜索到的最好解的目标值与一个逐渐降低的偏差值之和。

8.3.1　初始解的生成

本章采用文献[9] 的扫描法来构造初始解。即以配送中心为原点建立极坐标系，极轴沿逆时针方向依次扫描，每扫描一个点，判断是否满足条件，若满足条件，则将该点加入到当前路径中；若不满足条件，结束当前路径，以该点为起点重新建立路径，继续扫描，直到所有客户点被扫描完为止。由于 n 个客户均可作为扫描的起点，所以在 n 种安排中选取目标值最小的作为初始解。

8.3.2　邻域设计

由于经典车辆路径（VRP）和开放式车辆路径问题（OVRP）的约束比较简

单，仅有容量约束，而且路径装载量是单调变化的，文献[6,7]采用了标准的邻域搜索方法，包括1-0交换、1-1交换、2-opt交换、3-opt交换等。而逆向需求动态出现的混合集散货物路径问题中，具有复杂约束，包括容量约束（路径装载量是波动变化的）、时间窗约束、客户的服务计划是否可改变等约束，所以本章采用了另一类邻域搜索方法——大邻域搜索法。该邻域搜索法由文献[10]提出，其基本思想是以一定规则从已有线路中取出一部分客户点，再按一定规则重新插入线路中，形成邻域解，其特点是易于处理约束复杂问题。

文献[10]主要基于客户的距离远近和是否在同一条路径上的相关性，移出相关性较强的客户，再重新插回路径中，形成新解（相关大邻域法，简记为 R_R）。为了增强发散性，本章采用随机方法移出客户，再按目标值最小的位置插回（随机大邻域法，简记为 S_R）。具体方法为：对于路径上每个客户 i，在（0，1）间随机产生数 r，若 $r<P_0$，则将客户 i 移出，否则不移，其中 P_0 为设定的概率阈值。后面的数据实验表明，采用 S_R 比 R_R 更适合混合集散货物路径问题。为了减少车辆数，从路径选取客户数最少的路径，将其所有客户移出，再将其客户点按最佳位置逐个插回其余线路中（路径删除大邻域法，简记为 T_R），若不能全部插回其他路径中，则退出，不更新当前解。

8.3.3 重启和扰动

为了跳出局域最优，采用了重启和扰动策略。虽然邻域搜索中已引入了随机性，但后面的计算仍表明重启和扰动能进一步改善解的质量。重启就是选择一个新解作为搜索的当前解，本章选择目前最好解作为重启的起点。其中，目前最好解是指从程序开始到当前搜索到的最好解。为了改变解的搜索方向，加入扰动。本章采用 2-opt* 为扰动方法，2-opt* 就是将两条路径的尾部进行交换，如路径 012345067890 中的画线部分交换，得到路径 012890673450，其中 0 表示配送中心，用 1，2，…，n 表示各客户点。

当目前最好解超过一定代数（Restart_Iter）没有被更新，则将目前最好解作为当前解，采用 2-opt* 扰动，沿新的方向搜索解空间。

8.3.4 算法终止规则

为了控制计算的效率，采用双层终止规则。外层运算超过设定的最大迭代代数，则终止；内层若目前最好解连续超过一定代数没有被改进，则终止。

8.3.5　记录更新算法步骤

步骤 1：产生初始解，输入参数值，记录值 = 初始解值；

步骤 2：若满足终止规则，则转向步骤 6；否则重复步骤 3~步骤 5；

步骤 3：用随机大邻域法（S_R）和路径删除大邻域法（T_R）搜索邻域解，若目标值小于记录值则更新当前解，否则不更新；若目标值小于目前最好值，则更新目前最好值，否则不更新；

步骤 4：若当前目标值小于目前搜索到的最好值，则更新记录值，记录值 = 目前搜索到的最好值×（1+Δ），门槛值 $\Delta \in$（0，1），否则不更新；

步骤 5：若目前最好解超过一定代数（Restart_Iter）没有被更新，则重启和扰动；

步骤 6：返回整个计算过程中产生的最好解。

8.4　动态数据的处理

动态的逆向需求出现后，配送中心需要做出承诺，是否能在当前周期完成。根据问题的定义，若客户的出现时刻在企业要求的截止时刻之前，且直达能满足客户时间窗要求，就必须在当前周期完成，否则只能在下一周期完成或者放弃。对动态客户的车辆派遣采用混合策略，即将部分动态客户加入已有路径安排中，因容量和时间窗约束不能安排的动态客户，专门派遣车辆为其服务。若多个动态订单同时出现，可将其合并一起安排；若动态订单陆续出现，则按出现时间先后逐一安排订单。

逆向需求动态出现的混合集散货物路径问题中，静态问题阶段可直接应用记录更新法求解，而在动态问题阶段，首先根据动态订单中客户时间窗上限由小到大排序，依次插入路径中，然后再用记录更新法改善解的质量。由于部分客户已完成集散任务，车辆位置也发生变化，需要将记录更新法的邻域搜索规则修改，大邻域搜索操作包括移出客户和插入客户两部分，动态客户和出发时刻大于订单出现时刻的静态客户之后的静态客户才允许移出；插入位置只能在出发时刻大于订单出现时刻的静态客户和动态客户之后，或者路径第一个客户是动态客户，可以允许插入其前面。2-opt* 交换中两路径中只有出发时刻大于订单出现时刻的客户后面部分才允许交换。用 r_i 表示 r 路径的第 i 个客户，路径 r 中第 i 个客户的到达时间为 t_{r_i}，服务时间为 s_{r_i}，根据式（8-2）计算到达客户 r_i 的时间，由式（8-3）判断客户 r_i 的出发时刻是否大于订单出现时刻（n_t）。

$$t_{r_i} = \begin{cases} t_0 + C_{0,r_i}/v, & i=1,\ t_0 \text{ 表示从车场出发的时刻} \\ \max(t_{r_{i-1}},\ ET_{r_{i-1}}) + s_{r_{i-1}} + C_{r_{i-1},r_i}/v, & j=2,\ \cdots,\ k-1,\ k \end{cases} \tag{8-2}$$

$$\max(t_{r_i},\ ET_{r_i}) + s_{r_i} > n\_t \tag{8-3}$$

其中，v 为速度。

8.5　加速装置的设计

为了提高计算速度，通过约束邻域搜索范围和设计常量可行性检查两种策略来加速搜索过程。

8.5.1　约束邻域搜索的范围

为了减少搜索邻域的时间，排除那些不可能产生较好可行解或者产生概率较小的邻域移动，缩小邻域搜索范围，提高计算效率。文献[3] 用导向局域搜索法研究了静态的混合集散路径问题，本章根据其计算结果分析表明，最好解对应的平均弧长明显小于原始数据中所有弧的平均长度，具体数据如表 8-1 所示（每类数据中各组数据的客户坐标相同但时间窗不同），该文献计算结果为非精确解，可以推断，精确解的平均弧长值将更小。所以本章将优先根据弧长，判断该移动是否必要。具体方法如下：

对于大邻域搜索，将移出的客户插回路径产生新弧时，即当客户 k 插入客户 i 和客户 j 之间，只考查满足条件（8-4）的移动。

$$(C_{ik} + C_{kj})/2 < Avg_k,\ Avg_k = \sum_{j=0}^{n} C_{kj}/n \tag{8-4}$$

对于 2-opt* 交换，删除弧（$i,\ i+1$）和（$j,\ j+1$），产生新弧（$i,\ j+1$）和（$j,\ i+1$），只考查新弧满足条件（8-5）的移动。

$$C_{i,j+1} < Avg_i\ and\ C_{j,i+1} < Avg_j \tag{8-5}$$

表 8-1　文献[3] 中最好解对应的平均弧长与原始数据弧长比较

算例	车辆数(辆)	最好值	最好解对应的平均弧长	原始数据弧费用			算例	车辆数(辆)	最好值	最好解对应的平均弧长	原始数据弧费用		
				平均长度	最小长度	最大长度					平均长度	最小长度	最大长度
MR201	4	1388.7	13.4				MC204	4	885.7	8.5			
MR202	4	1199.0	11.5				MC205	5	781.7	7.4			
MR203	4	988.9	9.5				MC206	5	860.7	8.2	40.4	2.0	96.2
MR204	4	858.3	8.3				MC207	5	793.0	7.6			
MR205	4	1172.5	11.3				MC208	5	859.9	8.2			
MR206	4	979.5	9.4	34.0	1.4	91.8	MRC201	5	1498.9	14.3			
MR207	4	912.7	8.8				MRC202	4	1539.4	14.8			
MR208	4	764.5	7.4				MRC203	4	1303.5	12.5			
MR209	4	978.8	9.4				MRC204	4	932.5	9.0	44.7	1.0	101.2
MR210	4	1061.4	10.2				MRC205	4	1632.0	15.7			
MR211	4	878.8	8.5				MRC206	4	1433.4	13.8			
MC201	5	763.9	7.3				MRC207	4	1217.2	11.7			
MC202	4	1186.2	11.4	40.4	2.0	96.2	MRC208	4	1085.6	10.4			
MC203	4	1096.3	10.5										

8.5.2　设计常量可行性检查

记录更新算法中采用大邻域搜索和 2-opt* 交换两种邻域方法，由于 2-opt* 交换只在重启时使用，所以根据容量和时间约束直接判断与 2-opt* 交换有关的两条路径的可行性。而大邻域搜索使用频率较高，这里重点针对大邻域搜索中的插入法设计常量可行性检查。

大邻域搜索包括移出客户和插回客户两部分，其中移出客户的时间复杂性为 $O(n)$，而若可行性判断和费用函数的计算复杂性为常量时，其插回客户（插入法）的时间复杂性为 $O(n^2)$，由于直接计算目标函数和直接根据约束条件判断逆向需求动态出现的混合集散货物路径问题解的可行性，需要累加装载量、到达时间和目标函数，所以每次在任意位置插入一客户将增加 $O(n_r)$ 的计算量，其中 n_r 为路径 r 的客户数量，插入法程序的伪代码如下：

M＝没有安排（需重新安排）的客户集合

R = 路径集合（始终包含一条空路径，以备在已有路径中没有可行位置客户插入到该空路径中）

for $j \in M$ do

    $p^0 = +\infty$

    for $r \in R$ do

        for $(i-1, i) \in r$ do

            if $Feasible (i\ j)$ and $Cost (i, j) < p^0$ then

                $r^0 = r$

                $i^0 = i$

                $p^0 = Cost (i, j)$

            end if

        end for

    end for

    $Insert (i^0, j)$

    $M = M \setminus j$

    $Update (r^0)$

end for

$Update$（车辆数和总目标值）

从算法伪代码可以看出，要维持插入法的 $O(n^2)$ 时间复杂性，必须使可行性检查和目标费用函数为常量，更新函数不超过 $O(n)$。

8.5.2.1　插入算法的可行性检查

在逆向需求动态出现的混合集散货物路径问题中，静态阶段和动态阶段解的可行性都需要判断容量和时间约束是否满足。路径 r 中第 i 个客户的等待时间为 W_{r_i}，最大延迟间隔 Y_{r_i}。

（1）检查容量约束。单向车辆路径的装载量是单调的，但集散混合车辆路径的装载量是波动的。用 maxload 表示 r 路径中的最大装载量，在一条路径 r 中若插入的是逆向客户 r_i，则在插入点后的每条弧段的装载量将增加逆向需求 d_{r_i}，所以如果 maxload$+d_{r_i} \leq Q$，可以插在路径任意位置；当 maxload$+d_{r_i} \geq Q$，那么若容量可行弧段存在，则为路径末端开始的连续弧段。前面一种情况是显然的，对于后一种情况可以这样得到：设第一可行弧段为 (r_j, r_{j+1})，其后弧段的最大装载量为 maxload$'$（见图 8-1）。由于弧段 (r_j, r_{j+1}) 之间插入逆向客户 r_i 后，插入点后的每条弧段的装载量将增加 d_{r_i}，若弧段 $(r_j，r_{j+1})$ 可行，则 $\max load' + d_{r_i} \leqslant Q$，所以只要弧段 $(r_j，r_{j+1})$ 可行，其后弧段都将可行，反之若在最后一条弧段插入都不可行，则整条路径都不能插入。

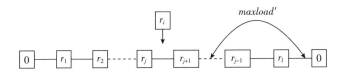

图8-1　容量约束判断示意图

综合以上两种情况，容量约束的判断只需从路径末端开始比较装载量，直到遇到第一个不可行位置为止。用 $load_{r_j}$ 表示弧段 $(r_j，r_{j+1})$ 的装载量，装载量比较：

$$load_{r_j} + d_{r_i} \leqslant Q \tag{8-6}$$

同理可得，在一条路径 r 中若插入的是正向客户 r_i，其需求为 p_{r_i}，则容量约束的判断只需从路径起始位置开始比较装载量，直到遇到第一个不可行位置为止。装载量比较：$load_{r_j} + p_{r_i} \leqslant Q$。

（2）检查时间约束。等待时间由式（8-7）计算，最大延迟间隔 Y_{r_i} 由式（8-8）计算。

$$W_{r_i} = \max(0，ET_{r_i} - t_{r_i})，\tag{8-7}$$

$$Y_{r_i} = \begin{cases} LT_{r_{l+1}} - \max(t_{r_{l+1}}，ET_{r_{l+1}})，& i = l+1， \\ \min\{LT_{r_i} - \max(t_{r_i}，ET_{r_i})，Y_{r_{i+1}} + W_{r_{i+1}}\}，& i = l，l-1，\cdots，1. \end{cases} \tag{8-8}$$

其中 r_{l+1} 表示返回车场。若要在客户 r_j 和客户 r_{j+1} 之间插入客户 r_i，则到达客户 r_i 的时间 $t'_{r_i} = \max(t_{r_j}，ET_{r_j}) + s_{r_j} + C_{r_j,r_i}/v$。插入客户 r_i 的时间约束是否满足可行，须满足条件（8-9）和条件（8-10）：

$$t'_{r_i} \leqslant LT_{r_i}；\tag{8-9}$$

$$\max(t'_{r_i}，ET_{r_i}) + s_{r_i} + C_{r_i,r_{j+1}}/v \leqslant t_{r_{j+1}} + W_{r_{j+1}} + Y_{r_{j+1}} \tag{8-10}$$

约束（8-9）表示，到达客户 r_i 的时间须小于客户 r_i 的时间窗上限 LT_{r_i}；约束（8-10）表示在插入客户 r_i 后到达客户 r_{j+1} 的时间须小于插入客户 r_i 前到达客户 r_{j+1} 的时间与其等待时间和允许延迟时间之和。

从以上分析可以看出，可行性检查的两个条件判断的时间复杂性均为常量。

动态数据中客户的服务计划是否可改变，可由式（8-3）判断，其时间复杂性也为常量。

8.5.2.2 插入算法的费用函数计算

插入算法的费用函数计算即距离增加函数，可用式（8-11）计算，其时间复杂性为常量。

$$Cost = C_{r_j, r_i} + C_{r_i, r_{j+1}} - C_{r_j, r_{j+1}} \tag{8-11}$$

8.5.2.3 插入算法的更新函数

更新函数包括到达时间、等待时间、最大延迟时间、装载量函数、解的结构、插入结束时车辆数及目标函数。其中到达时间根据式（8-2）计算，等待时间根据式（8-7）计算，最大延迟时间根据式（8-8）计算，装载量函数由式（8-12）计算，这四个函数的时间复杂性为 $O(n)$。解的结构和插入结束时车辆数更新、目标函数更新是容易的，其时间复杂性也为 $O(n)$。

$$load_{r_i} = \begin{cases} S_r, & i=0 \\ load_{r_{i-1}} - p_{r_i} + d_{r_i}, & i \neq 0 \end{cases} \tag{8-12}$$

其中，S_r 是路径 r 的正向配送量之和，其值为 $S_r = \sum_{i \in r} p_{r_i}$，$p_{r_i}$ 是正向客户 r_i 的需求量。

综上所述，可行性检查和费用函数计算均为常量，更新函数为 $O(n)$，因而整个插入法的时间复杂性为 $O(n^2)$。

8.6 数据实验

8.6.1 数据的产生

文献[1,3] 均研究带时间窗的静态混合集散货物路径问题，并且采用相同的数据计算，为了便于比较，本章也采用该数据。该数据由文献[1] 根据文献[11] 的单向车辆路径数据修改而成，包括三类数据（MR2、MC2、MRC2），每类中包括 8~11 组数据，每类数据中各组数据的客户坐标相同但时间窗不同，每组数据中有 100 个客户，其特点为：①每组数据的客户坐标在 [0，100] × [0，100] 的区域上产生；②MR2 数据中客户坐标均匀分布，MC2 数据中客户坐标聚类分布，MRC2 数据中客户坐标为均匀和聚类混合分布；③车辆容量均为 250。

作者利用 Visual Basic 6.0 编写了算法程序，运行计算机 CPU 为酷睿双核 1.6GHz 笔记本。

8.6.2　记录更新算法参数确定

记录更新算法的参数有迭代代数、门槛值和取出客户的概率阈值，由于记录更新法的迭代代数特点与一般亚启发式算法（如禁忌搜索法、遗传算法等）的特点相似，所以限于篇幅只给出门槛值和取出客户的概率阈值对目标值影响的详细数据。试验方法为改变某一个参数，保持其他参数值不变。本章以静态数据 MR201 为例，门槛值参数 Δ 和概率阈值取不同参数值时，试验 5 次目标值的均值如表 8-2 所示。从表 8-2 可以看出门槛值为 1/200，概率阈值为 0.20 时，平均目标值最小。另外通过试验静态问题的外层迭代代数设为 4000，内层迭代代数设为 600，目前连续迭代 200 次最好解没有被更新，则调用重启和扰动，惩罚值 M 设为 500。

表 8-2　记录更新算法参数试验结果

概率阈值	门槛值	平均值	概率阈值	门槛值	平均值
	1/100	1224.5758	0.05		1224.9158
	1/200	**1210.321**	0.10		1209.2064
0.25	1/300	1216.87	**0.20**	**1/200**	**1201.97**
	1/400	1216.1238	0.30		1220.3148
	1/500	1219.888	0.40		1228.183
			0.50		1239.062

8.6.3　记录更新算法有效性的验证

无概率信息条件下的动态混合集散货物路径问题的求解过程实质为多阶段的静态混合集散货物路径问题，为了验证算法的有效性，以文献[1,3] 中静态数据为例，比较计算结果。首先以 MR2 类的 11 组数据分别比较了不同邻域方法下的平均目标值和不同加速装置下的平均计算时间，然后与文献[3] 的计算结果进行了比较，分别如表8-3和表8-4所示，其中每组数据随机试验次数为5次。

表8-3　不同邻域下平均目标值

算例	R_R, T_R	S_R, T_R	S_R, T_R 有重启和扰动
MR201	1230.304	1216.92	1201.97
MR202	1142.339	1133.996	1123.326
MR203	942.121	908.8913	904.3692
MR204	767.3966	760.4458	759.8855
MR205	1064.644	1036.663	1035.679
MR206	923.4889	912.4485	897.8915
MR207	869.8562	839.2567	825.2528
MR208	742.4813	741.9679	734.6821
MR209	933.4572	929.596	898.9477
MR210	979.3292	959.3393	951.6329
MR211	815.697	790.4105	776.7122
总平均值	946.4649	930.0	919.1

表8-4　不同加速装置下的平均计算时间　　　　　　　　单位：秒

算例	无加速装置	加速装置1 （仅约束邻域搜索的范围）	加速装置2 （约束邻域搜索的范围和设计常量可行性检查）
MR201	83.8	41.6	20
MR202	60	33.4	12.4
MR203	83	27.6	25.2
MR204	47.8	45.8	19.8
MR205	80	37	16
MR206	67	32.2	26.4
MR207	52.8	33.8	16.6
MR208	72.8	40.2	26.8
MR209	62.6	25.2	24.0
MR210	45.8	48	24.6
MR211	44.4	38.6	18.6
总平均时间	63.6	36.7	20.9

表 8-3 的前两列相比表明，随机移出客户的策略（S_R）能比根据客户距离的相关度移出客户策略（R_R）取得更好的平均目标值；后面两列相比表明，加入重启和扰动，能进一步改善解的质量。

表 8-4 表明约束邻域搜索的范围能使总平均计算时间减少 26.9 秒，两种策略一起采用能使总平均计算时间进一步减少 15.8 秒。所以两种加速策略对减少计算时间均有贡献，只是前者大于后者。

表 8-3 和表 8-4 分别比较了不同邻域方法下的平均目标值和不同加速装置下的平均计算时间，表 8-5 进一步比较本章算法与已有相关文献的结果。文献[1,3]均测试了相同的数据，文献[1] 给出了每组数据的车辆数下界值均为 4 辆。因为文献[3] 各类数据取得的距离值均优于文献[1]，所以本章直接与文献[3] 相比，其中文献[3] 只给出了最好值。

表 8-5 记录更新算法与导向局域搜索法的比较

| 算例 | RTR（本章算法） | | | | | | | GLSA（文献[3] 算法） | | |
| | 平均值 | | | | 最好值 | | | 最好值 | | |
	车辆数（辆）	距离	标准差	CPU 时间（秒）	车辆数（辆）	距离	CPU 时间（秒）	车辆数（辆）	距离	CPU 时间（秒）
MR201	5	1202.0	8.0	20.0	5	1194.2	13	4	1388.7	108
MR202	4	1123.3	9.0	12.4	4	1112.8	20	4	1199.0	422
MR203	4	904.4	5.6	25.2	4	898.8	20	4	988.9	544
MR204	4	759.9	4.4	19.8	4	756.5	22	4	858.3	450
MR205	4	1035.7	5.6	16.0	4	1030.4	11	4	1172.5	253
MR206	4	897.9	3.3	26.4	4	893.6	32	4	979.5	406
MR207	4	825.3	8.5	16.6	4	813.5	27	4	912.7	451
MR208	4	734.7	6.1	26.8	4	727.7	27	4	764.5	408
MR209	4	898.9	7.4	24.0	4	889.2	31	4	978.8	516
MR210	4	951.6	5.5	24.6	4	943.5	29	4	1061.4	557
MR211	4	776.7	7.0	18.6	4	769.2	18	4	878.8	692
MR2 总平均值	4.091	919.1	6.4	20.9	4.091	911.8	22.7	4	1016.7	437
MC201	5	705.0	2.2	12.8	5	701.1	14.0	5	763.9	57
MC202	5	695.9	3.7	10.0	5	691.9	8.0	4	1186.2	347
MC203	4	724.1	10.6	18.8	4	709.8	24.0	4	1096.3	323

算例	RTR（本章算法）									GLSA（文献[3]算法）		
	平均值				最好值					最好值		
	车辆数（辆）	距离	标准差	CPU 时间（秒）	车辆数（辆）	距离	CPU 时间（秒）			车辆数（辆）	距离	CPU 时间（秒）
MC204	4	692.5	1.2	22.6	4	691.3	23.0			4	885.7	431
MC205	5	697.9	2.2	8.4	5	695.1	9.0			5	781.7	169
MC206	4	691.9	3.1	17.2	4	687.9	16.0			5	860.7	352
MC207	5	696.6	3.4	13.6	5	693.0	15.0			5	793.0	476
MC208	5	694.3	1.1	11.2	5	693.6	4.0			5	859.9	393
MC2 总平均值	4.625	699.8	3.4	14.3	4.625	695.4	14.1			4.625	903.6	319
MRC201	5	1394.2	9.3	21.4	5	1381.1	32.0			5	1498.9	73
MRC202	5	1154.0	9.5	17.8	5	1140.7	17.0			4	1539.4	493
MRC203	5	968.5	9.3	18.6	5	955.9	9.0			4	1303.5	713
MRC204	4	879.2	6.5	15.8	4	872.4	10.0			4	932.5	472
MRC205	5	1307.5	9.4	33.6	5	1294.2	23.0			4	1632.0	362
MRC206	5	1102.8	7.6	15.6	5	1095.9	5.0			4	1433.4	208
MRC207	5	1012.3	13.7	26.6	5	995.4	39.0			4	1217.2	599
MRC208	5	804.9	7.7	15.0	5	798.0	11.0			4	1085.6	1134
MRC2 总平均值	4.875	1077.9	9.1	20.6	4.875	1066.7	18.3			4.125	1330.3	507

表 8-5 表明记录更新算法（RTR）在 MR2 中，取得的车辆数平均值与导向局域搜索算法（GLSA）取得的车辆数平均值相差不足 0.1，在 MC2 中，取得的车辆数平均值相同，在 MRC2 中，记录更新算法（RTR）取得车辆数平均值差于导向局域搜索算法（GLSA），多了 0.7 辆。但是在距离值方面，记录更新算法（RTR）的平均值和最好值均大幅优于导向局域搜索算法（GLSA）的最好值，三类数据最好值的距离平均值分别减少 10.3%、23.0% 和 19.8%。从计算的标准差来看，除 MC203 和 MRC207 外，标准均小于 10，计算结果整体较稳定；从三类数据的平均标准差来看，前两类计算结果更稳定。计算时间方面，文献[3] 仅给出了计算机主频（450 MHz），未给出具体型号，所以不便比较，但从本章三类数据取得最好目标值的平均计算时间（分别为 22.7 秒、14.1 秒、18.3 秒）来看，也是较快的，其中最快为 4 秒，最慢为 39 秒。

8.6.4 动态数据计算结果

若多个动态订单同时出现，可将其合并一起安排；若动态订单陆续出现，则按出现时间先后逐一安排订单，即多个动态订单的计算是单一动态订单的重复，所以本章仅模拟单一订单的出现情况，数据的产生为：将 MR2、MC2、MRC2 每组数据的前 90 个客户数据保持不变，仍作为静态数据，将后 10 个客户的需求全部修改为逆向需求（发货需求），作为动态订单。动态订单出现的时刻和动态数据的计算结果如表 8-6 所示。

表 8-6 动态数据计算结果

| 算例 | 混合策略 | | | | | | | | | | | 单独安排 | | | 节约值 | |
| | 静态值 | | | | 动态初始值 | | 动态最终值 | | | 增加费用 | | 费用 | | | 费用 | |
	距离	车辆数(辆)	CPU时间(秒)	订单出现时刻	距离	车辆数(辆)	距离	车辆数(辆)	CPU时间(秒)	距离	车辆数(辆)	距离	车辆数(辆)	CPU时间(秒)	距离	车辆数(辆)
MR201	1151.4	5	25	30	1290.7	5	1223.7	5	5.2	72.3	0	80.4	1	0.2	8.1	1
				50	1301.4	5	1230.5	5	7.9	79.1	0	80.4	1	0.3	1.3	1
				70	1248.6	6	1209.5	6	4.2	58.1	1	80.4	1	0.2	22.2	0
MR202	1067.9	4	6	30	1153.9	5	1087.3	5	7.4	19.4	0	68.8	1	0.2	49.3	0
				50	1248.6	5	1100.2	5	8.1	32.3	0	68.8	1	0.2	36.5	0
				70	1248.6	5	1100.2	5	8.1	32.3	0	68.8	1	0.2	36.5	0
MR203	861.4	4	11	30	976.9	4	928.3	4	3.5	67.0	0	62.8	1	0.2	-4.2	1
				50	959.8	4	929.2	4	8.3	67.8	0	62.8	1	0.2	-5.0	1
				70	989.4	4	954.5	4	4.8	93.2	0	62.8	1	0.2	-30.4	1
MR204	717.9	4	12	30	801.4	4	771.9	4	4.9	54.0	0	62.8	1	0.2	8.8	1
				50	856.9	4	782.5	4	13	64.6	0	62.8	1	0.2	-1.9	1
				70	868.9	4	801.3	4	4.2	83.4	0	63.9	1	0.2	-19.5	1
MR205	948.6	4	19	30	1175.5	4	1034.0	4	9.5	85.4	0	75.8	1	0.2	-9.6	1
				70	1189.5	4	1056.3	4	4.1	107.7	0	75.8	1	0.2	-32.0	1
				110	1254.1	4	1067.1	4	4.7	118.5	0	75.8	1	0.2	-42.7	1
MR206	869.8	4	19	30	938.5	4	917.3	4	4.1	47.5	0	68.8	1	0.2	21.3	1
				70	938.5	4	919.7	4	6.4	49.9	0	68.8	1	0.3	18.9	1
				110	938.5	4	920.9	4	5.8	51.1	0	68.8	1	0.3	17.7	1

| 算例 | 混合策略 | | | | | | | | | 单独安排 | | | 节约值 | |
| | 静态值 | | | 动态初始值 | | 动态最终值 | | | 增加费用 | | 费用 | | | 费用 | |
	距离	车辆数（辆）	CPU时间（秒）	订单出现时刻	距离	车辆数（辆）	距离	车辆数（辆）	CPU时间（秒）	距离	车辆数（辆）	距离	车辆数（辆）	CPU时间（秒）	距离	车辆数（辆）
MR207	803.4	4	22	30	875.1	4	840.0	4	8.8	36.6	0	62.8	1	0.2	26.2	1
				70	903.8	4	858.3	4	4.2	55.0	0	62.8	1	0.3	7.8	1
				110	903.8	4	858.3	4	6.4	55.0	0	62.8	1	0.2	7.8	1
MR208	705.5	3	10	30	777.6	4	737.0	4	4.8	31.6	1	62.8	1	0.2	31.2	0
				70	780.8	4	737.0	4	4.9	31.6	1	62.8	1	0.3	31.2	0
				110	775.8	4	738.9	4	5.2	33.5	1	63.9	1	0.2	30.4	0
MR209	846.4	4	10	70	969.5	5	881.3	5	7.5	34.9	1	76.5	1	0.3	41.6	0
				110	969.5	5	882.6	5	6.8	36.2	1	76.5	1	0.3	40.3	0
				150	969.5	5	882.6	5	6.6	36.2	1	76.5	1	0.3	40.3	0
MR210	878.9	4	19	30	1010.9	4	961.0	4	2.7	82.1	0	73.7	1	0.3	−8.4	1
				50	1049.1	4	967.2	4	3.5	88.3	0	73.7	1	0.3	−14.6	1
				70	1025.9	4	974.5	4	6.3	95.6	0	73.7	1	0.2	−21.9	1
MR211	735.6	4	9	170	795.8	4	772.3	4	5.2	36.7	0	57.0	1	0.3	20.3	1
				210	795.8	4	772.3	4	3.4	36.7	0	57.0	1	0.2	20.3	1
				250	795.8	4	772.3	4	4	36.7	0	57.0	1	0.2	20.3	1
MC201	628.4	4	9	20	739.7	5	714.2	5	5.5	85.8	1	123.8	1	0.2	38.0	0
				40	739.7	5	714.2	5	4.8	85.8	1	123.8	1	0.2	38.0	0
				60	739.7	5	714.2	5	4.9	85.8	1	123.8	1	0.2	38.0	0
MC202	623.1	4	10	30	734.4	5	707.4	5	5.8	84.3	1	123.8	1	0.2	39.5	0
				50	734.4	5	707.4	5	6.2	84.3	1	123.8	1	0.2	39.5	0
				70	734.4	5	707.4	5	5.5	84.3	1	123.8	1	0.2	39.5	0
MC203	616.5	4	13	80	746.9	5	689.2	5	3.8	72.7	1	123.8	1	0.2	51.1	0
				100	746.9	5	689.2	5	4.6	72.7	1	123.8	1	0.2	51.1	0
				120	746.9	5	694.0	5	3.6	77.5	1	123.8	1	0.2	46.3	0
MC204	619.2	4	9	100	803.1	5	691.9	5	4.6	72.7	1	123.8	1	0.2	51.1	0
				200	806.5	5	706.6	5	6.4	87.4	1	123.8	1	0.2	36.4	0
				300	768.5	5	721.0	5	4	101.9	1	123.8	1	0.3	21.9	0

续表

| 算例 | 混合策略 | | | | | | | | | | | 单独安排 | | | 节约值 | |
| | 静态值 | | | 订单出现时刻 | 动态初始值 | | 动态最终值 | | | 增加费用 | | 费用 | | | 费用 | |
	距离	车辆数（辆）	CPU时间（秒）		距离	车辆数（辆）	距离	车辆数（辆）	CPU时间（秒）	距离	车辆数（辆）	距离	车辆数（辆）	CPU时间（秒）	距离	车辆数（辆）
MC205	621.7	4	7	160	745.5	5	706.0	5	4.3	84.3	1	123.8	1	0.3	39.5	0
				200	745.5	5	706.0	5	4.3	84.3	1	123.8	1	0.2	39.5	0
				240	745.5	5	706.0	5	5.6	84.3	1	123.8	1	0.3	39.5	0
MC206	621.3	4	9	150	751.7	5	704.6	5	5.1	83.3	1	123.8	1	0.3	40.5	0
				200	751.7	5	704.6	5	4.4	83.3	1	123.8	1	24	40.5	0
				250	751.7	5	704.6	5	5.2	83.3	1	123.8	1	0.2	40.5	0
MC207	617.3	4	14	120	735.8	5	702.2	5	4.8	84.9	1	123.8	1	0.2	38.9	0
				140	735.8	5	702.2	5	4.7	84.9	1	123.8	1	0.2	38.9	0
				160	735.8	5	702.2	5	5.1	84.9	1	123.8	1	0.2	38.9	0
MC208	620.0	4	20	400	737.2	5	720.4	5	3	100.4	1	123.8	1	0.2	23.4	0
				450	737.2	5	720.4	5	3	100.4	1	123.8	1	0.3	23.4	0
				500	737.2	5	720.4	5	3	100.4	1	123.8	1	0.2	23.4	0
MRC201	1275.7	5	20	20	1500.9	5	1418.4	5	5.4	142.6	0	207	2	0.3	64.3	2
				40	1500.9	5	1418.4	5	7.1	142.6	0	207	2	0.3	64.3	2
				60	1530.4	5	1442.3	5	5.8	166.6	0	207	2	0.3	40.4	2
MRC202	1087.8	5	16	20	1256.6	5	1192.2	5	6.3	104.4	0	206.4	1	0.2	102.0	1
				40	1256.6	5	1223.4	5	5.3	135.6	0	206.4	1	0.2	70.8	1
				60	1244.1	6	1140.9	6	9.1	53.0	1	206.4	1	0.3	153.3	0
MRC203	942.9	4	19	30	1113.0	4	1047.7	4	6.8	104.8	0	193.4	1	0.2	88.7	1
				50	1114.8	5	1028.1	5	4.8	85.1	1	193.4	1	0.2	108.3	0
				70	1114.8	5	1038.6	5	6	95.6	1	193.4	1	0.2	97.8	0
MRC204	778.9	4	12	40	940.6	5	860.2	5	4.5	81.3	1	176.6	1	0.3	95.3	0
				60	940.6	5	861.4	5	5.9	82.5	1	176.6	1	0.3	94.1	0
				80	940.6	5	864.1	5	6.6	85.2	1	176.6	1	0.3	91.4	0
MRC205	1207.3	5	19	10	1410.1	6	1240.5	6	5.8	33.2	1	219.3	1	0.2	186.1	0
				20	1410.1	6	1240.5	6	6	33.2	1	219.3	1	0.2	186.1	0
				30	1355.2	6	1248.1	6	9.4	40.8	1	219.3	1	0.2	178.5	0

续表

| 算例 | 混合策略 | | | | | | | | | | | 单独安排 | | | 节约值 | |
| | 静态值 | | | 订单出现时刻 | 动态初始值 | | 动态最终值 | | | 增加费用 | | 费用 | | | 费用 | |
	距离	车辆数（辆）	CPU时间（秒）		距离	车辆数（辆）	距离	车辆数（辆）	CPU时间（秒）	距离	车辆数（辆）	距离	车辆数（辆）	CPU时间（秒）	距离	车辆数（辆）
MRC206	1023.2	5	17	80	1171.8	5	1101.0	5	4.5	77.7	0	204.1	2	0.3	126.3	2
				100	1171.8	5	1103.0	5	5	79.8	0	204.1	2	0.3	124.3	2
				120	1173.4	5	1104.6	5	5.1	81.4	0	204.1	2	0.3	122.7	2
MRC207	948.3	5	15	100	1106.7	5	1067.2	5	6.2	118.9	0	198	2	0.3	79.0	2
				140	1123.9	5	1073.0	5	5.9	124.6	0	198	2	0.3	73.3	2
				180	1124.1	6	1073.6	6	3.7	125.3	1	198	2	0.2	72.7	1
MRC208	808.6	4	15	300	973.7	5	924.0	5	5.3	115.4	1	176.6	1	0.2	61.2	0
				350	952.1	5	930.2	5	2.8	121.7	1	176.6	1	0.2	54.9	0
				400	952.1	5	930.9	5	3.1	122.3	1	176.6	1	0.2	54.3	0
总平均值					976.6	4.8	916.0	4.8	5.5	78.0	0.6	123.1	1.1	0.5	45.1	0.5

表8-6比较了对动态订单采取混合安排和单独安排的结果，从表8-6的节约值栏可以看出采取混合安排后结果有以下三种情况：第一种是车辆数和里程数均产生节约；第二种是车辆数相同，但节约了里程；第三种情况是增加部分里程，但节约了车辆数。其中，大部分属于前两种情况，仅有4组数据（MR203、MR204、MR205、MR210）属于第三种情况。从总的平均值看，平均节约里程36.6%，平均节约车辆数45.5%；动态订单的平均计算时间为5.5秒，能满足动态调度要求。所以从整体上看，采取混合安排优于单独安排。从相同静态客户而动态订单提前时间不同的数据比较，可以看出订单出现时间越迟，最终目标值越大，但目标值增加不显著，这主要由于目标值变化取决于客户的地理分布、容量约束和时间窗约束等条件，而订单出现时间越早，有更多选择安排的机会，但不是决定因素。

8.7　本章小结

为了提高对客户需求的响应速度，研究了整合动态逆向客户的混合集散货物路径问题。将问题的求解过程分为静态和动态两阶段，每阶段分别用记录更新法求解，其中记录更新法采用随机大邻域搜索法及重启和扰动策略来提高解的质量；并通过约束邻域搜索范围和设计常量可行性检查两种策略来减少计算时间。最后 27 组 100 个客户的算例表明本章算法是快速有效的，同时也表明将动态出现的逆向客户实时地整合到已有路径中，能比单独为动态客户安排配送更经济。

本章参考文献：

［1］Kontoravdis, G, Bard, J. A GRASP for the vehicle routing problem with time windows ［J］. ORSA Journal on Computing, 1995, 7（1）：10-23.

［2］Crispim J, Brandão J. Metaheuristics applied to mixed and simultaneous extensions of vehicle routing problems with backhauls ［J］. Journal of Operation Research Society, 2005, 56（11）：1296-1302.

［3］Zhong Yingjie, Cole Michael H. A vehicle routing problem with backhauls and time windows：A guided local search solution ［J］. Transportation Research Part E 2005, 41（2）：131-144.

［4］郭伏，隆颖. 带时窗回程取货的车辆路径问题的算法 ［J］. 东北大学学报（自然科学版），2006，27（5）：575-578.

［5］Zeimpekis V, Tarantilis C D, Giaglis G M et al. Dynamic fleet management ［M］. Berlin：Springer, 2007.

［6］Li F, Golden B, Wasil E. Very large-scale vehicle routing：New test problems, algorithms, and results ［J］. Computers & Operations Research, 2005, 32（5）：1165-1179.

［7］Li F, Golden B, Wasil E. The open vehicle routing problem：Algorithms, large-scale test problems, and computational results ［J］. Computers & Operations Research, 2007, 34（10）：2918-2930.

［8］ Dueck G. New optimization heuristics: the great deluge algorithm and the record-to-record travel ［J］. Journal of Computational Physics, 1993, 104 (1): 86-92.

［9］ Gillett B E, Miller L R. A heuristic algorithm for the vehicle-dispatch problem ［J］. Operations Research, 1974, 22 (4): 340-349.

［10］ Shaw P. Using constraint programming and local search methods to solve vehicle routing problems ［C］//CP-98, Fourth international conference on principles and practice of constraint programming. Lecture notes in computer science, 1998, 1520: 417-431.

［11］ Solomon M M. Algorithms for the vehicle routing and scheduling problems with time window constraints ［J］. Operations Research, 1987, 35 (2): 254-265.

第9章　嵌入自适应邻域选择的迭代局域搜索方法求解同时取送货的多车场协同车辆路径问题研究

9.1　引言

同时取送货的车辆路径问题（VRPSDP）是车辆路径问题（VRP）的变体之一。在 VRPSPD 中，客户可以同时接收和发送货物，此外，所有交付的货物必须从车场发出，并且所有提取货物必须运回同一车场。自文献[6] 提出这一问题以来，VRPSDP 因其商业重要性和高计算复杂度而受到越来越多的关注。同时在实际中也有许多应用场景，杂货店通常需要同时送货（如新鲜食品或软饮料）和取货（如过期物品或空瓶子）；一些环保做法（如回收空包装及其他可重复利用材料或设备）也导致了产品必要的逆向流动[2-5]。此外，快递用户可能有同时送货和取货的需求。从理论上讲，VRPSDP 是一个 NP‐Hard 问题，车辆负载量的变化增加了检查可行性的难度[6]。

在本章中，我们对 VRPSDP 进行了扩展，称为同时取送货的多车场车辆路径问题（MDVRPSDP）。由于通信和信息技术的发展，以及运输成本压力的增加，许多企业选择采用多车场联合配送模式，而不是传统的单车场固定区域服务，因为多车场联合配送可以节约更多成本。如图 9-1、图 9-2 所示，客户 C 远离它所在区域的大部分客户，并且靠近站点 B 的大部分客户。显然，将客户 C 分配给车场 B 可以节约旅行距离，缩短对客户的响应时间，并相应提高服务水平。MD-

VRPSDP 可用于大城市的连锁超市、软饮料和食品公司的配送。例如，为了及时满足交通拥堵环境下客户的需求，一些连锁超市通常会在中国大城市的郊区建造或租用几个供应车场。

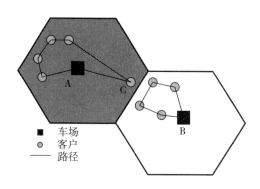

图 9-1　每个车场分别配送车辆路径

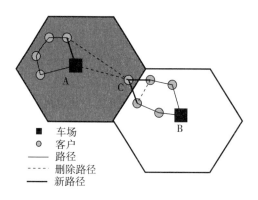

图 9-2　多车场联合配送车辆路径

从理论上讲，MDVRPSDP 是 VRPSDP 的扩展，因此，同 VRPSDP 一样，MDVRPSDP 也是一个 NP-Hard 问题。此外，MDVRPSDP 比 VRPSDP 更复杂，因为它需要同时处理客户的分配问题和 VRPSDP 问题。由于实际的大规模 MDVRP-SPD 实例难以使用精确算法进行有效求解，因此本章首次为 MDVRPSDP 提出了一种有效的亚启发式方法。为了更容易实施这一方法，我们采取迭代局域搜索（ILS）作为算法框架，在 ILS 的改进和扰动步骤中使用了不同的邻域结构方法，以扩大解空间的探索。同时，将一种自适应邻域选择机制（ANS）纳入 ILS 框架中（以 ILS_ANS 表示），用来有效地管理 ILS 的改进和扰动步骤中的邻域方法。ANS 的主要思想是根据其成功的概率来选择一种邻域方法[7]。除了将 ANS 集成到 ILS 框架中，本章的第二个贡献是开发了新的扰动邻域方法，并通过对 MDVRPSDP 及其变体 VRPSDP 的 50 个基准实例进行测试，验证了该算法的有效性。

本章其余部分结构如下：第 9.2 节是对问题的描述和建模。第 9.3 节是求解算法设计。计算结果见第 9.4 节。第 9.5 节是结论和对未来的展望。

9.2 问题描述和建模

MDVRPSDP 的定义如下：在 $G=(V, E)$ 中存在点集合 V 以及边集合 E。点集合 V 又被分为 $V_c=\{v_1, \cdots, v_n\}$ 和 $V_d=\{v_{n+1}, \cdots, v_{n+p}\}$，其中 V_c 表示客户集合，V_d 表示车场集合，n 表示客户数，p 表示车场数。对于每个顶点 $v_i \in V_c$ 都有几个非负权重，分别是非负的取货需求 p_i，交付需求 d_i 以及服务时间 s_i。此外，在车场集 $v_i \in V_d$ 处，没有需求和服务时间，即 $p_i=d_i=s_i=0$。E 表示距离矩阵 (d_{ij}) 和时间矩阵 (t_{ij})，对于所有的 $i, j \in V$，都有 $d_{ij}=t_{ij}$。距离矩阵是对称的，满足三角不等式，即 $d_{ij}=d_{ji}$，$t_{ij}=t_{ji}$。每个车场 $v_{n+d} \in V_d$ 都有 m_d 辆容量为 Q 的车辆。所有车场的总车辆数为 m。在 MDVRPSDP 模型中，还必须满足以下约束：

（1）每条路径都在同一车场开始和结束；

（2）每个客户只能被一辆车访问一次；

（3）每条路径的最大负载不超过车辆容量；

（4）每条路径的总时间（包括旅行和服务时间）不超过预设限制；

（5）所有车辆都是同质的。

9.2.1 符号

集合：

V_d：车场集合；

V_c：客户集合；

V：顶点集合，$V=V_c \cup V_d$；

K：车辆集合；

参数：

d_i：客户 i 的交付需求；

P_i：客户 i 的取货需求；

S_i：客户 i 的服务时间；

d_{ij}：客户 i 和 j 之间的距离；

Q_k：车辆 k 的容量；

T_k：车辆 k 的最大持续时间；

m_d：车场 d 的车辆数；

决策变量：

x_{kij}：0-1 变量，如果车辆 k 直接由点 i 行驶到点 j，则 $x_{kij}=1$，否则 $x_{kij}=0$；

t_{kij}：路径 k 在弧（i，j）上的负载量。

9.2.2 混合整数线性规划建模

MDVRPSDP 的目标是通过最小化车辆固定成本及车辆总行驶成本的加权和来确定最佳路径，其中 α 和 β 是系数。MDVRPSDP 的建模如下：

$$\min \alpha \sum_{k \in K} \sum_{d \in V_d} \sum_{j \in V_c} x_{kdj} + \beta \sum_{k \in K} \sum_{i \in V} \sum_{j \in V} d_{ij} x_{kij} \tag{9-1}$$

约束条件：

$$\sum_{k \in K} \sum_{j \in V_c} x_{kdj} \leqslant m_d, \ \forall d \in V_d \tag{9-2}$$

$$\sum_{k \in K} \sum_{j \in V} x_{kij} = \sum_{k \in K} \sum_{j \in V} x_{kji} = 1, \ \forall i \in V_c \tag{9-3}$$

$$\sum_{j \in V_c} x_{kdj} = \sum_{i \in V_c} x_{kid} \leqslant 1, \ \forall k \in K, \ d \in V_d \tag{9-4}$$

$$\sum_{i \in R} \sum_{j \in R} x_{kij} \leqslant |R| - 1 \ \forall R \subseteq V_c, \ k \in K \tag{9-5}$$

$$\sum_{i \in V_d} \sum_{j \in V_d} x_{kij} = 0, \ \forall k \in K \tag{9-6}$$

$$\sum_{k \in K} \sum_{j \in V} t_{kij} - \sum_{k \in K} \sum_{j \in V} t_{kji} = d_i - p_i, \ \forall i \in V_c \tag{9-7}$$

$$t_{ijk} \leqslant Q_k, \ \forall k \in K \tag{9-8}$$

$$\sum_{i \in V} \sum_{j \in V} (c_{ij} + s_i) x_{ijk} \leqslant T_k, \ \forall k \in K \tag{9-9}$$

$$x_{kij} \in \{0, 1\}, \ \forall i, j \in V, \ k \in K \tag{9-10}$$

$$t_{ijk} \geqslant 0, \quad \forall i, j \in V, k \in K \tag{9-11}$$

约束（9-2）要求从车场离开的车辆数不超过可用车辆数。约束（9-3）确保每个客户必须恰好由一辆车访问一次。约束（9-4）表示每辆车从一个车场出发，并回到同一车场。约束（9-5）是确保解决方案可行的子巡回消除约束。约束（9-6）规定车辆无法从车场 i 站行驶到车场 j。约束（9-7）是流动守恒方程。不等式（9-8）和约束（9-9）分别表示车辆的容量约束以及车辆的最大持续时间。约束条件（9-10）和约束（9-11）表示决策变量的范围。

9.3　求解算法设计

迭代局域搜索（ILS）是由文献[8]所提出的。它可以帮助局域搜索摆脱陷入局域最小值的困境，同时保持局域最小值的许多优良特性。由于该方法简单有效，文献[8]已成功将其应用于车辆路径问题。本章也采用迭代局域搜索作为算法框架。

基本的 ILS 包括改进步骤和扰动步骤。为了提高解的质量，通常会在改进和扰动步骤中使用一些邻域方法。由于不同邻域方法得到解的质量不同，并且随着实例的不同而变化，我们需要决定下一步搜索采用哪种邻域方法。与传统的固定顺序邻域搜索和随机邻域选择（为每个邻域方法分配相等的概率）不同，我们将自适应邻域选择机制嵌入了 ILS 框架（ILS_ANS）中。

ILS_ANS 的框架见算法 1。该算法从初始解 s_0 开始迭代，然后对初始解运用改进邻域法得到改进解 s_w。如果 s_w 满足接受标准，则取代当前解 s_c；否则返回到先前解 ε_c。如果经过连续的预置迭代后 s_c 仍无法改进，则用搜索过程中找到的最佳解 s_b 替换当前解 s_c。然后选择一种扰动邻域方法应用于该解 s_c，得到一个新的扰动解 s_p。下一步改进应用于此解 s_p，其中 f（s）表示解 s 的成本。需要注意的是，在扰动步骤中 s_p 需要是一个自程序开始以来未被接受的新解。

为了识别一个解是否是新解，我们采用长期内存结构来记录所有已接受的解。一般来说，很难直接追踪之前所有的解，而且检查所有的解也非常耗时。因此，我们基于目标函数开发了一种简单快速的追踪方法。记录解的详细方法如下：首先，我们将解 s 的行程距离目标值 f′（s）放大为整数 F。其次，构建一维

数组 Ar 来记录解被接受的次数。因此我们就可以更新解的记录，即 $Ar（F）=Ar$ $（F）+1$。例如，判断解 s 的行程距离值为 816.1 是否为新解的示例如下：首先计算 F 值，其中 $F=f（s）^*10=8161$。如果 $Ar（F）$ 小于 1，那么 s 是一个新的解，否则不是。

算法 1：迭代算法（ILS_ANS）

生成初始解 s_0，$s_b \leftarrow s_c \leftarrow s_p \leftarrow s_0$

Do 终止条件（指定的迭代次数 $iter1$）不为真时

    通过自适应选择机制选择改进邻域

    $s_w \leftarrow$ 应用选定的改进邻域改进 (s_p)

    If s_w 满足接受标准，then

        $s_c \leftarrow s_w$

    End If

    If $f(s_c) < f(s_b)$，then

        $s_b \leftarrow s_c$

    End If

    $s_p \leftarrow s_c$

    If 经过连续预设迭代 $iter2$ 之后 s_c 未得到改进，then

        $s_c \leftarrow s_b$

        通过自适应选择机制选择扰动邻域

        $s_p \leftarrow$ 应用所选的扰动邻域扰动 (s_c)

    End If

Loop

Return s_b

我们提出的算法与文献[8] 的 ILS 在以下三个方面有所不同：①当邻域方法较多时，禁忌搜索算法对禁忌列表的探索和检查更加困难。因此，我们在改进步骤中采用自适应邻域选择代替禁忌搜索算法对当前解进行改进；②在扰动步骤中采用具有自适应选择机制的多个扰动邻域而非单个扰动邻域来增强多样性；③较差解被接受的概率与解被接受的次数有关而不是当前迭代次数，这将在第 9.3.6 节中详细描述。

在接下来的章节中，我们将介绍初始解的构造、改进邻域结构、扰动邻域结构、自适应邻域选择机制、目标函数和多样化机制以及接受和终止准则。我们首先介绍初始解的构造，需要注意的是初始解、改进解和扰动解满足除约束条件 (9-2) 外的所有约束。

9.3.1 初始解的构造

我们修改了文献[10]提出的节约算法，以得到 MDVRPSDP 的初始解，并将该方法记为算法 2。

算法 2：初始解法

1：将客户分配到离他们最近的车场；

2：将节约算法应用于每个车场 v_{n+k}；

  2.1：为每个客户创建单独的路径；

  2.2：计算所有客户 i 和客户 j 之间的节约值 $\Delta_{ij}=d_{v_{n+k},i}+d_{v_{n+k},j}-d_{i,j}$；

  2.3：将节约值按照非递增的顺序进行排序并得到节约值列表；

  2.4：从节约值列表中最大节约值 Δ_{ij} 所对应的弧 (i, j) 出发，如果合并后的路径满足约束条件，则可以合并成一条节约值最大的新可行路径，并将所对应的弧 (i, j) 从节约值列表中删除；

  2.5：尝试列表中的下一组合并重复步骤 2.4，直到没有更多的组合可行；

3：合并所有路径得到初始解。

9.3.2 改进邻域结构

在 MDVRPSDP 问题的解中有三种优化方式，分别为不同车场路径间优化、同一车场路径间优化以及路径内优化，改进邻域结构如图 9-3 所示。在改进步骤

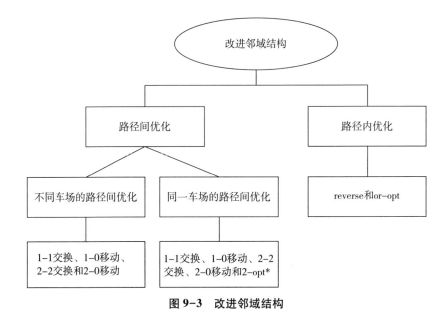

图 9-3 改进邻域结构

中，选择标准邻域结构来改进当前解：选择1-1交换、1-0移动、2-2交换和2-0移动应用于不同车场的路径间优化；选择1-1交换、1-0移动、2-2交换、2-0移动和2-opt*应用于同一车场的路径间优化；选择逆转（reverse）和交换（or-opt）应用于路径内优化。

为了提高求解效率，将每一个路径间邻域方法与路径内邻域方法相结合，每一个组合称为一个组合邻域算子。所有组合邻域算子构成新的邻域集，新的邻域集为：1-1，reverse；1-1，or-opt；1-0，reverse；1-0，or-opt；2-2，reverse；2-2，or-opt；2-0，reverse；2-0，or-opt；2-opt*，reverse；2-opt*，or-opt。在ILS_ANS的改进步骤中组合邻域算子的生成如图9-4所示。

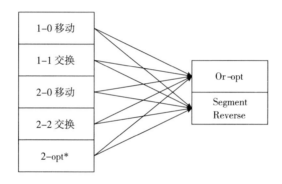

图9-4 ILS_ANS改进步骤中的组合邻域算子

文献[2] 基于车辆路径间的客户交换提出了交换/移动（Swap/shift）操作，操作1-0和2-0是将一个客户或两个客户从一条路径转移到另一条路径；操作1-1和2-2将一条路径上的一个客户或两个连续客户与另一条路径上的一个客户或两个客户进行交换。这些移动的计算复杂度为$O(n^3)$。

文献[11] 提出了2-opt*。这一过程首先从两条不同的路径中移除两条链路，然后将第一条路径中第一个客户与第二条路径中的最后一个客户相连，并将第二条路径中的第一个客户与第一条路径中的最后一个客户相连，从而形成两条新的链路。2-opt*的计算复杂度为$O(n^3)$。

分段反转是由文献[12] 提出的反向算子的扩展。它可以反转路径的一部分而反向算子只能反转整条路径。分段反转的计算复杂度为$O(n^2)$。

or-opt是由文献[13] 提出的。这一过程是将一条路径上的三个连续客户、两个连续客户或单个客户移除并插入同一路径上的其他位置。or-opt 的计算复杂度为 $O(n^2)$。

9.3.3　扰动邻域结构

本章的 ILS_ANS 中的扰动邻域方法通常用于生成更丰富的新的解集。为了探索更丰富的解空间，采用不同的邻域结构（大邻域搜索，LNS）来扰动局部最优。LNS 由两部分组成：移除客户和重新插入被移除的客户。为了生成更多的新解决方案，我们改进了传统的 LNS。我们提出的 LNS 和传统 LNS 的主要区别在于被删除客户的重新插入方法。文章提出了两种新的插入方法：①基于锦标赛的插入方法；②先概率分配后插入路径的方法。

基于锦标赛的插入方法与基本的插入方法的区别在于它们用于比较的对象数量不同。为了便于介绍，我们将基于锦标赛的贪婪插入（用 greedy_T 表示）与基本的贪婪插入法（用 greedy_B 表示）进行了比较。从文献[14] 引入的算法 3 给出了基本贪婪插入法的伪代码，算法 4 给出了基于锦标赛的贪婪插入法的伪代码。M' 的客户是从集合 M 中随机选择的，即 $M' \subseteq M$。当 M' 的客户包括 M 的所有客户，即 $M' = M$ 时，基于锦标赛的贪婪插入法将转化为基本的贪婪插入法。由于基本的贪婪插入法可以看作是基于锦标赛的贪婪插入法的一种特殊情况，基于锦标赛的贪婪插入法可以看作是对基本的贪婪插入法的拓展。基于锦标赛的插入方法提供了更多的客户组合，因此它比基本插入方法能产生更多的新解决方案。此外，当只有一个客户组 M（即 $|M'| = 1$），检查插入的可行性可以在 $O(n)$ 情况下完成时，基于锦标赛的贪婪插入法（以下简记为 greedy_T_1）导致时间复杂度 $O(n^3)$，而基本贪婪插入法导致的时间复杂度为 $O(n^4)$。

同样地，我们构建了基于锦标赛的后悔值插入方法（以下简记为 regret_T）。采用了文献[7] 提出的 regret-2 插入方法。基本的贪婪插入方法在每次迭代中选择一个插入成本最小的未添加进路径的客户点进行插入，而 regret-2 插入方法选择一个后悔值最小的未添加进路径的客户。后悔值是将客户插入其最佳位置和第二最佳位置的成本差。当集合 M' 中只有一个客户时，后悔插入方法 regret_T 与 greedy_T_1 相同。

算法3：基本贪婪插入法

M=移除客户集
R=路径集
While $M \neq \phi$ do
    $p^0 \leftarrow +\infty$
    For $j \in M$ do
      For $r \in R$ do
        For $(i-1, i) \in r$ do
          If $Feasible\ (i\ j)$ and $Cost\ (i, j) < p^0$ then
            $r^0 \leftarrow r$
            $i^0 \leftarrow i$
            $j^0 \leftarrow j$
            $p^0 \leftarrow Cost\ (i, j)$
          End If
        End For
      End For
    End For
    $Insert\ (i^0, j^0)$
    $M = M \setminus j^0$
    $Update\ (r^0)$
End While

先概率分配后插入路径的方法描述如下：首先根据客户与每个车场之间距离的概率将客户分配到车场。客户 i 被分配给车场 k 的概率为 p_{ik}，其中 $p_{ik} = \lambda_{ik} / \sum_{j \in V_d}^{\lambda_{ij}}$，$\forall j \in V_c$，$k \in V_d$ 和 $\lambda_{ij} = 1/d_{ij}^2$，$\forall i \in V_c$，$j \in V_d$。先使用轮盘选择规则来决定客户被分配到哪个车场。然后，通过贪婪插入方法和后悔值插入等基本插入方法，将分配的客户插入到相应的车场中。重复这个过程，直到所有未被添加到路径的客户被安排到路径上。先概率分配到车场，后采用基本贪婪插入算法将客户插入路径的方法，简记为 A_greedy_B。同样地，先概率分配到车场，后采用后悔值插入算法将客户插入路径的方法，简记为 A_regret_2。

算法4：基于锦标赛的贪婪插入法

M=移除客户集
R=路径集
While $M \neq \phi$ do
    $p^0 \leftarrow +\infty$
    $M' = subset\ of\ M$

算法4：基于锦标赛的贪婪插入法

For $j \in M'$ do
    For $r \in R$ do
        For $(i-1, i) \in r$ do
            If $Feasible\ (i\ j)$ and $Cost\ (i, j)\ <p^0$ then
                $r^0 \leftarrow r$
                $i^0 \leftarrow i$
                $j^0 \leftarrow j$
                $p^0 \leftarrow Cost\ (i, j)$
            End If
        End For
    End For
End For
$Insert\ (i^0, j^0)$
$M = M \setminus j^0$
$Update\ (r^0)$
End While

采用三种方法移除客户，即文献[15]引入的随机移除（random）、文献[16]引入的相关性移除（relatedness）和长弧断裂移除（long-arc-broken），详细描述如下：

在随机移除中，对于当前解决方案的每个客户，如果随机生成的一个数字 r 小于阈值水平 r_0，且 r，$r_0 \in$ （0，1），则该客户点将被移除。相关性移除中，首先随机选择客户 i，选择和客户 i 之间的距离 d_{ij} 在 （0，r * Average (i)） 之间的客户 j 移除，其中 Average (i) 是 E 中与顶点 i 相邻的所有弧的距离平均值，r 是区间 （0，1） 中的随机数。

接下来，设计了长弧断裂移除启发式算法。首先，计算每条路径的最长弧和第二长弧的长度和。在第二步中，根据总和对这些路径进行排序。在第三步中，从最初的 φ 路径中随机选择一条路径，然后去除最长弧和第二长弧之间的客户。图 9-5 说明了长弧断裂移除启发式是有效的。

由于客户的移除和客户的插入存在不同的组合，因此产生了许多扰动邻域方法。选取 10 种扰动邻域方法构成扰动邻域集。它们分别是 random-greedy_T_1、relatedness-greedy_T_1、random-gready_T、relatedness-greedy_T、random-regret_T、related ness-regret_T、relatedness-Agreedy_B、relatedness-A_regret_2、 long-arc-broken-greedy_T 和 long-arc-broken-regret_T。扰动邻域算子的生成如图 9-6 所示。

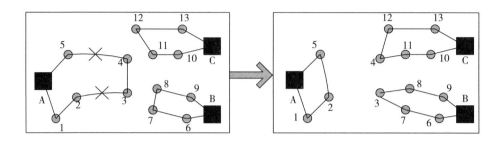

图 9-5　长弧断裂移除

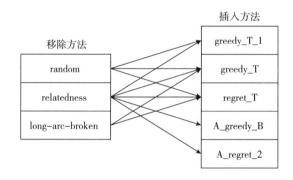

图 9-6　扰动邻域算子的生成

9.3.4　一种自适应邻域选择机制

由于不同邻域方法的性能在不同的问题和实例中可能存在显著差异[17]，我们嵌入了一种自适应机制来改进邻域方法和扰动邻域方法的选择。自适应机制采用评分规则。根据每个邻域方法的得分，使用轮盘选择来决定应用哪种邻域方法，文献[7] 曾成功地将其应用于取货和交货问题的模拟退火方法。

在 ILS_ANS 中，自适应邻域选择机制分为两部分：改进的自适应选择和扰动邻域方法。改进邻域方法的自适应选择如下：

每个改进邻域方法都由轮盘选择程序选择，其概率与其已知的经验性质成正比。如果有 k 个权值为 w_i 的改进邻域方法，$i \in \{1, 2, \cdots, k\}$，则选择概率为

$$\frac{w_j}{\sum\limits_{k=1}^{k} w_i} \text{。}$$

在搜索开始时，给所有的改进邻域方法分配相等的权重。在搜索过程中，根据每种方法的成功率，每 η 迭代都会更新改进邻域方法的权重。每种方法的计算能力均通过评分系统计算。各改进邻域法的权重通过三个步骤自动计算和调整：

步骤 1：将搜索过程划分为多个段，每个段由 η 迭代组成。

步骤 2：在分段 j 完成后，计算各改进邻域法的得分。在应用 ILS 改进步骤后找到新的总体最好解时，在改进邻域法中添加分数 θ_1，如果当前的解得到改进且为新的解，将分数 θ_2 添加到改进的邻域方法。否则，如果接受当前解，则会分配分数 θ_3。

步骤 3：更新 j+1 段各改进邻域方法的权重，公式如下：

$$w_{i,j+1} = (1-\lambda) w_{i,j} + \lambda \frac{u_i}{\phi_i},$$

$w_{i,j}$ 是方法 i 在段 j 上的权重，μ_i 是方法 i 在最后一段上获得的分数，ϕ_i 是方法 i 在最后一段的迭代次数，$\lambda \in (0, 1)$ 是一个系统参数，允许控制算法对最近趋势的自适应行为。

在扰动步骤中，除了 λ'、η' 和 μ_i 参数的取值外，扰动邻域的自适应选择与改进邻域方法基本相同。如果获得了新的总体最佳解，则会奖励分数 θ_4，否则，仅在应用扰动邻域方法后分配分数 θ_5。如果应用后获得新的总体最优解，则直接选择沿用该扰动邻域方法，否则，采用轮盘选择程序为下一个扰动选择新的扰动邻域方法。

9.3.5　目标函数和多元化机制

为了加强搜索，第 1 节中描述的目标函数(9-1)增加了两个加权惩罚项。一是与距离有关的评估值；二是与每条路径的最大负载相关的评估值。假设弧($i-1$, i)和弧(i, $i+1$)属于当前解。新的目标函数被重新表述为式(9-12)，

$$Z' = Z + \gamma d' + \delta w' \tag{9-12}$$

其中，$d' = \sum\limits_{i \in V_c} (d_{i,i-1} + d_{i,i+1} - 2 * \overline{d_i}) * \overline{d_i}$，$\overline{d_i} = (d_{i,i^*} + d_{i,i'})/2$，客户 i^* 是最接

近客户 i 的,而客户 i' 是第二接近客户 i 的。$w' = \sum_{i \in R} (\max load(i)/\max(load\_p(i), load\_d(i)))$,其中 R 是路径集合,$\max load(i)$ 是路径 i 的最大负载,$load\_p(i)$ 是路径 i 的总送货量,并且 $load\_d(i)$ 是路径 r 的总取货量。

9.3.6 接受和终止准则

每当在改进步骤中找到一个新的整体最好解时,它将取代当前解。此外,当一个解仅优于当前解时,该解以前如果没有被接受,那么它被接受。否则,解的接受概率为 $1/\sqrt[\rho]{f}$,其中 f 是解被接受的次数,ρ 是一个参数。概率规则可以通过改变搜索轨迹来拓宽搜索空间,另外,它可以避免失去其他具有相同目标值的解。

当达到预设的连续迭代次数 $iter2$ 而当前解 s 没有得到改进时,将再次应用扰动算子。当达到指定的迭代次数 $iter1$ 时,算法停止。

9.4　计算结果

该算法用 Visual Basic 6.0 编写,在一台配备 Intel Core i7 2.9 GHz 处理器、8 GB RAM 和 Windows® 7 专业版的笔记本电脑上运行。ILS_ANS 在每个实例上运行 10 次。所有计算时间均以秒表示。

在接下来的部分中,介绍第 9.4.1 节中的数据集。参数值见第 9.4.2 节。在第 9.4.3 节中,比较了 MDVRPSDP 的自适应邻域选择与随机邻域选择。在第 9.4.4 节中,将 ILS_ANS 与 MDVRPSDP 的其他启发式方法进行了比较。在第 9.4.5 节中,将 ILS_ANS 应用于 VRPSDP。

9.4.1 数据集

为了评估 ILS_ANS 的有效性,在 MDVRPSDP 及其特例 VRPSDP 上进行了测试。我们采用文献[7] 生成的数据集作为测试实例。总的来说,计算实例包括 22 个多车场问题实例 (2~5 个车场、50~249 个客户) 和 28 个单车场问题实例 (50~199 个客户)。多车场实例源自文献[18]。每个多车场实例根据送货和取货的差异划分为 X 和 Y 类型。单车场实例来自文献[19],并且它们中的每一个也分别被编为 X 和 Y 类型。多车场和单车场实例的基本特征分别如表 9-1 和表 9-2 所示。没有路径持续工作时间约束的例子由短划线表示。

表 9-1　MDVRPSDP 数据集的基本特征

算例	n	p	L	Q
GJ1	50	4	—	80
GJ2	50	4	—	160
GJ3	75	5	—	140
GJ4	100	2	—	100
GJ5	100	2	—	200
GJ6	100	3	—	100
GJ7	100	4	—	100
GJ8	249	2	310	500
GJ9	249	3	310	500
GJ10	249	4	310	500
GJ11	249	5	310	500

表 9-2　VRPSDP 数据集的基本特征

算例	n	L	Q
CMT1	50	—	160
CMT2	75	—	140
CMT3	100	—	200
CMT4	150	—	200
CMT5	199	—	200
CMT6	50	200	160
CMT7	75	160	140
CMT8	100	230	200
CMT9	150	200	200
CMT10	199	200	200
CMT11	120	—	200
CMT12	100	—	200
CMT13	120	720	200
CMT14	100	1040	200

9.4.2 参数设置

本章提出的求解方法包含以下四种参数：①LNS 的参数，包括随机移除概率 r_0 和具有较长弧 φ 的路径的数目；②自适应邻域选择机制的参数，其包括分别在改进步骤和扰动步骤的评分参数 θ_1，θ_2，θ_3，θ_4，θ_5，反应因子 λ，λ' 以及更新邻域方法的权重的迭代次数 η，η'；③目标函数的参数，包括距离惩罚系数 γ 和过载惩罚系数 δ；④概率接受参数 q、停止迭代次数 $iter1$ 和扰动 $iter2$ 的阈值迭代次数。

ILS_ANS 方法的主要参数是评分参数 θ 和概率接受参数 ρ。对于评分参数 θ，邻域方法的得分表示其在当前阶段的有效性。在给定反应因子的情况下，其得分越高，其在下一阶段被选中的概率越高。概率接受参数 ρ 控制搜索轨迹。它越小，重复解的接受概率越低，反之亦然。同时，重复解的接受概率较低，可防止陷入局部最优。然而，重复解的较高接受概率将使搜索陷入局部最优。因此，重要的是概率接受参数 ρ 获得适当的值。

为了获得这些参数的值，采用中等大小的 MDVRPSDP 实例 GJ3X 和 GJ3Y，并通过改变一个参数的值同时固定其他参数来测试。测试结果表明，在改进步骤中，每当改进邻域方法找到新的全局最优解时，就给它加 40 分。如果当前解决方案得到改进并且该解决方案是新的，则增加 20 分。否则，如果当前解决方案被接受，则增加 5 分。在扰动步骤中，如果获得新的总体最佳解，则将 10 的分数奖励给扰动邻域方法，否则，将 1 的分数分配给它。为了确定 ρ 的值，我们实行了一系列算法，其中 ρ 值以 1 为增量从范围 [1, 15] 中获取。取值为 8 时，结果是相当稳健的，可产生测试算例的最佳平均解。根据这些结果，参数 ρ 被设置为等于 8。

最后其他参数值和范围如表 9-3 所示，所有实例上使用相同的参数配置。

表 9-3 ILS_ANS 所使用的参数值

参数	范围	终值	参数	范围	终值
r_0	[0.0, 1.0]	0.1	η	—	100
φ	[1, 5]	3	λ'	[0.0, 1.0]	0.9
θ_1	[0, 50]	40	η'	—	50
θ_2	[0, 50]	20	γ	[0.1, 1.0]	0.2

续表

参数	范围	终值	参数	范围	终值
θ_3	[0, 50]	5	δ	[0.1, 2.0]	1.0
θ_4	[0, 50]	10	ρ	[1, 10]	8
θ_5	[0, 50]	1	$Iter1$	—	[16000 * n/50][a]
λ	[0.0, 1.0]	0.1	$Iter2$	—	200

注：[a] [x] 表示最接近 x 的整数。

9.4.3　MDVRPSDP 自适应邻域选择与随机邻域选择的比较

在 MDVRPSDP 中，目标是最小化车辆数量和行驶距离的加权和。固定成本 α 等于100，可变成本 β 等于1。表9-4 报告了 ILS 嵌入自适应邻域选择和 ILS 嵌入随机邻域选择（ILS_SNS）的最佳解。表9-4 显示出 ILS_ANS 获得所有最佳解，而 ILS_SNS 在几乎相等的平均计算时间内仅获得22个实例中4个实例的最佳解。

表9-4　MDVRPSDP 问题中 ILS_ANS 和 ILS_SNS 的最好解比较

算例	ILS_ANS				ILS_SNS			
	总成本	路径成本	车辆数	CPU 时间（秒）	总成本	路径成本	车辆数	CPU 时间（秒）
GJ1X	**1109.13**	509.13	6	14	1110.82	510.82	6	15
GJ2X	**748.31**	448.31	3	18	**748.31**	448.31	3	18
GJ3X	**1204.33**	604.33	6	20	1205.53	605.53	6	18
GJ4X	**1731.64**	831.64	9	55	1743.29	843.29	9	55
GJ5X	**1186.80**	686.80	5	70	**1186.80**	686.80	5	61
GJ6X	**1670.21**	770.21	9	63	1670.92	770.92	9	47
GJ7X	**1686.01**	786.01	9	71	1686.28	786.28	9	47
GJ8X	**4776.97**	3376.97	14	604	4790.7	3390.70	14	623
GJ9X	**4479.82**	3079.82	14	552	4490.61	3090.61	14	456
GJ10X	**4364.82**	2964.82	14	549	4395.38	2995.38	14	502
GJ11X	**4374.48**	2974.48	14	507	4463.5	2963.50	15	551
平均值	**2484.77**	**1548.41**	**9.36**	**229.36**	2499.29	1553.83	9.45	217.55
GJ1Y	**1109.13**	509.13	6	13	1111.24	511.24	6	12
GJ2Y	**747.93**	447.93	3	17	**747.93**	447.93	3	18

续表

算例	ILS_ANS				ILS_SNS			
	总成本	路径成本	车辆数	CPU 时间（秒）	总成本	路径成本	车辆数	CPU 时间（秒）
GJ3Y	**1203.03**	603.03	6	17	1203.79	603.79	6	20
GJ4Y	**1730.85**	830.85	9	55	1735.84	835.84	9	47
GJ5Y	**1186.80**	686.80	5	63	**1186.80**	686.80	5	60
GJ6Y	**1670.72**	770.72	9	39	1671.89	771.89	9	47
GJ7Y	**1684.39**	784.39	9	45	1687.11	787.11	9	48
GJ8Y	**4778.05**	3378.05	14	594	4782.76	3382.76	14	586
GJ9Y	**4481.90**	3081.90	14	524	4532.31	3132.31	14	473
GJ10Y	**4372.14**	2972.14	14	608	4396.72	2996.72	14	508
GJ11Y	**4374.30**	2974.30	14	491	4379.44	2979.44	14	471
平均值	2485.39	1549.02	9.36	224.18	2494.17	1557.80	9.36	208.18

9.4.4 ILS_ANS 与 MDVRPSDP 的其他启发式的比较

表 9-5 报告了 MDVRPSDP 前的启发式算法和 ILS_ANS 获得的平均目标值。在以前的实验结果中，文献[12] 获得的平均目标值更好。对于实例 X 和 Y 类型，表 9-5 表明，我们提出的初始解方法在文献[12] 获得的解基础上提高了 10%，并且 ILS_ANS 获得的结果使初始解进一步提高了 13.7%。ILS_ANS 优于其他方法的主要原因是其他方法是启发式方法，但没有扰动。但是，所提出的 ILS_ANS 是一种亚启发式方法，它允许在当前搜索被困在局部最优时扰动。通过扰动，搜索可以摆脱局部最优，也因此需要更多的计算时间。

表 9-5 MDVRPSDP 的平均结果的比较

类型	Salhi and Nagy（1999）			Nagy and Salhi（2005）			ILS_ANS					
							ILS_ANS 初始解			ILS_ANS 最终解		
	路径成本	车辆数	CPU 时间（秒）	路径成本	车辆数	CPU 时间（秒）	路径成本	车辆数	CPU 时间（秒）	路径成本	车辆数	CPU 时间（秒）
X	2230	19.45	39.4	1993	—	13.9	1794.19（10.0%）[a]	13.36	0.17	1548.41（13.7%）[b]	9.36	229.36
Y	2160	18.91	14.9	1993	—	10.9	1794.19（10.0%）	13.36	0.16	1549.02（13.7%）	9.36	224.18

注：[a]ILS_ANS 的初始解改进 Nagy 和 Salhi（2005）解的比例。[b]ILS_ANS 改进初始解的比例。

9.4.5 ILS_ANS 应用于 VRPSDP

为了进一步评估我们算法的有效性，ILS_ANS 被应用到 VRPSDP。为了比较结果，在文献[20]生成的数据集上测试了本书的方法。将数据集分为类型 X 和类型 Y，每种类型包含两类具有最大路径持续工作时间和不具有最大路径持续工作时间的实例。到目前为止，虽然大多数研究 VRPSDP 的论文都在数据集上测试了他们的算法，但只测试 VRPSDP 实例，没有考虑最大路径持续工作时间。表 9-6 总结了所有最好的解决方案（BKS）。将本书的结果与大邻域搜索[21]、粒子群优化[22]、蚁群优化方法[23]进行比较。表 9-6 表明，对于类型 X 和类型 Y，ILS_ANS 获得的平均值优于三种方法获得的平均值。对于类型 X 和类型 Y，与最佳已知解的平均间隙率分别为 0.26% 和 0.31%，其中间隙率（Gap%）=（通过 ILS_ANS-BKS 获得的最佳解）/BKS×100。比较表明，ILS_ANS 算法在 VRPSDP 现有的亚启发式算法里表现很有竞争力。

表 9-6 VRPSDP 最优结果的比较

算例	BKS	Ropke and Pisinger（2006a）			Ai T J, et al (2009)	Çatay (2010)	ILS_ANS			Gap% to BKS
		Std. Removals	6R-no learning	6R-normal learning			路由成本（元）	车辆数（辆）	CPU 时间（秒）	
CMT1X	466.77	467	467	467	467	470.67	466.77	3	23	0.00
CMT2X	684.21	702	709	704	710	705.24	684.61	6	26	0.06
CMT3X	721.27	727	731	731	738	726.55	721.40	5	71	0.02
CMT4X	852.46	894	877	879	912	893.9	852.46	7	195	0.00
CMT5X	1029.25	1108	1138	1108	1167	1115.75	1035.22	10	315	0.58
CMT6X	555.43	559	559	559	557	558.68	555.43	6	37	0.00
CMT7X	900.12	905	903	901	919	901.22	900.54	11	64	0.05
CMT8X	865.50	866	866	866	896	865.51	865.50	9	81	0.00
CMT9X	1160.68	1221	1197	1205	1225	1173.44	1161.88	14	231	0.10
CMT10X	1373.40	1494	1490	1462	1520	1424.06	1383.76	18	475	0.75
CMT11X	833.92	875	875	837	895	887.36	846.86	4	149	0.07
CMT12X	662.22	688	683	685	691	681.02	663.54	5	98	0.20
CMT13X	1542.86	1595	1591	1578	1560	1551.25	1542.86	11	146	0.00
CMT14X	821.75	876	863	885	826	821.75	821.75	10	74	0.00
平均值	890.70	927	925	919	934.50	912.60	893.04	8.50	141.79	0.26

续表

| 算例 | BKS | Ropke and Pisinger（2006b） | | | Ai T J, et al（2009） | Çatay（2010） | ILS_ANS | | | Gap% to BKS |
		Std. Removals	6R-no learning	6R-normal learning			路由成本（元）	车辆数（辆）	CPU 时间（秒）	
CMT1Y	466.77	467	467	467	467	472.37	466.77	3	17	0.00
CMT2Y	684.21	685	691	685	710	704.16	684.75	6	23	0.08
CMT3Y	721.27	734	742	738	740	729.02	721.40	5	78	0.02
CMT4Y	852.46	854	856	876	913	895.25	854.38	7	154	0.23
CMT5Y	1029.25	1131	1132	1146	1142	1112.61	1032.89	10	302	0.35
CMT6Y	555.43	559	559	559	557	556.68	555.43	6	18	0.00
CMT7Y	900.12	969	979	952	934	901.22	900.54	11	25	0.05
CMT8Y	865.50	880	894	873	902	865.51	865.50	9	79	0.00
CMT9Y	1160.68	1267	1256	1271	1230	1171.95	1161.31	14	261	0.05
CMT10Y	1373.40	1567	1573	1552	1485	1429.46	1391.26	18	487	1.30
CMT11Y	833.92	938	956	920	900	874.13	846.57	4	110	1.52
CMT12Y	662.22	673	686	675	697	671.32	663.59	5	64	0.21
CMT13Y	1542.86	1726	1612	1602	1568	1547.75	1542.86	11	107	0.00
CMT14Y	821.75	—	—	—	823	822.35	821.75	10	79	0.00
平均值	890.70	957.69	954.08	947.38	933.43	910.98	893.50	8.50	128.86	0.31
总平均时间（秒）	—	694	679	757	141.18	—	—	—	135.33	—

9.5　本章小结

MDVRPSDP 在实际应用中是一个非常重要的问题。本章提出了一个亚启发式算法来解决这个问题。该算法将自适应邻域选择机制引入 ILS，在方法改进和扰动步骤中采用不同的邻域结构，使用概率规则接受基于其重复次数的更差解，并提出了一种新的扰动邻域插入方法。MDVRPSDP 和 VRPSDP 的计算结果表明了我们提出方法的有效性。此外，该方法是灵活的，因为它可以通过修改邻域方法的初始解和可行性检查来应用于相关的问题。该方法易于通过添加或替换这些邻域方法扩展和调整。

所提出方法的缺点是，参数的数量会随着自适应邻域选择机制的运行而增加。为了简化实验，实验中改变一个参数的值，而保持其他参数不变，但这样获得的参数值忽略了它们之间的相互作用。

未来的研究，我们打算从以下四个方面改进：①探索更有效的自适应邻域选择机制，用多目标代替单一目标函数。特别是在改进和扰动步骤中采用不同的指标来评估邻域方法的效率。②考虑如何评估多邻域方法代替单一邻域方法来改进自适应邻域选择机制，因为多邻域方法往往更容易得到局部最优解。③改进参数实验方法，以获得更好的参数值组合，如参数自动调整，因为手动调整既非常耗时又容易失败。④设计更稳健的邻域方法来增强搜索深度效果，如组合邻域，可以同时执行几个简单的邻域移动。

本章参考文献：

［1］ Min H. The multiple vehicle routing problem with simultaneous delivery and pick-up points ［J］. Transportation Research Part A General，1989，23（5）：377-386.

［2］ Chen J F，Wu T H. Vehicle routing problem with simultaneous deliveries and pickups ［J］. Journal of the Operational Research Society，2006，57（5）：579-587.

［3］ Dethloff J. Vehicle routing and reverse logistics：The vehicle routing problem with simultaneous delivery and pick-up ［J］. OR-Spektrum，2001，23（1）：79-96.

［4］ Montane F A T，Galvao R D. A tabu search algorithm for the vehicle routing problem with simultaneous pick-up and delivery service ［J］. Computers & Operations Research，2006，33（3）：595-619.

［5］ Zachariadis E E，Tarantilis C D，Kiranoudis C T. An adaptive memory methodology for the vehicle routing problem with simultaneous pick-ups and deliveries ［J］. European Journal of Operational Research，2010，202（2）：401-411.

［6］ Zachariadis E E，Tarantilis C D，Kiranoudis C T. A hybrid metaheuristic algorithm for the vehicle routing problem with simultaneous delivery and pick-up service ［J］. Expert Systems with Applications，2009，36（2）：1070-1081.

［7］ Ropke S，Pisinger D. An adaptive large neighborhood search heuristic for the pickup and delivery problem with time windows ［J］. Transportation Science，2006a，

40 (4), 455-472.

[8] Lourenço H R, Martin O, Stützle T. A beginner's introduction to iterated local search [C]//Proceedings of 4th Metaheuristics International Conference, 2001.

[9] Cordeau, J-F, Maischberger M. A parallel iterated tabu search heuristic for vehicle routing problems [J]. Computers & Operations Research, 2012, 39 (9): 2033-2050.

[10] Clarke G, Wright J W. Scheduling of Vehicles from a Central Depot to a Number of Delivery Points [J]. Operations Research, 1964, 12 (4): 568-581.

[11] Potvin J Y, Kervahut T, Garcia B L, Rousseau J M. A tabu search heuristic for the vehicle routing problem with time windows [R]. Technical Report CRT-855, Universite de Montreal, Quebec, Canada, 1992.

[12] Gábor Nagy, Salhi S. Heuristic algorithms for single and multiple depot vehicle routing problems with pickups and deliveries [J]. European Journal of Operational Research, 2005, 162 (1): 126-141.

[13] Or I. Traveling salesman-type combinational problems and their relation to the logistics of blood banking [D]. Northwestern University, USA, 1976.

[14] Campbell A M, Savelsbergh M. Efficient insertion heuristics for vehicle routing and scheduling problems [J]. Transportation Science, 2004, 38 (3): 369-378.

[15] Shaw P. Using Constraint Programming and Local Search Methods to Solve Vehicle Routing Problems [C]//Proceedings CP-98 (Fourth International Conference on Principles and Practice of Constraint Program-ming), 1998.

[16] Schrimpf G, Schneider J, Stamm-Wilbrandt H, et al. Record Breaking Optimization Results Using the Ruin and Recreate Principle [J]. Journal of Computational Physics, 2000, 159 (2): 139-171.

[17] Chakhlevitch K, Cowling P. Hyperheuristics: Recent Developments [C]//Cotta C. et al. (Eds.) Adaptive and Multilevel Metaheuristics SCI 136, Springer, Heidelberg, 2008.

[18] Gillett B E, Johnson J G. Multi-terminal vehicle-dispatch algorithm [J]. Omega, 1976, 4 (6): 711-718.

[19] Christofides N, Mingozzi, A, Toth, P. The vehicle routing problem

[C]//Christofides N, Mingozzi P, Toth P and Sandi C (eds). Combinatorial Optimization. Wiley, Chichester, 1979.

[20] Salhi S, Nagy G. A cluster insertion heuristic for single and multiple depot vehicle routing problems with backhauling [J]. Journal of the Operational Research Society, 1999, 50 (10): 1034-1042.

[21] Ropke S, Pisinger D. A unified heuristic for a large class of vehicle routing problems with backhauls [J]. European Journal of Operational Research, 2006 (b), 171 (3): 750-775.

[22] Ai T J, Kachitvichyanukul V. A particle swarm optimization for the vehicle routing problem with simultaneous pickup and delivery [J]. Computers & Operations Research, 2009, 36 (5): 1693-1702.

[23] Çatay B. A new saving-based ant algorithm for the vehicle routing problem with simultaneous pickup and delivery [J]. Expert Systems with Applications, 2010, 37 (10): 6809-6817.

第 10 章　车场共享下的带时间窗的多车场车辆路径问题研究

10.1　引言

带时间窗的车辆路径问题（VRPTW）由于其计算的复杂性和在物流运输中的广泛应用，一直是运筹学和组合优化领域的一个重要问题。根据车场的数量，VRPTW 可分为两类：带时间窗的单车场车辆路径问题（SDVRPTW）和带时间窗的多车场车辆路径问题（MDVRPTW）。

SDVRPTW 已被广泛研究，在文献[1] 中对此进行了综述。MDVRPTW 扩展了 VRPTW，最近引起了越来越多的关注。文献中关于 MDRRPPTW 的研究主要集中在计算方法上。这些方法包括启发式算法和亚启发式算法。例如，文献[2] 提出了将客户分配到车场的新启发式方法，该方法使用时间窗和距离来评估客户和车场之间的接近程度。在文献[3~6] 中，禁忌搜索的不同版本被应用于 MD-VRPTW。文献[7~8] 提出了 MDVRPTW 的可变邻域搜索算法。文献[9] 提出了一种基于局部搜索的亚启发式算法。文献[10] 针对一类带时间窗的车辆路径问题，设计了一种具有自适应多样性管理的混合遗传算法，并将其应用于 MDVRPTW。文献[11] 采用遗传算法和禁忌搜索的混合算法来解决 MDVRPTW。

在上述 MDVRPTW 中，要求每辆车必须在同一个车场开始和结束。在本章中，我们研究了一种 MDVRPTW 的新变体，其中车辆可能不会在其起点的车场结束。如今，在卡车运输行业，越来越多的承运商采用一种称为协作运输（CT）

的新运输模式来提高物流绩效、减少系统范围内的低效率并降低运营成本[12]。例如，一些卡车运输企业允许一个配送中心的车辆共享其他配送中心的停车位，因为它们通过全球定位系统和先进的信息系统管理司机和车辆。司机下班后，他们可以乘坐方便快捷的地铁回家。我们将这个问题称为共享车场资源下的 MD-VRPTW（可用 MDVRPTWSDR 表示）。该运输模式下车辆可能会停在附近的车场，提高了运营的灵活性。

当所有车辆路径的起点和终点都不同时，MDVRPTWSDR 类似于开放式车辆路径问题[12]。它们的细微区别在于，车辆在 MDVRPTWSDR 的一个车场结束；而在开放式车辆路径问题（OVRP）中，车辆以客户为终点。

因此，MDVRPTWSDR 被认为是 MDVRPTW 和 OVRP 的结合。据我们所知，尚未开展相关工作来解决这一问题。在 MDVRPTWSDR 中，我们考虑了客户的时间窗、车辆数量、车辆的工作时间、车辆的容量和有限的停车位。由于 MD-VRPTWSDR 包括作为 NP-hard 问题的 MDVRPTW[14]，因此 MDVRPTWSDR 也是一个 NP 难题。为了在合理的时间内解决这一问题，提出了一种具有自适应局部搜索的混合遗传算法（HGA_ALS）。

本章的其余部分结构如下：问题描述和公式见第 10.2 节。我们提出方法的总体结构在第 10.3 节，其细节也在本节中介绍。第 10.4 节提供了计算结果。第 10.5 节给出了我们的结论，并对未来的工作提出了一些建议。

10.2　问题描述和公式

MDVRPTWSDR 可定义为一个完全图 $G = (V, A)$，其中 $V = \{v_1, \cdots, v_N, v_{N+1}, \cdots, v_{N+M}\}$ 表示节点集，$A = \{(v_i, v_j) \mid v_i, v_j \in V \text{ 且 } i \neq j\}$ 表示弧集。$C = \{v_1, v_2, \cdots, v_N\}$ 代表 N 个客户，$D = \{v_{N+1}, v_{N+2}, \cdots, v_{N+M}\}$ 对应 M 个车场。集合 C 中每个节点 i 包含多个非负权值属性，这些属性包括节点 i 的需求量 q_i，服务时间 s_i 和时间窗 $[e_i, l_i]$，其中 e_i 为最早开始服务时间，l_i 为最迟开始服务时间。集合 D 中每一个节点 i 没有需求和服务时间，即 $q_i = s_i = 0$。与每个弧 $(v_i, v_j) \in A$ 相关，存在一个非负的旅行成本 c_{ij}，它表示距离、旅行时间或费用等。最后，$K = \{k_1, k_2, \cdots, k_L\}$ 组成的车队是运输车辆集合，所有车辆都是同质的，其中 L 是

车辆数量。基于此图，必须满足 MDVRPTWSDR 约束，如下所示：

（1）每辆车从一个车场出发，服务完最后一个客户后，选择最邻近车场停车；

（2）每个车场使用的车辆数量不能超过车队规模；

（3）返回车场的车辆数量不能超过 d 车场的停车位数量 $|Pd|$；

（4）每位顾客必须由一辆车服务，且只服务一次；

（5）对每个客户 i 的服务必须在时间窗 $[e_i, l_i]$ 内开始。如果车辆早于时间 e_i 到达客户 i，它将等待；

（6）车辆 k 的总负载和工作持续时间（行驶时间、等待时间和服务时间的总和）分别不超过 Q_k 和 T_k。

混合整数线性规划公式

该问题的目标是通过最小化所有车辆的总行驶成本来确定最优路径。相关符号如表 10-1 所示。

表 10-1 符号列表

类别	字符	含义
集合：		
	D	车场集
	C	客户集
	V	节点集
	A	弧集
	K	运输车辆集合
	K_d	车场 d 拥有的车辆集合
参数：		
	q_i	节点 i 的需求量
	s_i	服务时间
	e_i	最早开始服务时间
	l_i	最迟开始服务时间
	c_{ij}	节点 i 与 j 之间的距离
	Q_k	最大载重量

续表

类别	字符	含义
	T_k	最长工作时间
	L	车辆数量
	$\lvert P_d \rvert$	车场 d 中的车位数量
	$\lvert K_d \rvert$	K_d 集合中的车辆数量
变量:		
	x_{kij}	是 0~1 决策变量，如果车辆 k 直接从节点 i 行驶到节点 j，则 $x_{kij}=1$；否则，$x_{kij}=0$
	a_{ki}	车辆 k 到达节点 i 的时间
	b_{ki}	节点 i 的开始服务时间
	π_k	车辆 k 的工作时间

MDVRPTWSDR 的数学模型如下：

$$\min \sum_{k \in K} \sum_{i \in V} \sum_{j \in V} c_{ij} x_{kij} \tag{10-1}$$

s. t.

$$\sum_{k \in K} \sum_{j \in C} x_{kdj} \leqslant \lvert K_d \rvert, \quad \forall d \in D \tag{10-2}$$

$$\sum_{k \in K} \sum_{j \in V} x_{kij} = \sum_{k \in K} \sum_{j \in V} x_{kji} = 1, \quad \forall i \in C \tag{10-3}$$

$$\sum_{d \in D} \sum_{j \in C} x_{kdj} = \sum_{d \in D} \sum_{i \in C} x_{kid} \leqslant 1, \quad \forall k \in K \tag{10-4}$$

$$\sum_{i \in R} \sum_{j \in R} x_{kij} \leqslant \lvert R \rvert - 1, \quad \forall R \in C, \ k \in K \tag{10-5}$$

$$\sum_{i \in D} \sum_{j \in D} x_{kij} = 0, \quad \forall k \in K \tag{10-6}$$

$$\sum_{k \in K} \sum_{i \in C} x_{kid} \leqslant \lvert P_d \rvert, \quad \forall d \in D \tag{10-7}$$

$$x_{kij}(b_{ki} + s_i + c_{ij} - a_{kj}) \leqslant 0 \, \forall i, \ j \in V, \ k \in K \tag{10-8}$$

$$b_{ki} \geqslant a_{ki} \geqslant 0, \quad \forall i \in C, \ k \in K \tag{10-9}$$

$$e_i \leqslant b_{ki} \leqslant l_i, \quad \forall i \in C, \ k \in K \tag{10-10}$$

$$\sum_{i \in V} \sum_{j \in C} q_j x_{kij} \leqslant Q_k, \quad \forall k \in K \tag{10-11}$$

$$\pi_k = \sum_{i \in C} x_{kid}(b_{ki} + s_i + c_{id}) - \sum_{i \in C} x_{kd'i}(a_{kj} - c_{id'}) \leqslant T_k,$$
$$\forall k \in K, \ d, \ d' \in D \tag{10-12}$$

$$x_{kij} = \{0, \ 1\} \, \forall i, \ j \in V, \ k \in K \tag{10-13}$$

目标函数（10-1）是最小化总行驶距离。约束（10-2）要求每个车场出发的车辆数量不超过可用车辆数量。约束（10-3）确保每个客户必须由一辆车恰好访问一次。约束（10-4）表示每辆车从一个车场出发，到一个车场结束。约束（10-5）是子路径消除约束。约束（10-6）规定车辆不能直接从车场 i 行驶到车场 j。约束（10-7）要求返回每个车场的车辆数量不超过可用停车位的数量。约束（10-8）表示了节点的访问顺序。如果车辆 k 直接从节点 i 行驶到节点 j，那么到达节点 j 的时间 a_{ki} 必须不早于（$b_{ki}+s_i+c_{ij}$）。约束（10-9）保证车辆 k 在节点 i 的开始服务时间晚于或等于其到达时间。式（10-10）、式（10-11）和式（10-12）三个不等式分别代表顾客的时间窗、容量、车辆最大持续时间约束。约束（10-13）表示决策变量的范围。

10.3　基于适应性变异的混合遗传算法

由于已有的研究表明遗传算法可以为 VRPTW 获得更好的解决方案[14]，因此使用 Holland 引入的遗传算法作为算法框架[15]。本书方法的主要特点是将自适应局部搜索集成到遗传算法框架中。自适应局部搜索采用自适应机制来选择最优邻域方法，从而改进当前的解。文献[16] 曾将自适应机制使用评分规则和轮盘赌选择程序应用于模拟退火算法中，以求解取送货路径问题。最近，文献[17] 还提出了一种基于多起点的亚启发式的自适应局部搜索，称为多起点随机化的自适应局域搜索启发式算法（MIRHA），用于解决有容量约束的车辆路径问题。尽管本书使用相同的名称自适应局部搜索，但本书的方法与他们的方法完全不同。他们的自适应局部搜索由以下两部分组成：一是对单个路径的基于内存的快速改进，即给定节点集的最优路径存储在缓存中；二是分治策略，其中每个随机解决方案根据一组策略，划分为不同的子解或区域，然后对每个区域应用具有随机偏置的新的多起点 Clarke 和 Wright 节约启发式[18]，以尝试改进子解。然而，在我们的自适应局部搜索中，通过采用自适应机制来选择最优邻域方法进而改进当前解，而不是将解划分为不同的子解。

10.3.1　HGA_ALS 概述

HGA_ALS 的基本流程如图 10-1 所示。首先，基于不同参数组合生成初始解；其次，执行变异、交叉和选择算子；最后，在满足终止条件时输出最优解。

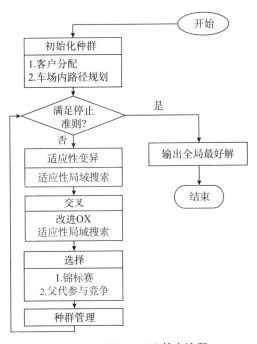

图 10-1　HGA_ALS 基本流程

以下部分描述了 HGA_ALS 的几个重要组成部分，包括染色体编码和解码、评估函数、初始解的构造、交叉、选择和自适应局部搜索等。

10.3.2　染色体编码和解码

我们采用了一种新的间接编码方法，以确保所有染色体具有相同长度的基因。该方法基于客户和车场序列，即由每个车场的客户跟随该车场组成一个大的回路。图 10-2 说明了具有两个车场和八个客户的小型 MDVRPTWSDR 的方案。数字 1 到 8 对应 8 个客户，数字 9 和 10 代表 2 个车场。我们使用文献[19] 提出的分割算法从每个车场的行程中提取路径。MDVRPTWSDR 的解码算法可以描述为算法 1：

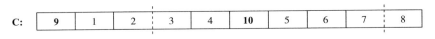

图 10-2　基于车场和客户排列的染色体编码示例

算法1: 解码算法

步骤1: 提取单个车场和分配给该车场的客户, 得到子染色体, 不改变客户序列的顺序;

步骤2: 满足车辆容量和时间窗的约束 (不考虑车辆数量、时长和停车位的约束), 采用分割算法 (参见参考文献[19]) 对子染色体进行分割;

步骤3: 重复步骤1和步骤2, 直到对每个车场序列进行分区。

对于图 10-2 中给出的示例, 假设车场 9 是距离客户 2 和客户 8 最近的车场, 车场 10 是距离客户 4 和客户 7 最近的车场。虚线表示最优路径的分隔符。那么图 10-2 中的 4 条路径分别是 (9, 1, 2, 9)、(9, 3, 4, 10)、(10, 5, 6, 7, 10) 和 (10, 8, 9), 其中第一、三条路封闭, 第二、四条路开放。

10.3.3 评价函数

如上所述, 划分的路径满足车辆容量和时间窗的约束; 因此我们只检查路径是否满足车辆数量、持续时间和车位数量的约束。如果一个车场的每条路径都满足所有的约束条件, 则该车场称为可行车场, 否则称为不可行车场。我们将 $n_{d_{k_{min}}}$ 定义为 $n_{d_{k_{min}}} = \min_{k \in K} n_{d_k}$, 其中 n_{d_k} 表示当路径数量大于车场 d 可用车辆数量时, 路径 k 在车场 d 的顾客数量, 否则, $n_{d_{k_{min}}}$ 等于零。这里, 个体的评价函数为 $f(x) = \alpha_1 \text{cost}(x) + (1-\alpha_1)w(x) + m(x) + \alpha_4 n(x) + \alpha_5 \varphi(x)$, 其中 $f(x)$ 表示解 x 的适应度; $\text{cost}(x)$ 是总运输成本 (旅行距离); $w(x)$ 是所有顾客的总等待时间; $m(x) = \alpha_2 \sum_{d \in D} \max\{0, \sum_{k \in K} \sum_{j \in C} x_{kdj} - |K_d|\} + \alpha_3 \sum_{d \in D} n_{d_{k_{min}}}$ 表示违反车辆数量约束; $n(x) = \sum_{k \in K} \max\{0, \pi_k - T_k\}$ 表明违反持续时间约束; $\varphi(x) = \max\{0, \sum_{k \in K} \sum_{i \in C} x_{kij} - |P_d|\}$ 表示违反停车位约束; $\alpha_1 \in (0, 1) \alpha_2$, α_3, α_4 和 $\alpha_5 > 0$ 为惩罚因子。

车辆工作的持续时间可以通过延迟车辆的出发时间来减少, 而不会导致违反任何时间窗, 因此, 对于路径持续时间约束不可行的解决方案, 实际上可以变得可行 (或不太可行)[20]。基于此, 我们使用基于前向计算和后向计算的简单方法来计算给定路径的持续时间。该方法的计算复杂度为 $O(n_1)$, 其中 n_1 表示该路径的顾客数量。为了更清楚地了解该方法, 假设车辆 k 的路径为: $route_k = \{d_s, 1, \cdots, i-1, i, i+1, \cdots, j, d_e\}$, i、$j \in C$, d_s、$d_e \in D$, 其中 d_s 和 d_e 分别定义路径的起点和终点站, j 是其服务的最后一个客户。详细步骤如算法 2 所示:

算法 2：计算路径持续时间

步骤 1：正向计算到达节点 i 的最早到达时间 EA_i（设车辆最早出发时间 $EA_{ds}=0$）：$EA_i=\max\{EA_i-1,\ e_{i-1}\}+s_{i-1}+c_{i-1,i}$，则最早结束路径时间 $EA_{de}=\max\{EA_j,\ e_j\}+s_j+c_{j,de}$；

步骤 2：反向计算 LA_i 最晚到达节点 i 的时间（设 $LA_{de}=EA_{de}$）：$LA_i=\min\{LA_{i+1}-c_{i,i+1}-s_i,\ l_i\}$，则车辆最晚出发时间 $LA_{ds}=LA_1-c_{ds,1}$。

如果车辆 k 的起始时间在 0 和 LA_{ds} 之间，则不影响路径的最早结束时间。因此，最小路径持续时间为 $\pi_k=EA_{de}-LA_{ds}$。

为了进一步说明上述方法，如图 10-3 所示，路径为 $\{d_s,\ c1,\ c2,\ d_e\}$，"→"上面的数字代表两个顶点之间的行程时间，"[ ]"表示时间窗，"( )"中的数字表示服务时间。首先，正向计算最早到达节点的时间：$EA_{ds}=0$，$EA_1=EA_{ds}+1=1$，$EA_2=\max\{EA_1,\ 2\}+0.2+3=5.2$，$EA_{de}=\max\{EA_2,\ 6\}+0.3+2=8.3$；其次，反向计算最晚到达节点的时间：$LA_{de}=EA_{de}=8.3$，$LA_2=\min\{LA_{de}-2-0.3,\ 7\}=6$，$LA_1=\min\{LA_2-3-0.2,\ 2.5\}=2.5$，$LA_{ds}=LA_1-1=1.5$。即当车辆的起始时间在 0~1.5 时，不影响路径的最早结束时间。因此，当车辆出发时间推迟到 1.5 时，最短路径持续时间为 $EA_{de}-LA_{ds}=8.3-1.5=6.8$。

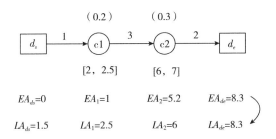

图 10-3　计算持续时间

10.3.4　初始解的构建

构建 MDVRPTWSDR 的初始解决方案包括以下两个步骤：将客户分配到车场并为每个车场的客户生成巡回排列。每个客户都被简单地分配到最近的车场。然后基于费用最小的插入启发式算法[21]来构造巡回排列。随机选择第一个客户，逐一考查其他客户，选择额外绕路和等待时间的加权组合最小的客户插入最优位置。客户的成本函数 η 由公式（10-14）给出。

$$F_\eta = \beta_1 C_\eta + (1-\beta_1) W_\eta - \beta_2 C_{d\eta} \qquad (10-14)$$

其中

$$C_\eta = c_{i\eta} + c_{\eta j} - c_{ij},$$

$$W_\eta = W_\eta^a - W_\eta^b,$$

$$\beta_1 \in (0.7,\ 1),\ \beta_2 \in (0.5,\ 1.5)$$

符号 $c_{i\eta}$、$c_{\eta j}$ 和 c_{ij} 分别指的是对应的一对客户 $(i,\ \eta)$、$(\eta,\ j)$ 和 $(i,\ j)$ 之间的旅行距离，$c_{d\eta}$ 是从车场 d 到客户 η 的旅行距离。W_η^a 和 W_η^b 分别对应于插入前后的总等待时间。β_1 和 β_2 是参数值，为了获得多样化的初始解，对每个个体 β_1 和 β_2 在其范围内取不同的参数值。

10.3.5　交叉算子

在所提出的 HGA_ALS 中，通过二元锦标赛选择方法选择两个父代染色体 P_1 和 P_2 来生成单个子代个体 $Child$。如果个体 P_1 与 P_2 相同，则不会产生新的后代。为了避免这种情况，要求交叉个体具有多样性。因此，要求父代染色体 P_1 和 P_2 满足海明距离等于或大于阈值 Th 的条件。本章将两个个体的海明距离定义为同一位置不同基因的数量。例如，有两个个体 X_1 和 X_2，记为 $X_1 = \{x_{11},\ x_{12},\ \cdots,\ x_{1L'}\}$ 和 $X_2 = \{x_{21},\ x_{22},\ \cdots,\ x_{2L'}\}$，其中 L' 是个体的基因数量。X_1 和 X_2 的海明距离为 $\sum\limits_{i=1}^{L'} hm_i$，其中 $hm_i = \begin{cases} 1 & if \quad (x_{1i} \neq x_{2i}) \\ 0 & \text{否则 } X_{1i} = X_{2i} \end{cases}$。

我们提出基于车场的改进顺序交叉算子（OX）以适应多车场 VRPTW。对于两条父代染色体 P_1 和 P_2，详细操作步骤如算法 3 所示：

算法 3：改进的顺序交叉算子

步骤 1：从 P_1 中随机选择一个基因串，由一个车场和分配给它的所有客户组成（称为车场基因串）；然后它被复制到子代 $Child$ 的相同位置。车场基因串要求可行。如果 P_1 中没有可行的车场基因串，则放弃它们的交叉。

步骤 2：将父代 P_2 中的上述车场基因串的基因删除，然后将剩余的基因依次插入到子代 $Child$ 的空位置上。

步骤 3：$Child$ 应用第 10.3.7 节中介绍的自适应局部搜索改进 $Child$。

例如，改进的 OX 生成后代 $Child$ 如图 10-4 所示，其中 9 和 10 代表车场，

其余数字代表客户。

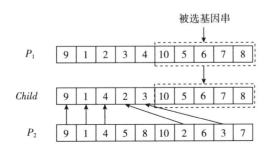

图 10-4　改进的 OX 交叉算子

10.3.6　选择和变异算子

使用简单的方法代替轮盘赌选择生成下一代种群。首先，将父种群与交叉产生的子代种群相结合，构建临时种群。然后，根据评价函数对暂存种群进行非递减排序。排名前的 *Popsize* 个个体被选择添加到下一代种群中。该选择方法的特点是让父代和子代共同竞争，既保留了精英个体，又提高了群体的平均适应度。

一个个体被选择以突变概率 P_m 进行突变。如果一个随机数 $\bar{r}$ 小于 P_m，则将第 10.3.7 节中介绍的自适应局部搜索应用于该个体。

10.3.7　自适应局部搜索

由于不同邻域方法的性能在不同问题和实例中可能会有很大差异[23]，采用自适应机制进行局部搜索。首先构建邻域方法集，并关联相应的评分系统。根据每种邻域方法的得分，通过轮盘赌选择来决定采用哪种邻域方法来改进当前的解。

10.3.7.1　邻域方法

本章选取了 10 种邻域结构，分为车场间邻域和车场内邻域，具体如下：

N1（车场间移动，Inter-depot Move）：随机移除一个车场的一些连续的客户并将其插入到其他车场的路径中。

N2（车场间交换—交叉，Inter-depot Exchange-Cross）：交换两个车场的子路径。

N3（车场间 1-0 交换，Inter-depot 1-0）：将客户从一个车场的路径中移除，插入到其他车场的路径中。

N4（车场间 1-1 交换，Inter-depot 1-1）：交换两个车场的一对客户。

N5（车场间大邻域搜索（LNS））：包括移除和重新插入。

N6（车场内移动，Intra-depot Move）：随机移除某个车场的部分连续客户，并将其插入到同一车场的其他位置。

N7（车场内交换—交叉，Intra-depot Exchange-Cross）：交换一个车场的两条子路径。

N8（车场内 1-0 交换）：将客户从车场的一个路径中移除，插入到同一车场的其他路径中。

N9（车场内 1-1 交换）：交换一个车场的一对客户。

N10（车场内大邻域搜索（LNS））：车场及其客户内的 LNS。

图 10-5 显示了除 N5 和 N10 之外的 8 种邻域结构的示例，其中数字 1 至 8 代表客户，数字 9 和 10 代表车场。由于 N5 和 N10 比其他邻域搜索更复杂，描述如下：

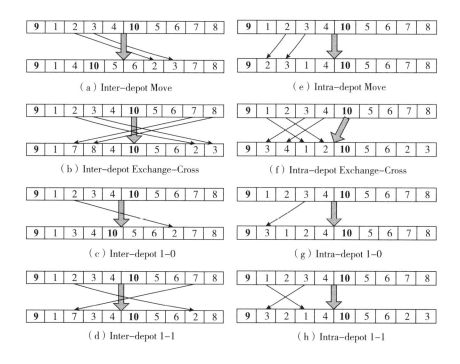

图 10-5　8 种邻域法

LNS 对于那些具有复杂约束的问题非常有效[24]。它包括移除和重新插入两个部分。即一些客户被从路径中删除，然后按照一定的规则重新插入到路径中。LNS 的步骤如算法 4 所示：

算法 4：LNS 启发式

步骤 1：初始化：设 x 为给定解，设置参数 ϕ 表示移除客户数量，并清空移除客户的集合 C^-；

步骤 2：移除：根据移除启发式从解 x 中移除 ϕ 个客户并将其添加到集合 C^- 中，其中解 x 的剩余部分用 x' 表示；

步骤 3：重新插入：基于插入启发式将集合 C^- 的客户重新插入到 x' 的适当位置，得到新的解 x_{new}；

步骤 4：是否移动：如果 $f(x_{\text{new}}) < f(x)$，则接受 x_{new}；否则，拒绝。

（1）移除启发式。使用两种移除启发式：不可行路径移除启发式（用 R1 表示）和相关移除启发式（用 R2 表示）。由于分割算法得到的路径满足容量和时间窗的约束，不可行路径意味着违反车场的车辆数量、时长或车位数量约束。如果当前解是不可行解，则先使用 R1，再使用 R2。否则，仅使用 R2。在 R1 中，分配给违规最多的车场的所有客户都将被移除，R1 有助于减少不可行性。R2 首先由 Shaw 提出，然后构建了不同的变体[25]。相关移除启发式之间的差异在于相关性的定义。根据顾客之间的时间窗和距离的相关性，以及根据式（10-15）定义相关性。

$$\text{relatedness}(i, j) = \frac{1}{w_1 c_{ij} + (1 - w_1)(|e_i - e_j| + |l_i - l_j|)} \quad \forall i, j \in C, \ i \neq j \qquad (10\text{-}15)$$

其中，w_1 和（$1 - w_1$）分别表示时间窗和距离相关性的权重，相关性（i, j）表示客户 i 和 j 之间的相关性值。

（2）重新插入启发式。重新插入启发式是按一定规则将移除的客户重新插入到当前解中，以获得更好的解。我们提出了一种改进的贪婪插入方法，称为基于概率分配的贪婪插入（GIPA）。GIPA 首先通过轮盘赌选择概率将每个移除的客户分配到一个车场，然后采用贪婪插入方法将分配到该车场的客户插入到路径中。一方面，由于轮盘选择的随机性，保持了解的多样性；另一方面，该方法减少了插入位置的数量，从而相应地减少了计算时间。设 D_i 为靠近客户 i 的车场集合，$|D_i|$ 为集合 D_i 的元素个数；$\lambda_{id} = \dfrac{1}{c_{id}^2} \ \forall i \in C, \ d \in D_i$，则客户 i 被分配到车

场 d 的概率为 p_{id}，则 $p_{id} = \dfrac{\lambda_{id}}{\sum\limits_{j \in D} \lambda_{ij}}$ $\forall i \in C$，$d \in D_i$。其步骤如算法 5 所示：

算法 5：重新插入启发式算法

步骤 1：找到集合 C^- 中每个客户的最好插入位置，在该位置处，目标值增加最少；

　　步骤 1.1：轮盘赌选择规则用于决定将集合 C^- 中的客户 i 分配给哪个车场，该车场用 d 表示；

　　步骤 1.2：寻找客户 i 在车场 d 的路径上的最佳插入位置，在该位置上目标值增加最少，目标值的增量用 Δf_i 表示；

　　步骤 1.3：重复步骤 1.1 和步骤 1.2，直到确定集合 C^- 中每个客户的最佳插入位置；

步骤 2：选择使 $\min\limits_{i \in C^-} \Delta f_i$ 最小的客户 i 并将其插入到其最佳位置，然后从集合 C^- 中删除该客户 i；

步骤 3：重复步骤 1 和步骤 2 直至集合 C^- 为空，得到新解 x_{new}。

10.3.7.2　邻域方法的自适应选择

采用轮盘赌选择法来选择邻域方法。以概率 p_i 选择邻域方法 i，其中 $p_i = \dfrac{\tau_i}{\sum \tau_i}$，$\tau_i$ 是邻域方法 N_i 的权重。为了计算邻域法 N_i 的权重 τ_i，我们将整个搜索分为多个段。一段是指遗传算法的多次迭代；这里一个段被定义为 5 次迭代。所有邻域方法的权重在第一段都设置为 1。邻域法 N_i 在 $t+1$ 段的权重 $\tau_{i,t+1}$ 由公式（10-16）计算：

$$\tau_{i,t+1} = \rho\, \tau_{it} + (1-\rho)\frac{Score_{i,t}}{num_{i,t}} \tag{10-16}$$

其中，$Score_{i,t}$ 表示在 t 段内获得的邻域法 N_i 的得分，$num_{i,t}$ 是邻域法 N_i 的使用次数。ρ 是一个因子，$\rho \in (0, 1)$。所有邻域方法的分数通过一个简单的规则获得：如果邻域方法产生新的全局最优解，则分数增加 δ_1；如果邻域方法产生的解的成本优于当前解的成本，但不是新的全局最优解，则分数增加 δ_2。$\tau_{i,t+1}$ 更新后，$Score_{i,t+1}$ 和 $num_{i,t+1}$ 重置为零。

选择邻域方法的过程如算法 6 所示：

算法 6：自适应局部搜索

步骤 1：给出一个个体 x_0；

步骤 2：重复步骤 2.1 和步骤 2.2，直到到达预设迭代次数 $Iter1$；

算法 6：自适应局部搜索

　　步骤 2.1：将通过轮盘赌选择方法选择的车场间邻域方法 N_k 应用于个体 x_0，其中 $k \in \{1, 2, 3, 4, 5\}$。如果 $f(x_{new}) < f(x_0)$，则接受 x_{new}，即 $x_0 \leftarrow x_{new}$；否则，拒绝。更新邻域方法 N_k 的分数；

　　步骤 2.2：将通过轮盘赌选择方法选择的车场内邻域方法 N_k 应用于个体 x_0，其中 $k \in \{6, 7, 8, 9, 10\}$。如果 $f(x_{new}) < f(x_0)$，则接受 x_{new}，即 $x_0 \leftarrow x_{new}$；否则，拒绝。更新邻域方法 N_k 的分数；

步骤 3：返回个体 x_0。

　　为了减少计算负担，记录个体的解码结果。应用邻域法后，仅对修改后的路径进行解码。

10.3.8　群体管理和终止标准

　　为了提高整个种群的质量，每次迭代结束后，最好的个体取代最差的个体。为了保持种群的多样性，避免过早收敛，提出了一种简单的种群管理方法：保证相同个体的数量不超过 ε，否则删除多余的个体，保留相同个体的数量小于 ε。为了保持种群规模相同，构造新个体作为初始解，然后采用自适应局部搜索对其进行改进。

　　我们在所提出的遗传算法中使用简单的终止标准。当遗传算法满足最大允许迭代次数 $Iter2$ 时，过程终止。

10.4　数据实验

　　首先，在第 10.4.1 节中构建 MDVRPTWSDR 的测试数据。其次，所提出的 HGA_ALS 的参数值在第 10.4.2 节中给出。其有效性在第 10.4.3 节中进行了评估。最后，在第 10.4.4 节，比较 MDVRPTWSDR 和 MDVRPTW 对成本的影响。该算法采用 Visual Basic 6.0 进行编码，并在配备 Intel Core i7 2.9 GHz 处理器、8 GB RAM 和运行 Windows® 7 专业版的笔记本电脑上运行。对于每个数据集，运行 10 次。

10.4.1 实验数据

MDVRPTWSDR 没有可用的基准实例集，因为它是 MDVRPTW 的新变体。但 MDVRPTWSDR 与 MDVRPTW 的主要区别在于车段终点和车位的约束，其他基础数据相似。Cordeau 等人介绍了 MDVRPTW 的基准实例[3]，可以在 http：//neo. lcc. uma. es/radi－aeb/WebVRP/index. html 中找到。本书选取顾客数量小于150 的实例作为测试数据，并添加每个实例的停车位数量。前 5 个实例的时间窗较窄，而后 5 个实例的时间窗较大。MDVRPTWSDR 实例的特征如表 10-2 所示。

表 10-2　MDVRPTWSDR 实例的特征

问题	MDVRPTW 实例	N	$\|K_d\|$	$\|P_d\|$	M	T	Q
1	pro01	48	2	4	4	500	200
2	pro02	96	3	6	4	480	195
3	pro03	144	4	8	4	460	150
4	pro07	72	2	4	6	500	200
5	pro08	144	3	6	6	475	190
6	pro11	48	1	2	4	500	200
7	pro12	96	2	4	4	480	195
8	pro13	144	3	6	4	460	150
9	pro17	72	1	2	6	500	200
10	pro18	144	2	4	6	475	190

10.4.2 参数

使用 MDVRPTWSDR 实例 1 和实例 5 来测试参数。最终参数值如表 10-3 所示。

表 10-3　参数值

参数	最终值	参数	最终值
$Popsize$	30	ρ	0.9
α_1	如果解不可行，0.8，否则，1	δ_1	15
α_2	500	δ_2	5

续表

参数	最终值	参数	最终值
α_3	10	ε	2
α_4	50	Th	5
α_5	500	p_m	0.15
W_1	0.65	$Iter1$	20
$|D_i|$	3	$Iter2$	50

10.4.3　评估 HGA_ALS 的性能

10.4.3.1　MDVRPTWSDR 的 HGA_ALS 与 HGA_SLS 比较

我们通过与随机局部搜索（为每个邻域方法分配相等的概率）的 HGA（记为 HGA_SLS）进行比较，评估了自适应局部搜索的 HGA 的有效性。计算时间以分钟表示。他们获得的最好解如表 10-4 所示。HGA_ALS 在 10 个实例中的 9 个中获得最好解，而 HGA_SLS 仅在 10 个实例中的 3 个中获得最优解。对于实例 10，HGA_ALS 获得的最优解比 HGA_SLS 获得的最优解稍差。总体平均而言，HGA_ALS 优于 HGA_SLS。

表 10-4　HGA_SLS 与 HGA_ALS 比较

问题	HGA_SLS			HGA_ALS		
	距离	车辆数（辆）	计算时间（分钟）	距离	车辆数（辆）	计算时间（分钟）
1	**1070.73**	8	1.8	**1070.73**	8	1.7
2	1734.41	12	21.5	**1731.41**	12	6.5
3	2370.99	15	58.4	**2363.41**	15	40.0
4	1396.96	11	5.9	**1396.04**	11	9.1
5	2076.8	16	47.5	**2069.23**	16	42.7
6	985.18	4	1.6	**984.87**	4	1.8
7	1425.77	8	18.0	**1421.96**	8	18.0
8	1973.27	12	34.5	**1965.7**	12	34.5
9	**1169.55**	6	5.8	**1169.55**	6	5.8
10	**1744.84**	12	40.0	1745.9	12	40.0
平均值	**1594.85**	**10.4**	**23.5**	**1591.88**	**10.4**	**20.0**

10.4.3.2　HGA_ALS 应用于 MDVRPTW

为了进一步评估 HGA_ALS 的有效性，将其应用于 MDVRPTW。正如介绍中提到的，不同的算法已应用于 MDVRPTW，其中文献[10] 总结了其已知的解决方案（BKS）。

每个实例的 HGA_ALS 执行 10 次。HGA_ALS 获得的结果与禁忌搜索的三个版本获得的结果进行了比较：文献[4] 提出的改进禁忌搜索算法（TS）、文献[6] 提出的顺序迭代禁忌搜索算法（SITS）、文献[11] 提出的遗传算法和禁忌搜索算法的混合算法（GA+TS）。结果如表 10-5 所示，其中 Gap% =（HGA_ALS-BKS 得到的最优解）/BKS。

表 10-5　MDVRPTW 实例的结果比较

问题	BKS	TS (2004)	SITS (2012)	GA+TS (2012)	HGA_ALS	Gap%to BKS
1	1074.12	1074.12	1074.12	1101.8	1074.12	0.00
2	1762.21	1762.21	1762.21	1762.21	1762.97	0.04
3	2373.65	2373.65	2387.03	2408.42	2380.79	0.30
4	1418.22	1418.22	1418.22	1418.22	1418.22	0.00
5	2096.73	2102.61	2100.58	2103.89	2100.58	0.18
6	1005.73	1005.73	1005.73	1005.73	1005.73	0.00
7	1464.5	1478.51	1470.2	1478.51	1464.50	0.00
8	2001.81	2011.24	2001.81	2014.02	2002.13	0.02
9	1236.24	1236.24	1236.24	1239.13	1236.24	0.00
10	1788.18	1792.61	1788.18	1792.61	1789.27	0.06
平均值	**1622.14**	**1625.51**	**1624.43**	**1632.45**	**1623.45**	**0.06**

表 10-4 显示 HGA_ALS 获得的平均值优于禁忌搜索算法的三个版本获得的平均值。与之前已知最好解决方案的平均差距百分比为 0.06%。因此，HGA_ALS 对于 MDVRPTW 的求解质量具有竞争力。

10.4.4　MDVRPTWSDR 与 MDVRPTW 比较

表 10-6 显示了 MDVRPTWSDR 和 MDVRPTW 对成本的影响，其中 Saving% =（MDVRPTWSDR 的成本-MDVRPTW 的成本）/MDVRPTW 的成本。它们如表

10-5 所示：①对于每个实例，MDVRPTWSDR 可以获得比 MDVRPTW 更少的成本；②总体节约率为 2.05%，前 5 次节电率为 1.18%，后 5 次节电率为 2.92%。节省百分比差异的原因是后 5 个实例比前 5 个实例具有更大的时间窗。即约束越宽松，节省的百分比就越多。上述结果表明，通过共享车场资源、灵活停靠车场的运输方式可以降低运输成本。

表 10-6　MDVRPTWSDR 和 MDVRPTW 之间的成本差异

问题	MDVRPTWSDR		MDVRPTW		节约（%）
	距离	车辆数（辆）	距离	车辆数（辆）	
1	1070.73	8	1074.12	8	0.32
2	1731.41	12	1762.97	12	1.79
3	2363.41	15	2380.79	15	0.73
4	1396.04	11	1418.22	10	1.56
5	2069.23	16	2100.58	17	1.49
平均值	**1726.16**	**12.4**	**1747.34**	**12.4**	**1.18**
6	984.87	4	1005.73	4	2.07
7	1421.96	8	1464.50	8	2.90
8	1965.70	12	2002.13	12	1.82
9	1169.55	6	1236.24	6	5.39
10	1745.90	12	1789.27	12	2.42
平均值	**1457.60**	**8.4**	**1499.57**	**8.4**	**2.92**
总体平均值	**1591.88**	**10.4**	**1623.45**	**10.4**	**2.05**

10.5　本章小结

本章研究了具有时间窗和车场灵活选择的多车场车辆路径问题，即 MD-VRPTWSDR。首先，考虑容量、时间窗、路径时长、各车场车辆数量及各车场车位数量等约束，以总出行成本最小为目标，建立整数规划模型。其次，针对该问题的 NP-Hard 问题，提出一种自适应局部搜索的混合遗传算法。最后，在修改后的基准实例上对所提出的算法进行了测试，计算结果表明该方法在总体平均值和最好解数量上均优于 HGA_SLS。HGA_ALS 应用于经典 MDVRPTW 时，得到了具有竞争力的解，平均优于三个版本禁忌搜索算法得到的解。与经典的 MD-VRPTW 相比，通过共享车场资源，灵活选择停靠车场，不仅增加了运输运营的灵活性，还可以降低总出行成本约 2%。对于未来的研究，一个重要的方向是研究更复杂的变体，如动态交通环境下的 MDVRPTWSDR。此外，还需要针对该问题设计更高效的算法。

本章参考文献：

［1］Hashimoto H, Yagiura M, Imahori S, Ibaraki T. Recent progress of local search in handling the time window constraints of the vehicle routing problem ［J］. Annals of Operations Research, 2013, 204（1）: 171-187.

［2］Tansini L, Viera O. New measures of proximity for the assignment algorithms in the MDVRPTW ［J］. Journal of the Operational Research Society, 2006, 57（3）: 241-249.

［3］Cordeau J F, Larporte G, Mercier A. A unified tabu search heuristic for vehicle routing problems with time windows ［J］. Journal of the Operational Research Society, 2001, 52（8）: 928-936.

［4］Cordeau J F, Larporte G, Mercier A. Improved tabu search algorithm for the handling of route duration constraints in vehicle routing problems with time windows ［J］. Journal of Operational Research Society, 2004, 55（5）: 542-546.

［5］Moccia L, Cordeau J F, Laporte G. A Incremental tabu search heuristic for the generalized vehicle routing problem with time windows ［J］. Journal of the Operational Research Society, 2012, 63（2）: 232-244.

［6］Cordeau J F, Maischberger M. A parallel iterated tabu search heuristic for vehicle routing problems ［J］. Computers & Operations Research, 2012, 39（9）: 2033-2050.

［7］Polacek M, Harlt R F, Doerner K F. A variable neighborhood search for the multi depot vehicle routing problem with time windows ［J］. Journal of Heuristics, 2004, 10（6）: 613-627.

［8］Polacek M, Benkner S, Doerner K F, Hartl R F. A cooperative and adaptive variable neighborhood search for the multi depot vehicle routing problem with time windows [J]. BuR-Business Research, 2008, 1 (2): 207-218.

[9] Irnich S. A unified modeling and solution framework for vehicle routing and local search-based metaheuristics [J]. INFORMS Journal on Computing, 2008, 20 (2): 270-287.

[10] Vidal T, Crainic T G, Gendreau M, Prins C. A hybrid genetic algorithm with adaptive diversity management for a large class of vehicle routing problems with time windows [J]. Computers & Operations Research, 2013, 40 (1): 475-489.

[11] Noori S, Ghannadpour S F. High-level relay hybrid metaheuristic method for multi-depot vehicle routing problem with time windows [J]. Journal of Mathematical Modelling and Algorithms, 2012, 11 (2): 159-179.

[12] Li F, Golden B, Wasil E. The open vehicle routing problem: algorithms, large-scale test problems, and computational results [J]. Computers & Operations Research, 2007, 34 (10): 2918-2930.

[13] Repoussis, P P, Tarantilis, C D, Ioannou, G. The open vehicle routing problem with time windows [J]. Journal of the Operational Research Society, 2007, 58 (3): 355-367.

[14] Nagata Y, Bräysy O, Dullaert W. A penalty-based edge assembly memetic algorithm for the vehicle routing problem with time windows [J]. Computers & Operations Research, 2010, 37 (4): 724-737.

[15] Holland J H. Adaptation in natural and artificial systems [M]. Ann Arbor, MI: The University of Michigan Press, 1975.

[16] Ropke, S, Pisinger D. An adaptive large neighborhood search heuristic for the pickup and delivery problem with time windows [J]. Transportation Science, 2006, 40 (4): 455-472.

[17] Juan A A, Faulin J, Ferrer A, et al. MIRHA: Multi-start biased randomization of heuristics with adaptive local search for solving non-smooth routing problems [J]. TOP: An Official Journal of the Spanish Society of Statistics and Operations Research, 2013, 21 (1): 109-132.

[18] Clarke G, Wright J. Scheduling of vehicles from a central depot to a number of delivery points [J]. Operations Research, 1964, 12 (4): 568-581.

［19］ Prins C. A simple and effective evolutionary algorithm for the vehicle routing problem ［J］. Computers & Operations Research, 2004, 31 (12): 1985-2002.

［20］ Savelsbergh M W P. The vehicle routing problem with time windows: Minimizing route duration ［J］. ORSA Journal on Computing, 1992, 4 (2): 146-154.

［21］ Bräysy O. A reactive variable neighborhood search for the vehicle-routing problem with time windows ［J］. INFORMS Journal on Computing, 2003, 15 (4): 347-368.

［22］ Solomon M M, Algorithms for the vehicle routing and scheduling problems with time window constraints ［J］. Operations Research, 1987, 35 (2): 254-265.

［23］ Chakhlevitch K, Cowling P. Hyperheuristics: recent developments ［R］// Cotta C, et al. (Eds.). Adaptive and multilevel metaheuristics SCI 136, Springer, Heidelberg, 2008: 3-29.

［24］ Pisinger D, Ropke S. A general heuristic for vehicle routing problems ［J］. Computers & Operations Research, 2007, 34 (8): 2403-2435.

［25］ Shaw P. A new local search algorithm providing high quality solutions to vehicle routing problems ［R］. Technical report, Department of Computer Science, University of Strathclyde, Scotland, 1997.

第 11 章 车场共享下的多车场低碳车辆路径问题效益分析

11.1 引言

在过去 10 年，各国政府和研究人员越来越意识到环境污染造成破坏的严重后果。其中，过量的二氧化碳是造成温室效应的主要因素。国际能源署[1] 表示，交通运输业是二氧化碳排放的第二大影响因素，占 2014 年全球二氧化碳排放量的 33%，其中交通运输近 85% 的排放来自公路运输。因此，需要通过优化公路运输中的车辆路径以减少燃料消耗和二氧化碳排放。

与环境相关的车辆路径问题（VRP）越来越受到人们的关注[2]。该问题可分为三类：即绿色 VRP（GVRP）问题、污染路径问题和逆向物流中的 VRP 问题[3]。第一类涉及运输中能耗的优化，包括道路货运燃料消耗模型分析[4-5] 和以最小化燃料消耗为目标的 VRP 研究[6-7]。第二类侧重于减少污染，特别是碳排放[8-9]。第三类集中于逆向物流的配送，因为回收和再利用是节能减排的关键过程[10-11]。

本章重点关注与 GVRP 相关的多车场 VRP（MDVRPFC）。在经典的多车场 VRP（MDVRP）中，每辆车的路径必须结束于其出发的车场。然而，我们考虑 MDVRP 的一个变体，即车辆不需要返回其出发的车场，并将该变体称为共享车场资源下的 MDVRP（MDVRPSDR）。我们的研究动机来源于中国的电子商务物流。近年来，我国电商零售业务发展迅速，在各大城市设立多个网点，及时服务消费者,年平均增长达 29.4%,在 2016 年规模超过 5 万亿元。对于传统的配送中心来说,它们只会为固定区域内的客户提供服务。然而,电商物流通过引入物联网改变了其传统模式。将网络订单灵活地分配到不同配送中心,实现不同配送中心之间车场资源的共享。不同配送中心的车辆可以共享停车位,因为可以通过物联网中全球定位系统和先进的信息系统对司机和车辆进行管理。而且司机下班后可以通过方便快捷的地铁系统回家。迫于劳动力成本和激烈的竞争压力不断上升,一些货车运输企业采用共享车场资源的方式来降低成本。如图 11-1 所示,其符号如表 11-1 所示。MDVRP 的最佳路径如图 11-1(a)所示,MDVRPSDR 的最佳路径如图 11-1(b)所示。图 11-1(a)中的路径为 D1-g-f-D1 和 D2-e-d-D2,总长度为 22.9。图 11-1(b)中的路径为 D1-g-fD2 和 D2-e-d-D1,总长度为 20。在下一轮的配送中,路径也是相同的。与 MDVRP 相比,MDVRPS-DR 能更节省成本,因为 MDVRPSDR 比 MDVRP 提供了更多的路径安排选择。

表 11-1　示例符号

参数	符号
车场	D_1,D_2
客户	d,e,f,g
弧长	弧上的数字
客户需求	括号中的数字
车辆容量	4

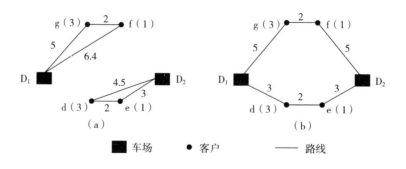

图 11-1　共享车场资源下的 MDVRP 示例

近年来，文献[12] 指出，物流服务提供商可以通过同时规划多个车场交货，有效地结合其共同资源，降低多车场网络中的运输成本。文献[13] 研究了可回收废物的收集问题，并将其转化为具有中间设施的 VRP。除了复杂的现实特征外，车辆路径可以在不同的车场间开始和结束。结果表明，在实践中实现了更多的节省。文献[14] 研究了以最小化行驶距离为目标函数的 MDVRPSDR 数学模型和其求解方法。然而，仍存在着两个未解决的问题：①如何评估共享车场资源下的最大效益；②共享车场资源下的效益会在什么情况下更高。目前还没有针对 MD-VRPSDR 这两个问题的研究工作。

因此，综合考虑这两个问题，我们重点关注油耗背景下的 MDVRPSDR。通过比较非共享和共享车场资源情况下的结果来评估最大潜在效益，并分析什么情况下会对共享车场更有利。

本章其余部分的结构如下：第 11.2 节给出了问题的描述，第 11.3 节提供了共享车场资源下最大效益的评估。第 11.4 节分析了影响非共享和共享车场效益比的因素。最后，第 11.5 节总结了研究结论并给出了对未来研究的建议。

11.2　问题描述

MDVRPFCSDR 在完全无向图 $G = (V, E)$ 上定义顶点集 $V = \{v_1, \cdots, v_N,$ $v_{N+1}, \cdots, v_{N+M}\}$ 和弧集 $E = \{(v_i, v_j) \mid v_i, v_j \in V, i \neq j\}$。该顶点由两个子集 V_c 和 V_d 组成，其中 $V_c = \{v_1, \cdots, v_N\}$ 表示 N 个客户，$V_d = \{v_{N+1}, \cdots, v_{N+M}\}$ 表示 M 个车场。每个顶点 $v_i \in V_c$ 都有一个非负需求 q_i，而车场顶点 $D_i \in V_d$ 的需求等于 0。两个矩阵(距离矩阵 d_{ij} 和速度矩阵 v_{ij})与 E 相关。最后每个车场 $i \in V_d$ 处都存在着容量为 Q 的车队。在 MDVRPFCSDR 中，必须满足以下约束：

(1) 车辆为同一种车型；

(2) 每辆车从某一个车场出发，完成配送任务后，返回任意一个车场；

(3) 每个车场的出发车辆数量不超过可用车辆数 K_D；

(4) 每个车场的停放车辆数量不应超过其车位数量 P_D；

(5) 每个客户仅被服务一次，且需满足需求量；

(6) 每辆车的总载量不超过 Q；

（7）每条路径的行驶距离不超过 T。

该问题的目标是通过最小化所有车辆的总燃料消耗来确定最佳路径。目标函数如下：

$$\min H = \sum_{i \in V} \sum_{j \in V} \sum_{k \in K} t_1 d_{ij}/v_{ij} + \sum_{i \in V} \sum_{j \in V} \sum_{k \in K} t_2 d_{ij}(w+f_{kij})x_{kij} + \sum_{i \in V} \sum_{j \in V} \sum_{k \in K} t_3 v_{ij}^2 d_{ij} x_{kij}$$

$$(11-1)$$

其中，x_{kij} 是 0-1 决策变量；如果车辆 k 直接从 i 行驶到 j，则 $x_{kij}=1$，否则 $x_{kij}=0$。f_{kij} 表示车辆 k 在弧 (i, j) 上的载荷，w 为车辆质量，t_1、t_2、t_3 为参数，K 表示车辆集合。详细的混合整数线性规划见附录 A。

11.3 评估车场资源共享的最大效益

本节的目标是评估车场资源共享下的最大潜在效益。首先评估以最小化总行驶距离为目标的车场资源共享的效益，然后评估车场资源共享下的节约的最大油耗。

对于多条路径，可以通过一条路径的效益乘以路径数量来计算总效益。因此，需要评估一条路径的最大潜在节省。因为每条路径最多只能连接两个车场，所以当考虑两个车场情况，用 D_1 和 D_2 表示两个车场。一般情况下，假设非共享下每辆车从 D_1 出发到 D_1 结束，共享情况下每辆车从 D_1 出发到 D_1 或 D_2 结束。用 l 表示在非共享车场情况下服务的最后一个客户，且在共享车场情况下用 l' 表示。

从车场 D 出发，访问集合 V_s 中的所有客户，到达客户 l 的最短距离表示为 $Z_l = Z(D, V_s, l)$，$V_s \subseteq V_c$。若车辆返回起始车场，则最小距离为 $Z_{uns} = Z_{D_1} = Z(D_1, V_s, D_1) = \min_l [Z(D_1, V_s, l)+d_{lD_1}]$，$l \in V_s$；若车辆返回另一个车场，则最短距离为 $Z_{ms} = Z_{D_2} = Z(D_1, V_s, D_2) = \min_{l'} [Z(D_1, V_s, l')+d_{l'2}]$，$l' \in V_s$。因此，共享车场资源下的最短行驶距离应为 $Z_s = \min \{ Z_{uns}, Z_{ms} \} = \begin{cases} Z_{uns} & \text{当 } Z_{uns} < Z_{ms} \\ Z_{ms} & \text{当 } Z_{uns} \geq Z_{ms} \end{cases}$。路径距离的效益比用 $\dfrac{Z_{uns}}{Z_s}$ 表示。

定理 1：当目标函数是最小化行驶距离时，即 $1 \leqslant \dfrac{Z_{uns}}{Z_s} \leqslant 2$。

证明：首先考虑非共享和共享车场情况下最后服务的客户是相同的，即 $l = l'$。非共享车场的最优值为 $Z_{uns} = Z_{l'} + d_{l'D_1}$，其中 $d_{l'D_1} \leqslant Z_{l'}$，当路径访问的节点在一条直线上时，$d_{l'D_1}$ 等于 $Z_{l'}$。当 $Z_{ms} \leqslant Z_{uns}$ 时，$0 \leqslant d_{l'D_2} < d_{l'D_1}$。因此 $\dfrac{Z_{uns}}{Z_s} = \dfrac{Z_{l'} + d_{l'D_1}}{Z_{l'} + d_{l'D_2}} \leqslant \dfrac{2Z_{l'}}{Z_{l'}} = 2$。当 $d_{l'D_1} = Z_{l'}$ 和 $d_{l'D_2} = 0$ 成立时，即路径上的所有客户都在一条直线上，且最后访问的节点是车场 D_2，故 $\dfrac{Z_{uns}}{Z_s}$ 比值等于 2。

然后，考虑非共享车场资源下的最后一个客户与共享车场资源下的最后一个客户不同的情况，即 $l \neq l'$。在这种情况下目标函数取得最小值，因此 $Z(D_1, V_s, l) + d_{lD_1} \leqslant Z(D_1, V_s, l') + d_{l'D_1}$

$$\frac{Z_{uns}}{Z_s} = \frac{Z(D_1, V_s, l) + d_{lD_1}}{Z(D_1, V_s, l') + d_{l'D_2}} \leqslant \frac{Z(D_1, V_s, l') + d_{l'D_1}}{Z(D_1, V_s, l') + d_{l'D_2}} \leqslant 2$$

因此，$\dfrac{Z_{uns}}{Z_s} \leqslant 2$ 必然为真，且 $\dfrac{Z_{uns}}{Z_s} \geqslant 1$ 始终成立，即 $1 \leqslant \dfrac{Z_{uns}}{Z_s} \leqslant 2$。

与前例一样，从车场 d 出发，经过集合 V_s 中的所有客户，终止于客户 l 的最小油耗表示为 $H_1 = H(d, V_s, l)$，$V_s \subseteq V_c$。若车辆返回出发车场，则最小油耗为 $H_{uns} = H_{D_1} = H(D_1, V_s, D_1) = \min_l [H(D_1, V_s, l) + F_{lD_1}]$，$l \in V_s$；如果车辆终点在另一个车场，则最小油耗为 $H_{ms} = H_{D_2} = H(D_1, V_s, D_2) = \min_{l'} [H(D_1, V_s, l') + F_{l'D_2}]$，$l' \in V_s$，其中 F_{ij} 表示从客户 i 到 j 行驶的车辆油耗。因此，共享车场资源下的最小油耗应为 $H_s = \min\{H_{uns}, H_{ms}\} = \begin{cases} H_{uns} & \text{当 } H_{uns} < H_{ms} \\ H_{ms} & \text{当 } H_{uns} \geqslant H_{ms} \end{cases}$。燃料消耗效益用 $\dfrac{H_{uns}}{H_{ms}}$ 表示。

定理 2：在不考虑速度随时间变化的情况下，最小化目标函数为燃料消耗时，即 $1 \leqslant \dfrac{H_{uns}}{H_{ms}} < 2$。

证明：首先考虑非共享和共享车场情况下最后服务的客户是相同的，即 $l = l'$。共享车场资源下的最小油耗 $H_{ms} = H_{l'} + F_{l'D_2}$，或者油耗为 $H_{uns} = H_{l'} + F_{l'D_1}$，其中 $F_{l'D_1} < H_{l'}$，当路径所访问的节点在一条直线上时，$d_{l'D_1}$ 可以等于 $Z_{l'}$，但 $F_{l'D_1}$ 不等

于 $H_{l'}$，因为车辆在回车场中的负载为 0。当 $H_{ms} \leqslant H_{uns}$ 时，$0 \leqslant F_{l'D_2} \leqslant F_{l'D_1}$，因此，

$$\frac{H_{uns}}{H_s} = \frac{H_{l'} + F_{l'D_1}}{H_{l'} + F_{l'D_2}} < \frac{2H_{l'}}{H_{l'}} = 2 \tag{11-2}$$

然后考虑在非共享车场资源下的最后一个客户与共享车场资源下的最后一个客户不同的情况，即 $l \neq l'$。在这种情况下目标函数取得最小值，因此，

$$H(D_1, V_s, l) + F_{lD_1} \leqslant H(D_1, V_s, l') + F_{l'D_1}$$

$$\frac{H_{uns}}{H_s} = \frac{H(D_1, V_s, l) + F_{l'D_1}}{H(D_1, V_s, l') + F_{l'D_2}} \leqslant \frac{H(D_1, V_s, l') + F_{l'D_1}}{H(D_1, V_s, l') + F_{l'D_2}} < 2$$

故在不考虑与时间相关的速度的情况下，$\dfrac{H_{uns}}{H_s} < 2$ 必然成立，且 $\dfrac{H_{uns}}{H_s} \geqslant 1$ 始终成立。即 $1 \leqslant \dfrac{H_{uns}}{H_s} < 2$。

不等式（11-2）表示，当 $H_{l'}$ 的值变小或 $F_{l'D_1}$ 的值接近 $H_{l'}$ 或车辆负载减小或车辆行驶距离减少时，H_{uns} 与 H_s 的比值更接近 2。

11.4 效益比影响因素分析

本节通过计算实验分析不同因素对车场资源共享效益的影响。将 MDVRP 的基准算例修改为 MDVRPFCSDR，以评估共享车场资源下不同因素对效益的影响。采用文献[14] 提出了具有自适应局部搜索的混合遗传算法（HGA_ALS），解决共享和非共享车场两种情况下的算例。HGA_ALS 中的目标函数仅用式（8-1）代替，以应用于 MDVRPFCSDR。HGA_ALS 的有效性是通过在一组标准 MDVRP 问题算例上进行测试评估的，其中客户数量不超过 100，如第 11.4.1 节所示，而比较不同因素对效益比的影响如 11.4.2 节所示。

11.4.1 评估 HGA_ALS 在 MDVRP 算例上的性能

11.4.1.1 实验数据

本书采用文献[15] 的 13 个基准算例上评估了 HGA_ALS 的有效性，其中客户数量不超过 100。在该算例中，A 类客户采用随机均匀分布、B 类客户采用线性

分布、C 类客户采用半聚类分布。其特征如表 11-2 所示。

表 11-2　MDVRP 算例特征

问题		MDVRP 算例	N	M	T	Q
A	1	p01	50	4	∞	80
	2	p02	50	4	∞	160
	3	p03	75	5	∞	140
	4	p04	100	2	∞	100
	5	p05	100	2	∞	200
	6	p06	100	3	∞	100
	7	p07	100	4	∞	100
B	8	p12	80	2	∞	60
	9	p13	80	2	200	60
	10	p14	80	2	180	60
C	11	Pr01	48	4	500	200
	12	Pr02	96	4	480	195
	13	Pr07	72	6	500	200

11.4.1.2　结果比较

HGA_ALS 和其他先进方法求解结果的比较如表 11-3 所示。每个算例均由 HGA_ALS 测试 10 次。在表 11-3 中，BKS 表示已知最好的求解结果，AVG 表示这 10 次测试的平均值，STD 是标准差。最后一列是 HGA_ALS 和 BKS 获得的最优解之间的差距，其中差距% ＝（BEST-BKS）/BKS * 100。

表 11-3　MDVRP 算例的结果比较

问题	BKS	Pisinger and Ropk[16]（2007）	Yu et al.[19] （2011）	Luo and Chen[17]	HGA_ALS			Gap% to BKS
					BEST	AVG	STD	
1	576.86	576.87	576.86	576.87	576.87	576.87	0.00	0.00
2	473.53	473.53	473.53	473.53	473.53	473.53	0.00	0.00
3	640.65	641.19	641.18	641.19	641.19	641.66	1.09	0.08
4	999.21	1001.04	1001.49	1001.04	1002.23	1009.32	2.84	0.30
5	750.03	751.26	750.26	750.03	751.58	752.64	0.91	0.24

问题	BKS	Pisinger and Ropk[16]（2007）	Yu et al.[19]（2011）	Luo and Chen[17]	HGA_ALS			Gap% to BKS
					BEST	AVG	STD	
6	876.50	876.70	876.50	876.50	876.50	878.58	1.87	0.00
7	881.97	881.97	885.69	881.97	890.94	892.71	0.75	1.02
8	1318.95	1318.95	1318.95	1318.95	1318.96	1318.96	0.00	0.00
9	1318.95	1318.95	1318.95	1318.95	1318.95	1318.95	0.00	0.00
10	1360.12	1360.12	1365.68	1360.12	1360.12	1360.12	0.00	0.00
11	861.32	861.32	—	861.32	861.32	861.32	0.00	0.00
12	1296.25	1307.34	—	1307.34	1307.34	1308.87	1.76	0.86
13	1075.12	1089.56	—	1089.56	1075.12	1075.12	0.00	0.00
平均值	956.11	958.37	—	958.26	958.07	959.13	0.71	0.19

如表 11-3 所示，HGA_ALS 和 BKS 获得的最优解之间的差距百分比平均为 0.19%，最大差距百分比为 1.02%，最小差距百分比为 0.00%。HGA_ALS 获得的 13 个最优解的平均值优于文献[16] 以及文献[17] 的解。最大标准差为 2.84，平均标准差为 0.71，表明 HGA_ALS 相对稳定。以上结果表明 HGA_ALS 是有效的且稳健的。

11.4.2 不同因素对 MDVRPFC 与 MDVRPFCSDR 之间效益比的影响

11.4.2.1 实验设置

选取车场数量、车场—客户地理分布、最大路径距离、车辆速度 4 个因子来评估对效益比（$\lambda = H_{uns}/H_s$）的影响，以确定非共享和共享车场中哪种情况会导致较高的效益比。油耗目标函数中参数 t_1、t_2、t_3 的取值与文献[18] 中设置的相同。即 $t_1 = 1.01763908$，$t_2 = 0.0000084$，$t_3 = 0.00014122$，且 $w = 6350$。此外，使用并重新设计了 13 个基准算例中不同客户规模下的 6 个算例进行研究，表示为 I1、I2、I3、I4、I5 和 I6。每个算例有两种地理分布，即随机均匀分布（L_1）和线性分布（L_2）。L_2 情况下，顾客分布在两个车场连接线附近。对于 L_1 类，直接应用原始客户数据；对于 L_2 类，重置车场和部分客户的坐标，只保留基准算例中的客户需求。L_1、L_2 类中新增了最大路径距离和车速。其中 6 个算例的客户端数量 N 分别为 50、75、100、48、96、72。

车场—客户地理分布（L）和车场数量（M）。车场—客户地理分布可分为两类，即 L_1 和 L_2。这两个分布用于估计车场—客户地理分布是否对于比率 λ 有影响。将车场数量设置为 4 和 5，分别记为 K_1 和 K_2，分析不同车场数量是否会影响比率 λ。车场—客户地理分布示例如图 11-2 所示，图中包含 5 个车场（当车场数量为 4 时，删除图正中间的车场）。

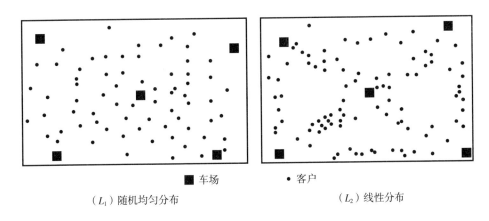

■ 车场　　• 客户

　（L_1）随机均匀分布　　　　　　　　　　　　　（L_2）线性分布

图 11-2　车场—客户地理分布

车辆速度（v）。根据燃油消耗模型和其参数值，通过 H 对速度 v 进行求导，得到了最佳车速 $v = 20\text{km/h}$。为了方便讨论，假设图中每个弧线中的速度相等，而速度不随时间变化而改变。选择 $v_1 = 20\text{km/h}$，$v_2 = 30\text{km/h}$，$v_3 = 40\text{km/h}$ 三种不同的速度对比算例进行测试并分析速度对效益比 λ 的影响。最大路径距离（T）由定理 2 可知，当 $F_{l'D_2}$ 固定时，$H_{l'}$ 值减小，意味着车辆载荷减小或距离减少（该距离必须保证车辆可以共享），效益比 λ 更接近 2。因此，当选择不同的最大路径距离进行算例测试。首先定义两个车场之间的最大距离表示为 $T_{max} = \max(d_{ij})$，$i, j \in V_d$ 以量化最大路径距离。只有当路径长度大于车场之间的距离时，才可以共享车场。于是记为 $T = \alpha \times T_{max}$ 和 $\alpha \in \{1.2, 1.4, 1.6, 1.8\}$，其中 α 中的值分别代表 4 级的最大路径距离，即 $T_1 = 1.2 T_{max}$，$T_2 = 1.4 T_{max}$，$T_3 = 1.6 T_{max}$，$T_4 = 1.8 T_{max}$。

在共享车场和非共享车场两种场景下讨论了 4 种不同因素对效益比 λ 的影响。表 11-4 中包含了 4 个参数，包括 11 个级别。针对每个参数的不同级别检查了 48 种（2 * 2 * 3 * 4）组合，并考虑了每个算例的车场共享和不共享的两种状态。因此每个算例需要测试 96（48 * 2）次。而且在研究中，考虑了 6 种情况，故共执行 576（96 * 6）次测试。λ 的值用于评估共享车场与非共享车场相比所节约的成本。λ 值越大，共享车场节约的费用就越多。所有详细的实验结果见附录 B。

表 11-4　4 个参数 11 个水平的取值

级别/参数	车场—客户分布（L）	车场数量（M）（辆）	车速（v）（千米/小时）	最大路径距离（T）
1	随机均匀分布	4	20	$1.2 \times T_{max}$
2	线性分布	5	30	$1.4 \times T_{max}$
3	—	—	40	$1.6 \times T_{max}$
4	—	—	—	$1.8 \times T_{max}$

11.4.2.2　计算结果

表 11-5 展示了共享和非共享车场下燃料消耗的相对性能结果。该表根据影响因素可分为二至四个不同级别的四组。每行通过将每个参数设定不同水平并改变其他参数来得到 λ。例如表 11-5 第 1 个单元格中的 1.05 表示 L_1 级别的算例 I1 中 24（2 * 3 * 4）个组合的平均值。下面详细分析了各因素对效益比 λ 的影响。

表 11-5　平均 λ 值

等级/算例	I1	I2	I3	I4	I5	I6	平均值
L_1	1.05	1.02	1.02	1.03	1.03	1.04	1.03
L_2	1.10	1.11	1.11	1.11	1.10	1.09	1.10
M_1	1.05	1.05	1.06	1.06	1.06	1.05	1.06
M_2	1.11	1.08	1.08	1.09	1.07	1.08	1.09
v_1	1.08	1.06	1.07	1.07	1.07	1.07	1.07
v_2	1.08	1.07	1.07	1.07	1.07	1.07	1.07
v_3	1.08	1.07	1.07	1.07	1.07	1.07	1.07
T_1	1.10	1.08	1.11	1.09	1.10	1.10	1.10
T_2	1.08	1.07	1.07	1.07	1.08	1.05	1.07
T_3	1.08	1.05	1.05	1.07	1.05	1.06	1.06

续表

等级/算例	I1	I2	I3	I4	I5	I6	平均值
T_4	1.06	1.05	1.04	1.06	1.05	1.06	1.05
平均值	1.08	1.06	1.07	1.07	1.07	1.07	1.07

车场—客户地理分布（L）。其中 6 个算例的结果如图 11-3 所示，以图形方式描述了表 11-5 中第 1 组获得的结果。在表 11-5 中的平均值表明，当车场—客户分布水平从 L_1 移动到 L_2 时，λ 增加了 6.8%（从 1.03 到 1.10），在所有参数中 λ 增长最显著。因此，车场—客户地理分布对油耗影响显著。且当顾客分布在车站之间的直线附近时，效益比 λ 的总体平均值达到了最大值。

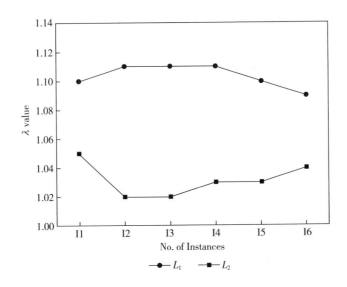

图 11-3　车场—客户分布对 λ 值的影响

设计新算例 I7 以进一步反映车场—客户分布对比率 λ 的影响。算例 I7 中的车场—客户地理分布如图 11-4 所示。在表 11-6 中第 3 列和第 4 列的结果为 3 种车速级别的平均值。当顾客位于车场之间的直线上时，平均 λ 值为 1.32，共享车场油耗较非共享车场明显更节省。因此，如果顾客位于车场之间的连线上，则共享车场效益更高。

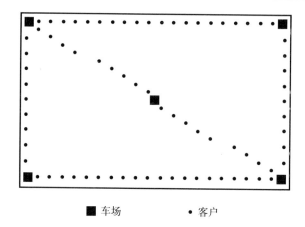

■ 车场   • 客户

图 11-4   算例 I7 的车场—客户分布

表 11-6 所示的另一个观察结果是，最佳路径距离将使共享车场在客户线性分布下的优势更加明显。在算例 I7 中，当节点呈线性分布且最大路径距离处于 T_1 级别时，在车场数量为 4 个和 5 个的情况下，比值 λ 分别达到了 1.36 和 1.38。因此非共享车场的燃油消耗量分别是共享车场的 36% 和 38% 以上。

表 11-6   I7 中 L_2 油耗结果

车场数量	等级	H_{uns}	H_s	λ
4 车场	T_1	228.07	167.91	1.36
	T_2	219.92	164.96	1.33
	T_3	211.65	164.96	1.28
	T_4	201.51	162.82	1.24
5 车场	T_1	226.03	164.01	1.38
	T_2	217.34	164.02	1.33
	T_3	215.39	161.66	1.33
	T_4	207.46	161.66	1.28
平均值		215.92	164.00	1.32

最大路径距离（T）。定理 2 的证明表明，在允许共享车场的前提下，路径最大距离越短，λ 值比越大，其中 6 个算例的 λ 值如图 11-5 所示。从表 11-5 中的 T_4 到 T_1，最大路径距离减少导致 λ 值平均增加 4.76%（从 1.05 到 1.10），根

据统计规律呈现逐渐上升的趋势。每个案例的测试结果都会有所波动，因为它们受到车速和客户分布因素的影响。然而，该结论成立有一个条件，即路径距离必须设置在合理的范围内。比如，比两个车场之间的距离更短的路径也会限制共享的可能性，从而导致 λ 值减小。为了进行验证，定义了 $T_{min} = \min\ (d_{ij})$，$i, j \in V_d$ 来表示两个车场之间的最小距离。然后通过添加应小于 T_{max} 但大于 T_{min} 的距离约束来进一步测试算例 I1。因此，又应用了 4 个最大距离级别，即 $T_a = T_{min}$，$T_b = 1.2 \times T_{min}$，$T_c = 1.4 \times T_{min}$ 以及 $T_d = T_{max}$。如表 11-7 所示，测试为在速度级别 v_3 下的结果值。

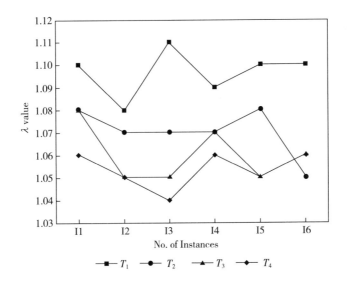

图 11-5　最大路径距离对 λ 值的影响

表 11-7　算例 I1 油耗结果

车场数量	等级	I1－L_1			I1－L_2		
		H_{uns}	H_s	λ	H_{uns}	H_s	λ
5 车场	T_a	211. 16	211. 16	1. 00	203. 27	203. 27	1. 00
	T_b	171. 64	170. 87	1. 01	175. 99	174. 87	1. 01
	T_c	139. 59	138. 34	1. 01	148. 16	146. 03	1. 02
	T_d	95. 88	88. 06	1. 09	96. 20	86. 48	1. 11
	T_a	84. 20	75. 20	1. 12	80. 30	69. 20	1. 16

续表

车场数量	等级	I1-L_1			I1-L_2		
		H_{uns}	H_s	λ	H_{uns}	H_s	λ
5 车场	T_b	76.60	70.80	1.08	73.20	64.40	1.14
	T_c	73.20	69.00	1.06	70.00	62.20	1.13
	T_d	70.90	67.50	1.05	66.30	60.10	1.10
平均值		115.40	111.37	1.05	114.18	108.32	1.08

测试结果表明，当最大路径距离等于 T_α 时，共享车场无法实现节省。在这种情况下，共享和非共享车场的燃油消耗相同，从而导致 λ 值等于 1。当最大路径距离等于 T_b 和 T_c 时，由于少数车场可以与其他车场共享，共享车场在燃料消耗上的优势逐渐显现。当最大路径距离从 T_c 变化到 T_d 时，两类车场—客户地理分布的比值 λ 明显增大（从 1.01 到 1.09 和从 1.02 到 1.11）。如果路径距离继续增加，则 λ 值达到最大值后减小。因此，当路径距离从 T_α 级别移动到 T_4 级别时，效益比值 λ 先从 1 增大到最大值然后减小，如图 11-6 所示。

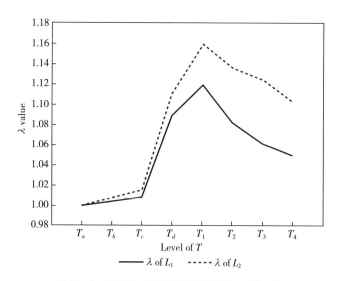

图 11-6 不同最大路径距离下算例 I1 的 λ 值

车场数量（M）。其中 6 个算例的 λ 值如图 11-7 所示。当车场数量从 M_1 移动到 M_2 水平时，λ 值增加。当车场数量增加时，由于车场之间的连接线路数量增加，共享车场的机会也随之增加。因此，当可用车场数量较多时，效益比值 λ 增大。

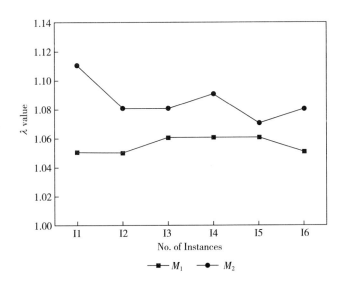

图 11-7　车场数量对 λ 值的影响

车辆速度（v）。虽然车速对油耗有影响，但在不同车速水平下共享和非共享车场的油耗变化相同，如表 11-5 所示。因此，在不同车速下的平均 λ 值保持稳定。

共享车场下的 MDVRPFC 优于非共享车场的情况。算例中的所有 λ 值意味着收益比最小为 1.00，最大值可达 1.38。通过上述分析可以看出，共享车场的优势在以下三种情况较为明显：①客户分布在车场连接线附近；②最大路径距离适中；③车场数量较多。计算结果表明，在所有因素中，车场—客户分布对 λ 值的影响最为重要。第二个重要影响因素是最大路径距离。

11.5　本章小结

本书通过与非共享条件下的比较结果来评估共享车场资源下的最大潜在效

益。证明了路径距离和燃油消耗的最大效益比为 2，但前者的效益比可以等于 2，而后者的效益比只能小于 2。然后通过数据实验分析了影响效益比的四个因素。计算结果表明，车场—客户地理分布、最大路径距离、车场数量三项与效益比值密切相关，其中车场—客户地理分布对效益比影响最为显著。相比之下，车速对效益比的影响并不显著。通过对与效益比密切相关的三个因素的分析，我们给物流管理者提出以下建议：

（1）如果客户分布在车场之间的连线附近，例如客户分布在车场之间的街道沿线，共享车场资源可以实现更大的节省。

（2）对于拥有线上线下平台的企业来说，它们拥有大量的线上客户和线下客户。它们的零售店可以具有商店和车场的功能，从而可以通过零售店来服务在线客户。在这种情况下，这些企业将拥有更多的配送车场，共享车场对它们来说具有更大效益。

（3）共享车场对于易腐食品和新鲜食品行业也很有利，因为在运输时间较短，这意味着最大路径距离不会很长。

对于未来的研究，其中一个有趣的方向是扩展共享资源，如人力资源。

附录 A

A.1. 符号

集合		
V_d		车场集
V_c		客户集
V		顶点集
E		弧集
K		车辆组
参数		
q_i		客户需求 i
d_{ij}		客户 i 和 j 之间的距离
v_{ij}		i 和 j 之间的车速
w		车辆整备重量，即空车重量
Q		车辆的最大容量

续表

参数	
T	最大路径距离
K_D	停车场 D 车辆数量
P_D	车场 D 停车位数量

变量	
f_{kij}	车辆 k 在弧（i, j）上的载荷
x_{kij}	0-1 决策变量；如果车辆 k 直接从 i 行驶到 j，则 $x_{kij}=1$，否则 $x_{kij}=0$

A.2. 混合整数线性规划

我们使用文献[18, 20] 描述的燃料消耗模型计算油耗，它是文献[21, 22] 模型的拓展考虑车辆负载、行驶距离和行驶速度对油耗的影响。燃料消耗模型构建为：

$$F(d, v, f) = FR \times (d/v) \tag{A1}$$

其中，F 表示油耗，d 表示距离（米），V 表示车速（米/秒），d/v 表示时间。FR 为燃油消耗率，可具体表示为：

$$FR = \xi(\mu\beta\delta + (P_{tract}/\eta_{tf} + P_{acc})/\eta)/\kappa \tag{A2}$$

公式（A2）用于计算单位时间内产生的燃油消耗量，其中 μ, β, δ, η_{tf}, P_{acc} 分别为与车辆设备相关的参数，即发动机摩擦因数、发动机转速、发动机排量、车辆传动系统效率和发动机功率需求。P_{acc} 通常假设为 0（Demir 等[18]）。P_{tract} 代表车轮所需的总牵引功率（千瓦）。该参数与公交运行时的车辆状态和道路状况有关，可表示为：

$$P_{tract} = (M\tau + Mg\sin\theta + 0.5C_d\rho Av^2 + MgC_r\cos\theta)v/1000 \tag{A3}$$

其中，τ, C_d, C_r 为与行驶道路状况相关的参数，分别为加速度、气动阻力系数和滚动阻力。θ 与分布区域的地理特征有关，表示道路坡度值。A 是与车辆相关的参数。η, κ, ρ, g, ξ 分别表示柴油机效率参数、典型柴油燃料热值、空气密度、重力常数和燃料与空气质量比的常数。M 为车辆总重量（千克），计算公式为 $M=w+f$，其中 w 为车辆固有质量，f 为车辆装载容量；这些都是影响油耗的因素。因此，车辆的燃油消耗量可表示为：

$$F(d, v, f) = \frac{\xi}{\kappa\psi}\mu BV(d/v) + \frac{\xi}{\kappa\psi} \times \frac{1}{1000\eta_{tf}\eta}(\tau + g\sin\theta + gC_r\cos\theta) \times d(w+f) + \frac{\xi}{\kappa\psi} \times$$

$$\frac{1}{1000\eta_{tf}\eta} \times 0.5 C_d \rho A \times d v^2 \tag{A4}$$

然后合并式（A4）的常数。当车辆以速度 v、负载 f，沿圆弧（i, j）行驶时，油耗（升）模型可简化为：

$$F(d,\ v,\ f) = t_1 d_{ij}/v_{ij} + t_2 d_{ij}(w + f_{ij}) + t_3 d_{ij} v_{ij}^2 \tag{A5}$$

其中，$t_1 = \dfrac{\xi}{\kappa\psi}\mu BV$，$t_2 = \dfrac{\xi}{\kappa\psi} \times \dfrac{1}{1000\eta_{tf}\eta}(\tau + g\sin\theta + g C_r\cos\theta)$，$t_3 = \dfrac{\xi}{\kappa\psi} \times \dfrac{1}{1000\eta_{tf}\eta} \times$

$0.5 C_d \rho A$，且均为常数。

根据前面的讨论，MDVRPFCSDR 的模型如下：

$$\min H = \sum_{i \in V}\sum_{j \in V}\sum_{k \in K} t_1 d_{ij}/v_{ij} + \sum_{i \in V}\sum_{j \in V}\sum_{k \in K} t_2 d_{ij}(w + f_{kij})x_{kij} + \sum_{i \in V}\sum_{j \in V}\sum_{k \in K} t_3 v_{ij}^2 d_{ij} x_{kij} \tag{A6}$$

s. t.

$$\sum_{k \in K}\sum_{j \in V_c} X_{kDj} \leqslant K_D, \quad \forall D \in V_d \tag{A7}$$

$$\sum_{k \in K}\sum_{i \in V_c}(X_{kiD} - X_{kDi}) \leqslant P_D - K_D, \quad \forall D \in V_d \tag{A8}$$

$$\sum_{k \in K}\sum_{j \in V} X_{kij} = \sum_{k \in K}\sum_{j \in V} X_{kij} = 1, \quad \forall i \in V_c \tag{A9}$$

$$\sum_{D \in V_d}\sum_{j \in V_c} X_{kDj} = \sum_{D \in V_d}\sum_{i \in V_c} X_{kiD} \leqslant 1, \quad \forall k \in K \tag{A10}$$

$$\sum_{i \in C}\sum_{j \in C} X_{kij} \leqslant |C| - 1, \quad \forall C \subseteq V_c k \in K \tag{A11}$$

$$\sum_{i \in V_d}\sum_{j \in V_d} X_{kij} = 0, \quad \forall k \in K \tag{A12}$$

$$\sum_{k \in K}\sum_{j \in V} f_{kji} - \sum_{k \in K}\sum_{j \in V} f_{kij} = q_i, \quad \forall i \in V_c \tag{A13}$$

$$\sum_{i \in V}\sum_{j \in V_c} q_j X_{kij} \leqslant Q, \quad \forall k \in K \tag{A14}$$

$$\sum_{i \in V}\sum_{j \in V} d_{ij} X_{kij} \leqslant T, \quad \forall k \in K \tag{A15}$$

$$f_{kij} \geqslant 0, \quad \forall i,\ j \in V,\ k \in K \tag{A16}$$

$$X_{kij} \in \{0,\ 1\}, \quad \forall (i,\ j) \in E,\ k \in K \tag{A17}$$

目标函数（A6）最小化燃油消耗，其中第 1 项和第 3 项表示由车速引起的燃油消耗，第 2 项表示由空车和车辆装载重量引起的燃油消耗。约束条件（A7）表示每个车场使用的车辆数量不大于可用车辆数量。约束（A8）表示每个停车场停放的车辆数量不能超过可用停车位的数量。约束（A9）要求每个客户仅由一辆车服务一次。约束（A10）是指每辆车必须从一个车场出发并返回一个车场。约束（A11）表示子循环消除。约束（A12）确保车辆不能直接从一个车场行驶到另一车场。约束（A13）表示流量守恒约束：每次服务客户时，其需求量始终等于为客户提供服务之前的负载与为客户提供服务之后的负载之间的差值。约束（A14）表示车辆容量约束。约束（A15）表示最大路径距离约束。约束（A16）表示车辆的装载重量具有非负属性。约束（A17）表示决策变量的范围。

附录 B

参考表 B1~ 表 B7。

表 B1 算例 I1 油耗结果

车场数量	等级	I1-L_1			I1-L_2		
		H_{uns}	H_s	λ	H_{uns}	H_s	λ
4 车场	T_1, v_3	77.20	75.90	1.02	68.80	68.80	1.09
	T_1, v_2	88.10	86.00	1.02	78.50	78.50	1.09
	T_1, v_1	114.33	112.35	1.02	101.85	101.85	1.09
	T_2, v_3	71.70	70.30	1.02	64.50	64.50	1.06
	T_2, v_2	81.80	80.20	1.02	73.60	73.60	1.06
	T_2, v_1	106.18	104.12	1.02	95.50	95.50	1.06
	T_3, v_3	71.20	69.40	1.03	62.00	62.00	1.09
	T_3, v_2	81.20	79.20	1.03	70.70	70.70	1.09
	T_3, v_1	105.43	103.25	1.02	91.67	91.67	1.09
	T_4, v_3	68.40	66.80	1.02	61.00	61.00	1.05
	T_4, v_2	78.00	76.40	1.02	69.60	69.60	1.05
	T_4, v_1	101.21	98.58	1.02	90.44	90.44	1.05
5 车场	T_1, v_3	84.20	75.20	1.12	69.20	69.20	1.16
	T_1, v_2	96.10	85.80	1.12	78.90	78.90	1.16
	T_1, v_1	124.73	111.43	1.12	102.50	102.50	1.16
	T_2, v_3	76.60	70.80	1.08	64.40	64.40	1.14
	T_2, v_2	88.71	80.80	1.10	73.40	73.40	1.14
	T_2, v_1	113.44	104.85	1.08	95.35	95.35	1.14
	T_3, v_3	73.20	69.00	1.06	62.20	62.20	1.13

续表

车场数量	等级	I1−L_1			I1−L_2		
		H_{uns}	H_s	λ	H_{uns}	H_s	λ
5 车场	T_3,v_2	83.50	78.50	1.06	70.90	70.90	1.13
	T_3,v_1	108.46	101.48	1.07	92.05	92.05	1.13
	T_4,v_3	70.90	67.50	1.05	60.10	60.10	1.10
	T_4,v_2	80.90	77.06	1.05	68.50	68.50	1.10
	T_4,v_1	104.97	100.00	1.05	89.00	89.00	1.10

表 B2 算例 I2 油耗结果

车场数量	等级	I2−L_1			I2−L_2		
		H_{uns}	H_s	λ	H_{uns}	H_s	λ
4 车场	T_1,v_3	104.72	102.13	1.03	98.95	87.90	1.13
	T_1,v_2	119.44	116.49	1.03	112.86	99.41	1.14
	T_1,v_1	155.02	151.22	1.03	146.48	129.00	1.14
	T_2,v_3	96.78	96.78	1.00	93.40	84.42	1.11
	T_2,v_2	110.35	110.35	1.00	106.51	96.30	1.11
	T_2,v_1	143.09	143.09	1.00	138.13	124.92	1.11
	T_3,v_3	94.40	92.70	1.02	84.81	81.20	1.04
	T_3,v_2	107.86	106.19	1.02	96.70	92.60	1.04
	T_3,v_1	139.58	138.09	1.01	125.42	120.07	1.04
	T_4,v_3	90.40	90.40	1.00	84.46	80.40	1.05
	T_4,v_2	102.59	102.46	1.00	96.40	91.80	1.05
	T_4,v_1	133.22	133.22	1.00	124.81	119.19	1.05
5 车场	T_1,v_3	101.75	100.82	1.01	100.34	87.30	1.15
	T_1,v_2	116.07	115.19	1.01	114.45	99.61	1.15
	T_1,v_1	150.69	148.86	1.01	148.57	129.30	1.15
	T_2,v_3	96.30	93.10	1.03	95.70	83.00	1.15
	T_2,v_2	109.86	106.07	1.04	109.20	94.60	1.15
	T_2,v_1	142.55	137.72	1.04	141.63	122.81	1.15
	T_3,v_3	93.50	90.30	1.04	90.60	79.90	1.13
	T_3,v_2	106.58	103.02	1.03	103.30	91.90	1.12
	T_3,v_1	138.28	133.86	1.03	134.05	118.31	1.13

续表

车场数量	等级	I2–L_1			I2–L_2		
		H_{uns}	H_s	λ	H_{uns}	H_s	λ
	T_4,v_3	90.20	88.00	1.03	86.86	77.40	1.12
5 车场	T_4,v_2	103.07	100.41	1.03	99.10	88.30	1.12
	T_4,v_1	134.96	130.86	1.03	128.52	115.72	1.11

表 B3　算例 I3 油耗结果

车场数量	等级	I3–L_1			I3–L_2		
		H_{uns}	H_s	λ	H_{uns}	H_s	λ
	T_1,v_3	123.15	117.67	1.05	113.95	99.35	1.15
	T_1,v_2	139.23	134.86	1.03	129.99	113.21	1.15
	T_1,v_1	182.21	176.38	1.03	167.99	146.91	1.14
	T_2,v_3	114.48	111.71	1.02	105.20	3.90	1.12
	T_2,v_2	130.06	128.05	1.02	121.91	107.04	1.14
4 车场	T_2,v_1	169.92	166.00	1.02	154.98	138.89	1.12
	T_3,v_3	108.95	108.10	1.01	95.40	102.99	1.07
	T_3,v_2	124.32	123.06	1.01	107.77	132.26	1.05
	T_3,v_1	161.20	160.69	1.00	139.65	89.20	1.06
	T_4,v_3	107.31	107.31	1.00	93.20	102.82	1.04
	T_4,v_2	122.35	122.35	1.00	107.48	131.87	1.05
	T_4,v_1	158.73	158.70	1.00	137.81	94.17	1.05
	T_1,v_3	122.93	115.80	1.06	112.81	107.46	1.20
	T_1,v_2	140.55	133.05	1.06	128.68	139.41	1.20
	T_1,v_1	181.68	170.92	1.06	167.03	92.40	1.20
	T_2,v_3	111.64	111.13	1.00	103.29	105.29	1.12
	T_2,v_2	127.61	126.88	1.01	117.80	136.42	1.12
5 车场	T_2,v_1	165.36	164.77	1.00	155.90	89.60	1.14
	T_3,v_3	109.05	107.10	1.02	100.05	102.08	1.12
	T_3,v_2	124.37	121.98	1.02	114.10	132.47	1.12
	T_3,v_1	161.41	158.01	1.02	148.05	7.20	1.12
	T_4,v_3	107.23	106.09	1.01	96.30	100.20	1.10
	T_4,v_2	122.67	121.06	1.01	108.32	130.00	1.08
	T_4,v_1	159.03	156.99	1.01	140.66	99.35	1.08

表 B4　算例 I4 油耗结果

车场数量	等级	I4-L_1			I4-L_2		
		H_{uns}	H_s	λ	H_{uns}	H_s	λ
4车场	T_1,v_3	161.97	151.69	1.07	138.96	126.01	1.10
	T_1,v_2	184.91	173.06	1.07	158.52	143.75	1.10
	T_1,v_1	242.31	224.7	1.08	205.81	186.63	1.10
	T_2,v_3	145.34	144.54	1.01	129.38	118.75	1.09
	T_2,v_2	165.8	164.89	1.01	147.58	135.46	1.09
	T_2,v_1	215.26	214.07	1.01	191.58	175.84	1.09
	T_3,v_3	139.32	138.14	1.01	125.75	115.42	1.09
	T_3,v_2	158.93	157.57	1.01	143.43	132.98	1.08
	T_3,v_1	206.32	204.56	1.01	186.18	170.98	1.09
	T_4,v_3	129.97	129.86	1.00	120.96	112.96	1.07
	T_4,v_2	148.24	148.12	1.00	137.97	128.83	1.07
	T_4,v_1	192.38	192.24	1.00	179.08	167.78	1.07
5车场	T_1,v_3	154.29	148.59	1.04	141.62	124.69	1.14
	T_1,v_2	176.05	169.53	1.04	161.57	142.26	1.14
	T_1,v_1	228.62	220.15	1.04	209.82	184.71	1.14
	T_2,v_3	142.86	139.69	1.02	135.46	117.61	1.15
	T_2,v_2	162.99	159.37	1.02	154.55	134.17	1.15
	T_2,v_1	211.63	206.91	1.02	200.68	174.19	1.15
	T_3,v_3	139.87	133.34	1.05	128.37	111.45	1.15
	T_3,v_2	159.57	152.07	1.05	146.44	127.13	1.15
	T_3,v_1	207.19	197.42	1.05	190.12	165.03	1.15
	T_4,v_3	133.87	127.78	1.05	124.48	109.98	1.13
	T_4,v_2	152.73	145.77	1.05	141.99	125.46	1.13
	T_4,v_1	198.28	189.24	1.05	184.32	162.85	1.13

表 B5　算例 I5 油耗结果

车场数量	等级	I5-L_1			I5-L_2		
		H_{uns}	H_s	λ	H_{uns}	H_s	λ
4车场	T_1,v_3	229.72	225.44	1.02	173.07	148.82	1.16
	T_1,v_2	262.05	257.02	1.02	197.39	169.81	1.16

续表

车场数量	等级	I5−L_1			I5−L_2		
		H_{uns}	H_s	λ	H_{uns}	H_s	λ
4 车场	T_1, v_1	340.17	334.55	1.02	256.20	220.26	1.16
	T_2, v_3	214.11	208.93	1.02	161.81	146.32	1.11
	T_2, v_2	244.17	238.43	1.02	183.68	166.91	1.10
	T_2, v_1	316.89	310.86	1.02	239.14	216.47	1.10
	T_3, v_3	208.56	203.60	1.02	153.88	144.04	1.07
	T_3, v_2	237.76	232.23	1.02	175.47	164.23	1.07
	T_3, v_1	308.58	301.30	1.02	227.64	213.09	1.07
	T_4, v_3	203.78	198.07	1.03	151.36	142.59	1.06
	T_4, v_2	229.61	225.89	1.02	172.47	162.35	1.06
	T_4, v_1	297.17	293.17	1.01	223.69	208.70	1.07
5 车场	T_1, v_3	233.25	220.12	1.06	170.60	149.12	1.14
	T_1, v_2	266.16	251.13	1.06	194.55	170.13	1.14
	T_1, v_1	345.62	326.06	1.06	252.60	220.89	1.14
	T_2, v_3	218.02	206.57	1.06	164.05	145.82	1.13
	T_2, v_2	248.52	235.69	1.05	187.00	165.96	1.13
	T_2, v_1	322.64	305.98	1.05	242.74	215.37	1.13
	T_3, v_3	202.99	199.37	1.02	153.88	143.99	1.07
	T_3, v_2	231.59	225.64	1.03	175.54	163.99	1.07
	T_3, v_1	300.56	292.96	1.03	227.81	212.78	1.07
	T_4, v_3	197.02	195.87	1.01	152.49	140.03	1.09
	T_4, v_2	224.73	223.32	1.01	173.93	159.31	1.09
	T_4, v_1	291.74	289.89	1.01	225.74	204.23	1.11

表 B6 算例 I6 油耗结果

车场数量	等级	I6−L_1			I6−L_2		
		H_{uns}	H_s	λ	H_{uns}	H_s	λ
4 车场	T_1, v_3	195.95	186.34	1.05	160.43	144.44	1.11
	T_1, v_2	223.54	212.55	1.05	183.00	164.70	1.11
	T_1, v_1	290.23	275.92	1.05	237.57	213.75	1.11
	T_2, v_3	185.30	180.04	1.03	147.85	140.41	1.05

车场数量	等级	I6-L_1			I6-L_2		
		H_{uns}	H_s	λ	H_{uns}	H_s	λ
4 车场	T_2,v_2	211.36	202.71	1.04	168.62	160.65	1.05
	T_2,v_1	274.36	262.86	1.04	218.83	207.76	1.05
	T_3,v_3	179.12	174.41	1.03	145.83	138.59	1.05
	T_3,v_2	203.75	198.39	1.03	166.59	155.35	1.07
	T_3,v_1	265.18	257.60	1.03	216.18	203.83	1.06
	T_4,v_3	170.81	170.06	1.00	142.97	133.46	1.07
	T_4,v_2	194.82	193.96	1.00	162.14	153.76	1.05
	T_4,v_1	252.85	248.86	1.02	210.36	196.56	1.07
5 车场	T_1,v_3	206.56	192.44	1.07	169.36	146.37	1.16
	T_1,v_2	235.70	219.51	1.07	193.15	166.98	1.16
	T_1,v_1	306.02	285.14	1.07	250.77	216.80	1.16
	T_2,v_3	187.57	180.19	1.04	152.97	140.03	1.09
	T_2,v_2	213.94	205.62	1.04	174.43	159.75	1.09
	T_2,v_1	277.80	268.43	1.03	226.43	207.40	1.09
	T_3,v_3	184.68	175.03	1.06	147.26	134.02	1.10
	T_3,v_2	210.68	199.59	1.06	167.97	152.87	1.10
	T_3,v_1	273.52	259.13	1.06	218.02	198.42	1.10
	T_4,v_3	179.24	169.32	1.06	145.16	131.72	1.10
	T_4,v_2	204.49	194.77	1.05	165.58	150.33	1.10
	T_4,v_1	265.51	250.84	1.06	214.92	194.92	1.10

表 B7　算例 I7 油耗结果

车场数量	等级	I7-L_2		
		H_{uns}	H_s	λ
4 车场	T_1,v_3	188.89	139.06	1.36
	T_1,v_2	215.50	158.66	1.36
	T_1,v_1	279.82	206.01	1.36
	T_2,v_3	182.15	136.65	1.33
	T_2,v_2	207.81	155.88	1.33
	T_2,v_1	269.81	202.35	1.33

续表

车场数量	等级	I7-L_2		
		H_{uns}	H_s	λ
4 车场	T_3,v_3	175.30	136.65	1.28
	T_3,v_2	199.99	155.88	1.28
	T_3,v_1	259.65	202.35	1.28
	T_4,v_3	166.92	134.91	1.24
	T_4,v_2	190.41	153.87	1.24
	T_4,v_1	247.19	199.67	1.24
5 车场	T_1,v_3	187.18	135.84	1.38
	T_1,v_2	213.56	154.98	1.38
	T_1,v_1	277.34	201.22	1.38
	T_2,v_3	180.00	135.84	1.33
	T_2,v_2	205.37	154.98	1.33
	T_2,v_1	266.66	201.24	1.33
	T_3,v_3	178.39	133.90	1.33
	T_3,v_2	203.52	152.76	1.33
	T_3,v_1	264.25	198.31	1.33
	T_4,v_3	171.84	133.91	1.28
	T_4,v_2	196.11	152.76	1.28
	T_4,v_1	254.42	198.31	1.28

本章参考文献：

［1］ International Energy Agency. CO_2 emissions from fuel combustion-highlights ［R］. International Energy Agency（IEA），Paris，2016.

［2］ Xiao Y，Zhao Q，Kaku I，Xu Y. Development of a fuel consumption optimization model for the capacitated vehicle routing problem ［J］. Computers & Operations Research，2012，39（7）：1419-1431.

［3］ Lin C，Choy K L，Ho G T S，Chung S H，Lam H Y. Survey of green vehicle routing problem：Past and future trends ［J］. ExpertSystems with Applications，2014，41（4）：1118-1138.

[4] Demir E, Bektaş T, Laporte G. A comparative analysis of several vehicle emission models for road freight transportation [J]. Transportation Research Part D-transport And Environment, 2011, 16 (5): 347-357.

[5] Demir E, Bektaş T, Laporte G. A review of recent research on green road freight transportation [J]. European Journal of Operational Research, 2014a, 237 (3): 775-793.

[6] Kuo Y. Using simulated annealing to minimize fuel consumption for the time-dependent vehicle routing problem [J]. Computers & Industrial Engineering, 2010, 59 (1): 157-165.

[7] Xiao Y, Zhao Q, Kaku I, Xu Y. Development of a fuel consumption optimization model for the capacitated vehicle routing problem [J]. Computers & Operations Research, 2012, 39 (7): 1419-1431.

[8] Bauer J, Bektaş T, Crainic T G. Minimizing greenhouse gas emissions in intermodal freight transport: An application to rail service design [J]. Journal of The Operational Research Society, 2010, 61 (3): 530-542.

[9] Fagerholt K, Laporte G, Norstad I. Reducing fuel emissions by optimizing speed on shipping routes [J]. Journal of The Operational Research Society, 2010, 61 (3): 523-529.

[10] Kim H, Yang J, Lee K D. Reverse logistics using a multi-depot VRP approach for recycling end-of-life consumer electronic products in south korea [J]. International Journal of Sustainable Transportation, 2011, 5 (5): 289-318.

[11] Ramos T R P, Oliveira R C. Delimitation of service areas in reverse logistics networks with multiple depots [J]. Journal of The Operational Research Society, 2011, 62 (7): 1198-1210.

[12] Demir E, Van Woensel T, de Kok T. Multidepot distribution planning at logistics service provider Nabuurs BV [J]. Interfaces, 2014c, 44 (6): 591-604.

[13] Markov I, Varone S, Bierlaire M. Integrating a heterogeneous fixed fleet and a flexible assignment of destination depots in the waste collection VRP with intermediate facilities [J]. Transportation Research Part B: Methodological, 2016, 84: 256-273.

[14] Li J, Li Y, Pardalos P M. Multi-depot vehicle routing problem with time

windows under shared depot resources [J]. Journal of Combinatorial Optimization, 2016, 31 (2): 1-18.

[15] Cordeau J, Gendreau M, Laporte G. A tabu search heuristic for periodic and multi-depot vehicle routing problems [J]. Networks, 1995, 30 (2): 105-119.

[16] Pisinger D, Ropk S. A general heuristic for vehicle routing problems [J]. Computers & Operations Research, 2007, 34 (8): 2403-2435.

[17] Luo J, Chen M R. Multi-phase modified shuffled frog leaping algorithm with extremal optimization for the MDVRP and the MDVRPTW [J]. Computers & Industrial Engineering, 2014, 72 (1): 84-97.

[18] Demir E, Bektaş T, Laporte G. An adaptive large neighborhood search heuristic for the pollution-routing problem [J]. European Journal of Operational Research, 2012, 223 (2): 346-359.

[19] Yu B, Yang Z Z, Xie J X. A parallel improved ant colony optimization for multi-depot vehicle routing problem [J]. Journal of The Operational Research Society, 2011, 62 (1): 183-188.

[20] Demir E, Bektaş T, Laporte G. The bi-objective pollution-routing problem [J]. European Journal of Operational Research, 2014b, 232 (3): 464-478.

[21] Barth M, Younglove T, Scora G. Development of a heavy-duty diesel modal emissions and fuel consumption model [R]. California Partners for Advanced Transit and Highways (PATH), 2005.

[22] Barth M, Boriboonsomsin K. Real-world CO_2 impacts of traffic congestion [C]. TRB 2008 annual meeting CD-ROM. In: Proceedings of the 87th Annual Meeting of the Transportation Research Board, Washington, DC, USA, 2008: 13-15.

第12章　基于复合邻域的离散萤火虫算法求解农机维修中非对称多车场车辆路径问题研究

12.1　引言

在农机上门维修服务（Door-to-door Maintenance Service of Farm Machinery，DMSFM）过程中，客户向维修信息中心拨打电话。维修中心的工作人员响应并记录客户位置、车辆信息和故障原因，以及预约修理工提供服务的时间。根据客户的时间窗口，第二天，维修人员将带着工具和更换件前往客户地点。例如，经营大型农具和家用农机具的国内著名农机公司雷沃，就采用这种模式为客户提供售后维修服务。随着农村老龄化人口的逐渐增加和远程诊断技术的应用，上门服务的需求逐渐上升。

由于最长工作时间、车辆容量、车队规模、顾客的时间窗口等因素的限制，手工分配维修车辆容易产生不适当的安排，尤其是在农忙季节，维修需求量大，不当的安排不仅会降低顾客的满意度，还会增加成本。

农机上门维修服务可以看作是一个多车场车辆路径问题（Multi-depot Vehicle Routing Problem，MDVRP），因为维修车辆和维修人员通常分布在多个维修站，然后由维修信息中心安排维修车辆和维修人员。从需求类型的角度来看，多车场车辆路径问题可以分为两类：节点需求和有向弧需求。对于节点的需求，例如简单的故障，可以在维修车辆到达后立即更换部件。然而，对于有向弧需求，必须将有故障的农业机械运输到维修站，因为有些故障要依赖于专业的工具和维修设备。因此，由于有向弧需求的存在，多车场车辆路径问题也可以被视为一个非对称车辆路径问题。综上所述，我们将农机上门维修服务视为带时间窗的非对称多车场车辆路径问题（Asymmetric Multi-depot Vehicle Routing Problemwith Time Windows，AMDVRPTW），如图 12-1 所示。

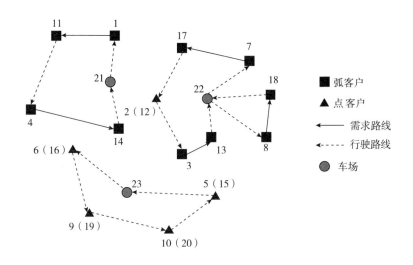

图 12-1　带时间窗的非对称多车场车辆路径问题示意图

　　带时间窗的非对称多车场车辆路径问题是一个 NP-hard 问题，因为当所有请求都是节点需求时，带时间窗的非对称多车场车辆路径问题可以转化为带时间窗的多车场车辆路径问题（Multi-depot Vehicle Routing Problem with Time Windows，MDVRPTW）。文献[1] 证明了带时间窗的多车场车辆路径问题是一个 NP-hard 问题。此外，文献[2] 提出带时间窗的非对称多车场车辆路径问题考虑了不对称性，这比带时间窗的多车场车辆路径问题更难。由于难度大，没有找到精确的算法解决带时间窗的多车场车辆路径问题。文献[3] 表明，精确算法可用于求解 4 个小规模的带时间窗的多车场车辆路径问题算例，但只有两个较小规模的算例（分别为 48 个客户和 72 个客户）得到了最优解。因此，亚启发式算法是解决带时间窗的非对称多车场车辆路径问题的关键。离散萤火虫算法（Discrete Firefly Algorithm，DFA）可以将其种群自动细分为多个子群体，因此具有良好的多样性。此外，它还能同时结合目标函数值与解的特性，考虑到这两个特点，本章采用离散萤火虫算法作为算法框架。

然而，有效的亚启发式算法在于平衡搜索过程的多样化和集约化，邻域方法是增强搜索深度的关键部分。例如，文献[4-7] 利用多个邻域来获得高质量的解。在本书中，提出了一种新的复合邻域搜索方法（Compound Neighborhoods，CN）来加强搜索，然后，证明了复合邻域的优势。此外，还提出了一种新的评估持续工作时间不可行性的方法。为了评估所提出的复合邻域离散萤火虫算法（Discrete Firefly Algorithm with Compound Neighborhood，DFACN）的有效性，我们比较了复合邻域离散萤火虫算法和商业软件 CPLEX 的结果。其中，利用能量推理算法（Energetic Reasoning，ER）提高车辆数量的下界，该下界能显著影响CPLEX 结果。最后，将复合邻域离散萤火虫算法应用于对称多车场车辆路径问题，通过与其他亚启发式算法的比较，进一步评估其有效性。本章的其余部分结构如下。第 12.2 节建立了带时间窗的非对称多车场车辆路径问题的混合整数线性规划（Mixed Integer Linear Programming，MILP）模型；第 12.3 节提出了车辆数量的下限；第 12.4 节提出了带时间窗的非对称多车场车辆路径问题的复合邻域离散萤火虫算法；第 12.5 节给出了计算结果；第 12.6 节给出了结论。

12.2 农机上门维修服务模型的转换和构建

农机上门维修服务可以定义如下，设 $G = (V, A)$ 是一个图，其中 $V = \{v_1, \cdots, v_n, \cdots, v_{n+m}\}$ 代表需求和车场集合，$A = \{(v_i, v_j) \mid v_i, v_j \in V, i \neq j\}$ 是一个弧集，$V_n = \{v_1, \cdots, v_n\}$ 表示需求，$V_m = \{v_{n+1}, \cdots, v_{n+m}\}$ 代表车场（维修中心），并且 $V = V_n \cup V_m$，每个需求 $i \in V_n$ 有服务时间 s_i 和非负长度 q_i，q_i 等于其开始节点到结束节点的距离。如果需求 i 是节点需求，则将其开始节点视为其结束节点，即 $q_i = 0$。每辆车都以恒定的速度 H 行驶，并有最大持续时间限制 T 和最大载重量限制 Q。农机上门维修服务的目标是使与车辆数量相关的固定成本与所有车辆的总旅行成本的加权和最小，并满足以下约束：

（1）每辆车在同一车场出发和结束；

（2）每个车场的车辆数量不得超过车队规模；

（3）每个需求必须由一辆车访问，但只访问一次；

（4）每辆车的总载重量和持续工作时间（包括行驶时间和服务时间）分别不超过预先设定的限制 Q 和 T；

（5）每个需求 i 的服务必须在时间窗口 $[e_i, l_i]$ 内开始，如果车辆到达需求 i 的时间比时间 e_i 早，那么它将等待。

农机上门维修服务模型是通过构造一个新的距离矩阵将其变换为一个等价的带时间窗的非对称多车场车辆路径问题模型来建立的。

定义距离 u_{ij} 为节点 i 和节点 j 之间的距离，c_{ij} 为集合 V 中从需求（或节点）i 到 j 的距离。需求 i 和需求 j 之间的 c_{ij} 的值等于从需求 i 的结束节点到需求 j 的起始节点的距离，当需求 i 是一个节点需求时，则认为需求 i 的结束节点与它的起始节点相同。举例说明，图 12-2 中考虑了三个需求 x_1、x_2 和 x_3，它们的起始点分别为 a、c、e，终止点分别为 b、d、f。并且有两个车场 d_1 和 d_2，设 $c_{x_1 x_2}$ 为从需求 x_1 到需求 x_2 的距离，$c_{x_1 x_2}$ 等于 u_{bc}。从点 d_2 到需求 x_3 的距离 $c_{d_2 x_3}$ 计算为 $u_{d_2 e}$，$c_{x_3 d_1}$ 等于 $u_{f d_1}$，$c_{x_2 x_1}$ 等于 u_{da}。

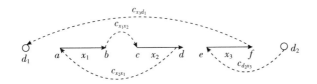

图 12-2 计算集合 V 中需求 i 和需求 j 之间的距离 c_{ij}

转换之后问题的混合整数线性规划公式解释如下：

集合：

V_n：需求集合；

V_m：车场集合；

V：需求和车场集合；

K：车辆集合。

参数：

c_{ij}：从集合 V 中的需求 i 到需求 j 的距离；

e_i：需求 i 的最早开始时间；

l_i：需求 i 的最晚开始时间；

s_i：需求 i 的服务时间；

q_i：需求 i 的弧长度；

d_i：需求 i 的需求量；

T：车辆 k 的最大工作时间；

H：车辆 k 的速度；

Q：车辆 k 的最大载重量限制；

K_d：每个车场可提供的车辆数量 d；

α：车辆行驶距离的系数；

β：与弧需求相关的系数；

γ：与车辆数量相关的固定成本系数。

决策变量：

x_{ij}^k：如果车辆 k 直接从 i 移动到需求 j，那么 $x_{ij}^k = 1$，否则 $x_{ij}^k = 0$，$i, j \in V$；

w_{ik}：车辆 k 为需求 i 提供服务的开始时间；

a_{ik}：如果行程使用车辆 k 并在需求 i 结束，则 $a_{ik} = 1$；否则 $a_{ik} = 0$；

b_{ik}：如果行程使用车辆 k 并在经过需求 i 结束，则 $b_{ik} = 1$；否则 $b_{ik} = 0$。

目标函数：

$$\text{Minimize } f = \alpha \sum_{k \in K} \sum_{i \in V} \sum_{j \in V} c_{ij} x_{ij}^k + \beta \sum_{i \in V_n} q_i + \gamma \sum_{k \in K} \sum_{i \in V_m} \sum_{j \in V_n} x_{ij}^k \tag{12-1}$$

约束条件：

$$\sum_{k \in K} \sum_{j \in V_n} x_{dj}^k \leqslant K_d \tag{12-2}$$

$$\sum_{d \in V_m} \sum_{j \in V_n} x_{dj}^k \leqslant 1 \; \forall k \in K \; \forall d \in V_m \tag{12-3}$$

$$\sum_{d \in V_m} \sum_{j \in V_n} x_{dj}^k = \sum_{i \in V_n} a_{ik} \; \forall k \in K \tag{12-4}$$

$$\sum_{d \in V_m} \sum_{j \in V_n} x_{dj}^k = \sum_{i \in V_n} a_{ik} \; \forall k \in K \tag{12-5}$$

$$\sum_{j \in V} x_{ji}^k = a_{ik} + b_{ik} \; \forall k \in K, \; i \in V_n \tag{12-6}$$

$$\sum_{j \in V_n} x_{ij}^k = b_{ik} \; \forall k \in K, \; i \in V_n \tag{12-7}$$

$$\sum_{k \in k} (a_{ik} + b_{ik}) = 1 \; \forall i \in V_n \tag{12-8}$$

$$\sum_{i \in V_n} x_{di}^k = \sum_{i \in V_n} x_{id}^k \; k \in K, \; \forall d \in V_m \tag{12-9}$$

$$\sum_{i \in V_m} \sum_{j \in V_m} x_{ij}^k = 0 \; \forall k \in K \tag{12-10}$$

$$\sum_{i \in V_n} x_{ii}^k = 0 \; \forall\, k \in K \tag{12-11}$$

$$w_{ik} + s_i + (q_i + c_{ij})/H - w_{jk} \leq M(1 - x_{ij}^k) \; \forall\, k \in K, \; i, \; j \in V_n, \; i \neq j \tag{12-12}$$

$$e_i \leq w_{ik} \leq l_i \; \forall\, i \in V \tag{12-13}$$

$$w_{ik} + s_i + (q_i + c_{id})/H - l_d \leq M(1 - x_{id}^k) \; \forall\, i \in V_n, \; k \in K, \; d \in V_m \tag{12-14}$$

$$\sum_{i \in V} \sum_{j \in V_n} d_j x_{ij}^k \leq Q \; \forall\, k \in K \tag{12-15}$$

$$w_{jk} + s_j + (q_j + c_{jd})/H - w_{dk} - T \leq M(1 - x_{jd}^k) \; \forall\, k \in K, \; d \in D, \; j \in V_n \tag{12-16}$$

$$x_{ij}^k \in \{0, \; 1\} \; \forall\, i, \; j \in V, \; k \in K \tag{12-17}$$

$$w_{ik} \geq 0 \; \forall\, i \in V_n, \; k \in K \tag{12-18}$$

$$a_{ik} \in \{0, \; 1\} \; \forall\, i \in V_n, \; k \in K \tag{12-19}$$

$$b_{ik} \in \{0, \; 1\} \; \forall\, i \in V_n, \; k \in K \tag{12-20}$$

目标函数（12-1）是与车辆数量相关的固定成本和所有车辆的总旅行成本的加权和最小化。目标函数（12-1）中的第二项是一个常数。约束（12-2）确保离开每个车场的车辆数量不超过可用车辆的数量。约束（12-3）确保车辆不能被多次使用。约束条件（12-4）~（12-8）保证每个需求由一辆车访问一次。约束（12-9）要求每辆车从同一车场起止。约束条件（12-10）和（12-11）规定，车辆不能从一个车场行驶到另一个车场，或从自身行驶到自身所在点。约束（12-12）强制消除子回路，其中 M 代表一个较大的数。约束（12-13）~（12-15）分别表示需求和车场的时间窗，以及车辆的容量约束。约束（12-16）要求每辆车的持续时间不超过限制 T。约束（12-17）~（12-20）表示决策变量的取值范围。

12.3 对最小车辆数量下界的能量推理算法

文献[8] 利用 CPLEX 在开—闭混合车辆路径问题中得到的结果表明，车辆最小数目的下界越大、目标值下界越紧，在相同的计算时间内，目标函数可以得到更好的可行解。初步实验表明带时间窗的非对称多车场车辆路径问题也有相同的特性。为了提高若干车辆的下界，采用能量推理算法可以得到时间窗下最小车辆数量的下界。此外，能量推理算法从一个初始下界开始，该初始下界可以通过车辆容量和工作时间约束得到，分别用 $LB1$ 和 $LB2$ 表示；因此，它可以集成带时间窗的非对称多车场车辆路径问题的其他约束，由能量推理算法得到的最终下界，用 $LB3$ 表示。

12.3.1 初始下界

$LB1$ 是基于车辆容量限制的，在维修服务期间，所有需求的总需求不能超过车辆的承载能力，可以表示为式（12-21）：

$$LB1 = \sum_{i \in V_n} d_i / Q \tag{12-21}$$

获得 $LB2$ 的方法与文献[9] 提出的方法相似，时间 ϕ_i 表示车辆服务需求 i 和行驶到最近的需求所需的必要时间，$i \in V_n$，ϕ_i 由式（12-22）定义。$LB2$ 的其他项目大小对应于从车场到第一个服务需求的最少行驶时间，这个计算过程被迭代直到等式（12-23）成立为止。

$$\phi_i = \min_{j \in V}(c_{ij}/H) + s_i + q_i \tag{12-22}$$

$$LB2 = \frac{\sum_{i \in V_n} \phi_i + \sum_{LB2} C_{ij}/H}{T} \tag{12-23}$$

能量推理算法的初始下界等于 $mr = \max(LB1, LB2)$。

12.3.2 通过能量推理算法得到的下界 $LB3$

能量推理算法由文献[10] 提出来解决累积调度问题，提出了考虑时间和资源约束的推理新方法。文献[11] 改变了能量推理算法的一些适用条件，并将其应用于具有时间窗的车辆路径问题。能量推理算法流程如下，给定一个时间间隔 $[t_1, t_2]$，$t_1 < t_2$，需求 i 必须在 t_1 和 t_2 之间完成一部分工作，称为需求 i 在时间间隔 $[t_1, t_2]$ 内的工作。为了计算这个工作，需求在它的时间窗口上向左或向右移动，也就是说，需求既可以在最早开始时间 e_i 开始，也可以在最晚开始时间 l_i 开始。因此，需求的工作时间等于左右工作时间的最小值，为方便起见，将需求 i 在 $[t_1, t_2]$ 的左右和总的工作时间分别表示为 $W_{left}(i, t_1, t_2)$、$W_{right}(i, t_1, t_2)$ 和 $W(i, t_1, t_2)$，定义如下：

$$W_{left}(i, t_1, t_2) = \min\{t_2 - t_1, s_i, \max(0, e_i + s_i - t_1)\} \tag{12-24}$$

$$W_{right}(i, t_1, t_2) = \min\{t_2 - t_1, s_i, \max(0, t_2 - l_i)\} \tag{12-25}$$

$$W(i, t_1, t_2) = \min\{W_{left}(i, t_1, t_2), W_{right}(i, t_1, t_2)\} \tag{12-26}$$

在 $[t_1,\ t_2]$ 上的需求总和是所有需求 i 的总和，$W(t_1,\ t_2) = \sum\limits_{i=1}^{n} W(i,\ t_1,\ t_2)$，该区间内的可用车辆能力为 $E(t_1,\ t_2) = mr \times (t_2 - t_1)$，其中 $mr = \max(LB1,\ LB2)$，如果总工作量大于可用工作量，则车辆的最小数量 mr 必须增加 1，该过程将不断迭代，直到检测不到不可行性为止。文献[11]中的问题只包含一个车场，而我们的问题中有多个车场。在每种情况下，我们首先选择任意一个车场来计算车辆的最小数量，然后选择各个车场中最大值作为多车场情况下的最小车辆数量，即 $LB3 = \max(mr_1,\ mr_2,\ \cdots,\ mr_d)$，其中 d 代表车场的数量。文献[12]证明了唯一需要考虑的是相关的时间间隔 $[t_1,\ t_2]$，其中 $t_1 \in T_1$，$t_2 \in T_2$，比如，$t_1 < t_2$ $T_1 = \{e_i,\ i \in V_n\} \cup \{l_i,\ i \in V_n\} \cup \{e_i + s_i,\ i \in V_n\}$，$T_2 = \{l_i + s_i,\ i \in V_n\} \cup \{e_i + s_i,\ i \in V_n\} \cup \{l_i,\ i \in V_n\}$，具体步骤在算法 1 中总结。

算法 1：能量推理的下界 LB3

1：输入一组时间间隔 $[t_1,\ t_2]$，$t_1 \in T_1$，$t_2 \in T_2$，

　　$T_1 = \{e_i,\ i \in V_n\} \cup \{l_i,\ i \in V_n\} \cup \{e_i + s_i,\ i \in V_n\}$，

　　$T_2 = \{l_i + s_i,\ i \in V_n\} \cup \{e_i + s_i,\ i \in V_n\} \cup \{l_i,\ i \in V_n\}$

2：对于每一个车场 $a \in V_m$

3：　设置车辆数量的初始值 $m_a = mr$

4：　　对于每一组时间间隔 $[t_1,\ t_2]$，$t_1 < t_2$

5：　　　$W = 0$

6：　　　对于每一个需求 $i \in V_n$

7：　　　　$W = W + W(i,\ t_1,\ t_2)$

8：　　　结束

9：　　　If $W > m_a \times (t_2 - t_1)$ then

10：　　　　$m_a = m_a + 1$

11：　　　　返回第 9 行

12：　　　End If

13：　　结束循环

14：　结束循环

15：$LB3 = \max\limits_{a \in V_m} m_a$

本章的问题中，行程时间 tt_{ij} 被修改为：

$$tt_{ij} \leftarrow \max((\,(c_{ij} + q_i)/H,\ e_j - (l_i + s_i + q_i)\,)$$

$\forall i \in V_n$，$\forall j \in V$；如果 $(e_i + s_i + (q_i + c_{ij})/H > l_j)$，那么 $tt_{ij} \leftarrow \infty$，$\forall i \in V$，$j \in V$，$i \neq j$，因为在问题中必须考虑需求 i 的弧长。读者可以参考文献[11]，了解关于行

程时间、服务时间、最早开始时间和最晚开始时间的详细调整。

12.4 基于复合邻域的离散萤火虫算法的设计

文献[13] 指出萤火虫算法（Firefly Algorithm，FA）是 2008 年发展起来的一种群体智能方法，是一种随机的、受自然启发的亚启发式算法。文献[14,15] 认为它最初被设计用于解决连续优化问题。然而，文献[16,17] 提出萤火虫算法可以离散化以解决组合问题，例如旅行商问题及文献[18] 提出可以解决复杂的多约束车辆路径问题。由于近距离吸引力比远距离吸引力更强，萤火虫算法可以自动将其种群细分为多个子群。因此，它具有更好的多样性。鉴于离散萤火虫算法的优点，本章采用离散萤火虫算法作为算法框架。采用局部搜索来强化搜索深度，以平衡搜索过程的多样化和集约化。此外，本章还提出了一种新的邻域方法。

算法 2：总结了带时间窗的非对称多车场车辆路径问题的复合邻域离散萤火虫算法过程。首先，通过第 12.4.1 节中引入的最小成本的顺序插入启发式算法来生成不同的初始解决方案，然后再计算出各个体的吸引力，从总体中选择了对解 i 最有吸引力的解 j。若解 i 的光强小于解 j，即 $I_i < I_j$，然后解 i 会向解 j 移动，生成新的解 i'，否则，它会随机移动生成新的解 i'。如果新的解 i' 满足标准，则解 i' 替换解 i。在完成所有解后，根据概率 p_r 对每个解执行局部搜索，然后更新每两只萤火虫之间的吸引力 β、光强度 I 和距离 r_{ij}。直到达到预设的连续迭代次数，而当前仍未被改进，则进程终止，$Max\_Iteration$ 表示迭代次数。

算法 2：基于复合邻域的离散萤火虫算法

0：输入萤火虫种群数量和光吸收参数 ω

1：生成不同的初始解

2：计算吸引力 β、光强度 I 和距离 r_{ij}

3：当 $t<Max\_Iteration$

4：　　对任意解 i

5：　　　选择对解 i 最有吸引力的解 j

6：　　　　If $I_i < I_j$，Then

7：　　　　　通过移动 i 到 j 生产新解 i'

8：　　　　Else

续表

算法 2：基于复合邻域的离散萤火虫算法

9：	随机移动 i 生成新的解 i'
10：	End If
11：	If 新的解 i' 符合验收标准，then
12：	解 i' 替换解 i
13：	End If
14：	结束循环
15：	对种群的每个解 i
16：	根据概率 p_r 对每个解执行局部搜索（LS）
17：	结束循环
18：	If 得到了新的最佳解，Then
19：	t = 0
20：	Else
21：	t = t+1
22：	End if
23：	更新吸引力 β、光强度 I 和距离 r_{ij}
24：	产生新的萤火虫种群
25：	结束循环
26：	输出最好解

复合邻域离散萤火虫算法的主要组成部分包括初始种群、光强、两只萤火虫之间的距离、吸引力和移动方法，以及具有复合邻域和移动评估的局部搜索，在以下章节中进行描述。

12.4.1　初始种群

在复合邻域离散萤火虫算法中，一只萤火虫代表一个解。例如，如图 12-3 所示的解的表示，其中 21~23 表示车场，1~10 表示需求。

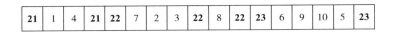

21	1	4	21	22	7	2	3	22	8	22	23	6	9	10	5	23

图 12-3　解的表示

因为萤火虫算法是一种基于种群的亚启发式方法，我们采用一种简单的方法来获得不同的初始解：①通过度量距离将需求分配到最近的车场：从需求的开始节点到车场的距离和从需求的结束节点到同一车场的距离的总和。②算法 3 采用最小成本顺序插入启发式算法对每个车场需求生成不同的排列，并为每个车场生成不同的初始解，其中，顺序最小成本插入方法的计算复杂度为 $O(n^2)$，将每个车场的路径合并为多车场的解。

算法 3：顺序最小成本插入启发式算法

1： M = 移除需求的集合
2： R = 路径集合
3：   对于 $j \in M$
4： $p^0 = +\infty$
5：   对于 $r \in R$
6：   对于 $(i-1, i) \in r$
7：   If 容量 (ij) 和成本 $(i, j) <p^0$, Then
8： $r^0 = r$
9： $i^0 = i$
10： $j^0 = j$
11： $p^0 = $ 成本 (i, j)
12：   End If
13：   结束循环
14：   结束循环
15：   插入 (i^0, j^0)
16： $M = M \setminus j^0$
17：   更新 (r^0)
18：   结束循环

算法 4：总结了生成初始解的步骤。这些路径需要满足容量、持续时间和时间窗的约束，但这些解可以违反约束(2)，即每个车场的车辆数量约束。违反约束(2)的车辆以惩罚函数的形式添加到目标函数中。当路径数量超过 d 站的可用车辆数量时，我们将 $n_{d_{k_{min}}}$ 定义为 $n_{d_{k_{min}}} = \min\limits_{k \in K} n_{d_k}$，其中 n_{d_k} 表示路径 k 在 d 车场的需求数量；否则，则 $n_{d_{k_{min}}}$ 等于零。解 s 的评价函数 $f'(s) = f(s) + \xi(s)$；$\xi(s) = \lambda \sum\limits_{d \in V_m} \max \{0, \sum\limits_{k \in K} \sum\limits_{j \in V_n} x_{kdj} - |K_d|\} + \eta \sum\limits_{d \in V_m} n_{d_{k_{min}}}$ 表示违反车辆数量的约束条件时惩罚值，其中，λ 为违反固定车辆数量的惩罚值，η 是与路径的需求数相关的惩罚值。

算法 4：生成初始解

1：计算有向距离 c_{ij}
2：根据距离值向车场分配需求
3：对于 $k = 1$ 到总数 Pop
4：　对于 $x = 1$ 到 m
5：　　通过最小成本顺序插入启发式算法生成子路径
6：　　结束循环
7：　将每个车场的子路径合并为一个初始解决方案
8：　结束循环
9：输出初始解

12.4.2　光强、两只萤火虫之间的距离和吸引力

在 FA 中，用欧式距离表示两只萤火虫 i 和 j 之间的距离 r，然而，两只萤火虫之间的距离不能简单地用离散萤火虫算法中的欧氏距离来计算。两只萤火虫 i 和 j 之间的距离可以定义为它们之间不同弧的数量，如文献[16] 的方法所示，该方法侧重于 TSP。离散萤火虫算法中吸引函数的主要形式可以表示为单调递减函数：

$$\beta = \beta_0 \cdot e^{-\omega r^2} \tag{12-27}$$

其中，β_0 等于光强 I，ω 是固定光吸收系数，萤火虫 i 的光强可以表示为 $I_i = Cd/f_i{}'$，其中 Cd 是常数。萤火虫 j 越亮，萤火虫 j 和萤火虫 i 之间的距离越小，萤火虫 j 对萤火虫 i 的吸引力就越大。

12.4.3　移动方法

文献[16] 提出了 TSP 问题的反转突变，将萤火虫 i 移动至另一只更具吸引力的萤火虫 j。考虑到非对称多车场车辆路径问题中存在比 TSP 中更复杂的约束，我们采用了一种不同的方法来执行运动：文献[19] 中随机移除方法包括随机移除几个节点，并将它们重新插入到最小成本的位置上。采用算法 3 作为插入方法，这是文献[20] 提出的基于竞争（greedy_T_1）的贪婪插入的特殊情况。如果萤火虫随机移动，则从路径中随机选择被移除的弧线，并插入到最小成本的位置。如果一只萤火虫向另一只萤火虫移动，则只从两只萤火虫之间的不同弧线集中随机选择几条弧线，执行算法 3。

12.4.4 复合邻域局部搜索

我们提出加强局部搜索以彻底深度搜索解空间的每个区域。采用以下邻域方法改进随机解。

2-opt* 由文献[21] 提出，从两个不同的路径中删除两条连接，引入两个新连接，将第一个路径上的第一部分需求连接到第二个路径上的最后一部分需求，并将第二个路径上的第一部分需求连接到第一个路径上的最后一部分需求，从而形成两条新路径，2-opt* 的计算复杂度为 $O(n^3)$。

分段反转是反转路径的一段，其计算复杂度为 $O(n^2)$。

我们提出的复合邻域可以同时完成路径间（swap/shift）移动和路径内移动（or-opt）的组合移动。经典的交换/移位（swap/shift）由文献[22] 提出，包括运算符 1-0、1-1、2-0、2-1 和 2-2，而 or-opt 是由文献[23] 介绍。不同的交换/移位移动和路径内移动的组合产生不同的复合邻域，也就是说，一条路径上的一个或两个需求首先与另一条路径上的一个或两个需求进行交换，然后将它们分别插入到每个路径的最佳位置。下面 4 张图给出了除运算符 1-0 和 Or-opt 组合外的 4 种复合邻域的示例，这些复合邻域的移动的计算复杂度是 $o(n^3)$。

图 12-4 显示了复合邻域 1-1 的案例，其中需求 3 和需求 10 进行交换，14 和 15 表示车场，其余为需求。图 12-4 中虚线表示需求移动过程，实线表示需求移动结果。

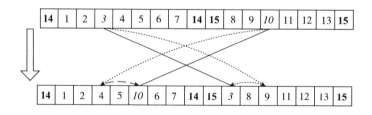

图 12-4 复合邻域 1-1 案例

图 12-5 给出了复合邻域 2-0 的一个例子，需求 3 和需求 4 被选择从一条路径插入到另一条路径中。

图 12-6 提供了复合邻域 2-1 的案例，选择需求 3、需求 5 和需求 10 进行交换。

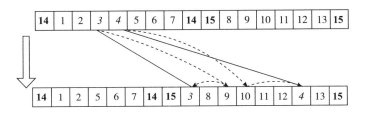

图 12-5　复合邻域 2-0 案例

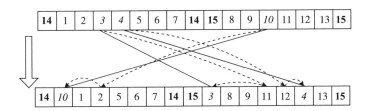

图 12-6　复合邻域 2-1 案例

图 12-7 显示了复合邻域 2-2 的一个例子，选择需求 3、需求 4 和需求 10、需求 11 来进行交换。

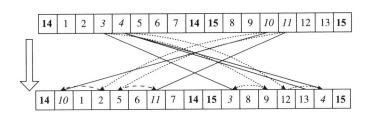

图 12-7　复合邻域 2-2 案例

我们用移动 σ 表示一种交换/移位移动，而移动 σ' 表示 Or-opt，移动 $\sigma \oplus \sigma'$ 是移动 σ 和 σ' 的复合。然后我们可以得到命题 1。σ 和 σ' 的复合邻域移动优于它们的顺序移动。证明见附录 A。

命题 1：对于给定的解 S，具有目标值 $f(S)$，它通过 σ 和 σ' 的序列移动得到解为 S_1，通过 $\sigma \oplus \sigma'$ 复合移动得到的解为 S_2，那么 $f(S_2) \leqslant f(S_1)$。

当所有可能的移动都被连续尝试而没有改进时，局部搜索阶段就停止了。

12.4.5 移动评估

当产生新的解时，需要计算目标值、车辆数量、车辆容量的变化，并检查路径的时间窗和持续工作时间是否可行。计算目标值、车辆容量和车辆数量变化是比较容易的。本章采用文献[24]提出的方法来评估时间窗不可行性。然而，评估持续工作时间的可行性是具有挑战性的。文献[6]提供了在 $O(1)$ 中评估持续工作时间不可行的方法，但其额外的计算复杂度为 $O(n^2)$。因此，我们提出了新的程序来评估 $O(1)$ 的持续工作时间的可行性，并且额外的计算复杂度为 $O(n)$，如命题 2 所示。证明见附录 B。

假设路径 $Pa=(0, \cdots, x, y, \cdots, n+1)$，最早的正向出发时间 fa_0，最早到达时间 $fa_i'(i=1, \cdots, n, n+1)$，最早开始服务的时间 $fa_i(i=1, \cdots, n)$，正向等待时间 $fo_i(i=0, \cdots, n+1)$ 和正向总的等待时间 $FW_i(i=0, \cdots, n+1)$ 由下式定义。

$$fa_0 = e_0$$
$$fa_i' = fa_{i-1} + s_{i-1} + q_{i-1} + c_{i-1,i} \ (i=1, \cdots, n+1)$$
$$fa = \max(fa_i', e_i) \ i=1, \cdots, n+1$$
$$fo_i = fa_i - fa_i' \ i=1, \cdots, n+1$$
$$FW_i = FW_{i+1} + fo_i \ i=0, \cdots, n$$
$$FW_{n+1} = fo_{n+1}$$

最晚出发时间 ba_0，最晚到达时间 $ba_i'(i=0, \cdots, n+1)$，最晚服务开始时间 $ba_i(i=1, \cdots, n)$，反向等待时间 $bo_i(i=0, \cdots, n+1)$ 和反向总的等待时间 $BW_i(i=0, \cdots, n+1)$ 由下式定义。

$$ba_{n+1} = l_{n+1}$$
$$ba_i' = ba_{i+1} - c_{i+1,i} - s_i - q_i \ (i=0, \cdots, n)$$
$$ba_i = \min(ba_i', l_i) \ i=0, \cdots, n$$
$$bo_i = ba_i' - ba_i \ i=0, \cdots, n+1$$
$$BW_i = BW_{i-1} + bo_i \ i=1, \cdots, n+1$$
$$BW_0 = bo_0$$

在需求 x 和需求 y 之间插入需求 v 后，我们得到新的路径 $Pa' = (0, \cdots, x, v, y, \cdots, n+1)$，其中 $fb_i'(i=1, \cdots, n+1)$ 为需求 i 的最早到达时间；ΔNA 为车场 $n+1$ 的时间增量，ΔST 为车场 0 的开始时间的变化，$bh_i'(i=$

0，$\cdots$，n）为需求 i 的最迟到达时间，Δi（$i=1$，$\cdots$，n）为需求 i 时左移的变化量，Δ 为车场 $n+1$ 左移的变化量。我们可以在命题 2 中看到新的持续时间的公式。

命题 2：如果路径 $Pa'=(0$，$\cdots$，x，v，y，$\cdots$，$n+1)$ 是由路径 $Pa=(0$，$\cdots$，x，y，$\cdots$，$n+1)$ 通过在需求 x 和需求 y 之间插入需求 v 后得到，则路径 Pa' 的持续时间为 D'，

$$D'=fa'_{n+1}+\Delta NA-(ba_0'-\Delta ST)$$

其中，$\Delta NA=fb_y'-fa_y'-FW_y$，$fb'_y=\max(fa_x+s_x+q_x+c_{x,v}$，$e_v)+s_v+q_v+c_{vy}$

$$\Delta ST=\max\{\max(ba_x'-bh_x'，0)-BW_x，0\}$$

$$bh_x'=\min\{ba_y'-\Delta y-s_v-q_v-c_{vy}，l_v\}-c_{xv}-s_x-q_x，\Delta y=\max\{\Delta-(BW_{n+1}-BW_x)，0\}$$

$$\Delta=l_{n+1}-fb_{n+1}'，fb'_{n+1}=fa'_{n+1}+\Delta NA$$

以需求集 $I=\{1，2，3，4\}$ 和单个车场 0 为例，展示命题 2 的计算过程，其中所有需求的时间窗都是可行的。我们假设车场 0 的时间窗为 $[0，100]$，最大持续工作时间为 100，需求之间的距离列于表 12-1（a）。初始路径为 0_1-1-3-2-0_2，其中 0_1 和 0_2 代表车场 0。在需求 1 和需求 3 之间插入需求 4，新路径为 0_1-1-4-3-2-0_2，经验证其持续时间为 84。其他基本信息如表 12-1（b）所示，在需求 1 和需求 3 之间插入需求 4 之前，本例所有需求的相关值如表 12-1（c）所示。

表 12-1　所有需求的时间窗口和相关值

12-1（a）需求之间的距离

	0	1	2	3	4
0	0	10	12	10	15
1	9	0	17	10	10
2	10	16	0	15	18
3	9	10	10	0	8
4	15	11	10	10	0

12-1（b）需求的基本信息

	最早开始时间	最晚开始时间	服务时间	弧长
01	0	100	0	0
1	5	15	5	2
2	40	70	7	0
3	35	60	6	1
4	20	80	10	3
02	0	100	0	0

12-1 （c）需求的相关值 续表

	最早到达时间	最早出发时间	最晚到达时间	最晚出发时间	正向等待时间	反向等待时间	正向总的等待时间	反向总的等待时间
0_1	0	0	5	5	0	0	8	0
1	10	10	36	15	0	21	8	21
2	52	52	83	70	0	13	0	34
3	27	35	53	53	8	0	8	21
4	—	—	—	—	—	—	—	—
0_2	69	69	100	100	0	0	0	34

持续工作时间的计算方法如下：

首先，我们在插入需求 4 后计算新的到达 0_2 车场的时间：$\Delta NA = fb_3' - fa_3' - FW_3 = (\max(fa_1 + s_1 + q_1 + c_{14}, e_4) + s_4 + q_4 + c_{43}) - 27 - 8 = 45 - 27 - 8 = 15$ 因此，新的到达车场 0_2 的时间是 $fb_{0_2}' = fa_{0_2}' + \Delta NA = 69 + 15 = 84$。

其次，我们计算插入需求 4 后在车场 0_1 的最早开始时间：$\Delta = l_{0_2} - fb_{0_2}' = 100 - 84 = 16$。

$\Delta 3 = \max\{\Delta - (BW_{0_2} - BW_1), 0\} = \max\{16 - (34 - 21), 0\} = 3$

$bh_1' = \min\{ba_3' - \Delta 3 - s_4 - q_4 - c_{43}, l_4\} - c_{14} - s_1 - q_1 = \min\{53 - 3 - 10 - 3 - 10, 80\} - 10 - 5 - 2 = 10$

$\Delta ST = \max\{\max(ba_1' - bh_1', 0) - BW_1, 0\} = \max\{\max(36 - 10, 0) - 21, 0\} = 5$

因此，0_1 车场的新的开始时间是 $bh_{0_1}' = ba_{0_1}' - \Delta ST = 5 - 5 = 0$。

最后，路径 Pa' 的持续时间为 $D' = fb_{0_2}' - bh_{0_1}' = fa_{0_2}' + \Delta NA - (ba_{0_1}' - \Delta ST) = 84 - 0 = 84$。

12.4.6 接受和停止标准

采用文献[6] 提出的新解的接受准则来判断其是否可接受。首先，根据汉明距离，发散值 ΔS 是解 S 到总群（Pop）中其他解距离的平均值：

$$\Delta S = \frac{1}{Pop - 1} \sum_{S_1 \in Pop} \delta(S, S_1)$$

解 S 的新适应度 $BF(S)$ 是其目标成本与离散值的权重和，其中 $fit(S)$ 与总成

本 $f'(S)$ 有关，$dv(S)$ 与发散贡献 ΔS 有关。$BF(S)=fit(S)+(1-Pw)dv(S)$。若新解 S 的 $BF(S)$ 小于当前解 S' 的 $BF(S')$ 或 $f'(S)<f'(S')$，则替换当前解；否则，将保留当前解。

当达到预设的连续迭代次数 $Max\_Iteration$，而当前的解仍未得到改进时，算法将停止。

12.5　计算结果

带时间窗的非对称多车场车辆路径问题的测试算例在第 12.5.1 节中构造。提出的复合邻域萤火虫算法的参数值在第 12.5.2 节中提供。复合邻域萤火虫算法各元素的敏感性分析见第 12.5.3 节。在第 12.5.4 节中，复合邻域萤火虫算法的有效性通过与 CPLEX12.5 的分支定界方法进行比较来评估。在第 12.5.5 节中，将基于复合邻域的萤火虫算法应用于 MDVRPTW 的基准算例，并与其他亚启发式方法进行比较，进一步评估复合邻域萤火虫算法的有效性。基于复合邻域的萤火虫算法是用 VisualBasic6.0 编码的，在一台配备英特尔酷睿 i72.9GHz 处理器、8GB 内存和 Windows7 专业操作系统的个人笔记本电脑上运行。该算法对每个算例重复执行 10 次。

12.5.1　算例生成

对文献[25]生成的基准算例进行了修改，以适应带时间窗的非对称多车场车辆路径问题。总共生成了带时间窗的非对称多车场车辆路径问题的 80 个算例，这些算例可以分为四类。首先，构造 20 个名为 A 的小算例。它们包含 10 个节点需求和 5 个弧需求。然后，根据基准算例的规模大小，构建节点需求与弧需求的三种不同比例（2∶1、1∶1 和 1∶2），分别用 B、C 和 D 表示。一些数据被保留下来，包括车场的数量、车辆容量、坐标、服务时间和需求的时间窗。而有些是重置的，包括车辆数量和一些算例的最大持续工作时间。节点需求被保留，但弧需求被设置为 0。A、B、C、D 类的基本信息如表 12-2 所示。信息包括需求总数、节点需求数、弧需求数、车场数和每个车场可用车辆数、每个车辆的最大容量和最大路径持续时间。

表 12-2　AMDVRPTW 问题的 A、B、C、D 类算例的基本信息

算例	需求总数	节点需求数	弧需求数	车场数	车场车辆数	最大容量	最大路径持续工作时间
A01	15	10	5	2	2	200	500
A02	15	10	5	2	2	195	480
A03	15	10	5	2	2	190	750
A04	15	10	5	2	3	185	440
A05	15	10	5	2	2	180	420
A06	15	10	5	2	2	175	800
A07	15	10	5	2	2	200	500
A08	15	10	5	2	2	190	475
A09	15	10	5	2	2	180	450
A10	15	10	5	2	3	170	425
A11	15	10	5	2	2	200	500
A12	15	10	5	2	2	195	480
A13	15	10	5	2	3	190	460
A14	15	10	5	2	2	185	440
A15	15	10	5	2	2	180	750
A16	15	10	5	2	2	175	400
A17	15	10	5	2	2	200	500
A18	15	10	5	2	2	190	475
A19	15	0	5	2	2	180	450
A20	15	10	5	2	2	170	725
B01	36	24	12	4	2	200	550
B02	72	48	24	4	3	195	480
B03	108	72	36	4	5	190	460
B04	144	96	48	4	6	185	590
B05	180	120	60	4	8	180	420
B06	216	144	72	4	9	175	400
B07	54	36	18	6	2	200	650
B08	108	72	36	6	5	190	475
B09	162	108	54	6	6	180	450
B10	216	144	72	6	7	170	425
B11	36	24	12	4	2	200	500
B12	72	48	24	4	3	195	480
B13	108	72	36	4	5	190	460
B14	144	96	48	4	6	185	440
B15	180	120	60	4	7	180	420

续表

算例	需求总数	节点需求数	弧需求数	车场数	车场车辆数	最大容量	最大路径持续工作时间
B16	216	144	72	4	10	175	400
B17	54	36	18	6	2	200	650
B18	108	72	36	6	4	190	475
B19	162	108	54	6	5	180	450
B20	216	144	72	6	8	170	425
C01	32	16	16	4	2	200	550
C02	64	32	32	4	3	195	480
C03	96	48	48	4	6	190	460
C04	128	64	64	4	7	185	590
C05	160	80	80	4	9	180	420
C06	192	96	96	4	11	175	400
C07	48	24	24	6	3	200	650
C08	96	48	48	6	5	190	475
C09	144	72	72	6	5	180	450
C10	192	96	96	6	7	170	425
C11	32	16	16	4	2	200	500
C12	64	32	32	4	3	195	480
C13	96	48	48	4	5	190	460
C14	128	64	64	4	7	185	440
C15	160	80	80	4	8	180	420
C16	192	96	96	4	9	175	400
C17	48	24	24	6	3	200	650
C18	96	48	48	6	3	190	475
C19	144	72	72	6	7	180	450
C20	192	96	96	6	8	170	425
D01	29	10	19	4	2	200	550
D02	58	20	38	4	3	195	480
D03	86	28	58	4	6	190	460
D04	115	38	77	4	7	185	590
D05	144	48	96	4	9	180	420
D06	173	58	115	4	11	175	400
D07	43	14	29	6	3	200	650
D08	86	28	58	6	5	190	475
D09	130	44	86	6	6	180	450
D10	173	58	115	6	8	170	425
D11	29	10	19	4	2	200	500

续表

算例	需求总数	节点需求数	弧需求数	车场数	车场车辆数	最大容量	最大路径持续工作时间
D12	58	20	38	4	3	195	480
D13	86	28	58	4	6	190	460
D14	115	38	77	4	8	185	440
D15	144	48	96	4	8	180	420
D16	173	58	115	4	11	175	400
D17	43	14	29	6	3	200	650
D18	86	28	58	6	4	190	475
D19	130	44	86	6	6	180	450
D20	173	58	115	6	8	170	425

12.5.2 参数设置

第 12.4 节中提出的算法框架包含三个主要参数。随机选择中等大小的算例 B03 进行测试参数，选择概率 Pr 表示总体中的每个解被局部搜索改进的概率。加权系数 Pw 表示在目标值和解的发散值的排名权重。其中，选择概率和加权系数在 0.1~1 之间变化，增量为 0.1，同时保持其他参数不变。每个算例都被测试了 10 次，然后取结果的平均值。最后，参数选择概率和参数加权系数分别为 0.4 和 0.8，由最小平均值结果决定。方程式（12-27）中的参数 ω 确定为 0.008，这是基于选择概率和权重系数从 0.001~0.010 的变化，增量为 0.001。所进行的校准结果总结如表 12-3 所示。

表 12-3 参数取值范围与最终结果

参数	描述	范围	值
P_t	总体中的每个解都被局部搜索来改进的概率	0.1~1	0.4
P_w	在目标和解之间的离散度的排名权重	0.1~1	0.8
ω	方程式（12-27）中的参数	0.001~0.010	0.008

其他参数如下：每辆车的速度 H 为 1，违反固定车辆数 λ 的惩罚值为 1000，每辆车的固定成本 γ 为 100，惩罚值 η 为 10，目标中的参数 α 和 β 分别为 1。总群数被设置为 25。停止迭代次数的 Max_Iteration 设置为 2000，最近的邻域长度设置为 40，常量 Cd 被设置为 10^6。

12.5.3　复合邻域萤火虫算法元素的敏感性分析

复合邻域和局部搜索是萤火虫算法的主要元素。本节报告了它们的敏感性和有效性。对算法元素的灵敏度分析包括：

（1）没有局部搜索的离散萤火虫算法（DFA \ LS）；

（2）有局部搜索和顺序移动但没有复合邻域的离散萤火虫算法（DFA-LS \ CN）；

（3）有复合邻域的离散萤火虫算法（DFACN）。

选择大样本 B、C 和 D 作为测试算例。差距 1（%）是没有局部搜索的离散萤火虫算法得到的平均结果与有复合邻域的离散萤火虫算法得到的平均结果的偏差，其中误差 1（%）=（由没有局部搜索离散萤火虫算法获得的平均结果−有复合邻域离散萤火虫算法获得的平均结果）/有复合邻域离散萤火虫算法获得的平均结果×100。差距 2（%）是有局部搜索和顺序移动但没有复合邻域的离散萤火虫算法的平均结果与有复合邻域的离散萤火虫算法的平均结果的偏差，差距 2（%）=（有局部搜索和顺序移动但没有复合邻域的离散萤火虫算法获得的平均结果−复合邻域离散萤火虫算法获得的平均结果）/有复合邻域的离散萤火虫算法获得的平均结果×100。

由表 12-4 可以看出，没有局部搜索的离散萤火虫算法对 B、C 和 D 所得到的计算结果分别增加了 4.48%、4.17% 和 3.63%。有局部搜索和顺序移动但没有复合邻域的离散萤火虫算法对 B、C 和 D 的结果比有复合邻域的离散萤火虫算法分别增加了 0.53%、0.47% 和 0.40%。这些结果表明了复合邻域的有效性。

表 12-4　复合邻域萤火虫算法元素灵敏性分析

算例类别	DFA \ LS	DFA-LS \ CN	DFACN	差距 1（%）	差距 2（%）
B	7231.55	6957.58	6921.17	4.48	0.53
C	8572.62	8268.35	8229.26	4.17	0.47
D	9379.34	9087.29	9051.23	3.63	0.40

12.5.4　复合邻域离散萤火虫算法与 CPLEX 的比较

车辆数量的下界会显著影响 CPLEX 的结果，因此必须首先计算车辆数量的下界。其次，比较了有和没有车辆数量下界的 CPLEX 的结果。最后，比较了复合邻域离散萤火虫算法和 CPLEX 的结果。A、B、C、D 四类算例中车辆总数的三种下界如表 12-5 所示：差距 1（％）＝（下界 3-下界 1）/下界 3×100、差距 2（％）＝（下界 3-下界 2）/下界 3×100。差距 1（％）和差距 2（％）的平均值分别为 63.58％和 5.66％，表明能量推理算法对车辆数量下界有明显改善。

表 12-5 车辆数量的三个下界的比较

算例	下界 1	下界 2	下界 3	误差 1%	误差 2%
A	20	36	44	54.55	18.18
B	134	258	263	49.05	1.90
C	92	295	299	69.23	1.34
D	60	320	324	81.48	1.23
平均值	—	—	—	63.58	5.66

软件 CPLEX12.5 在有和没有车辆数量下界的下限得到的结果如表 12-6 所示，最大计算时间设置为 5h。差距表示两个下限之间的差值（差距＝（有车辆数量下界的下限-没有车辆数量下界的下限）/没有车辆数量下界的下限×100）。四类的平均差距分别为 0％、20.83％、17.83％和 16.97％。部分算例由于内存需求过大，无法通过 CPLEX12.5 获取的上限和下限，这在表 12-6 中用"—"表示，具有下限的算例的最大规模为 144。

表 12-6 有车辆数量下界的下限和没有车辆数量下界的下限的结果比较

算例	没有车辆数量下界的下限的结果		有车辆数量下界的下限的结果		差距%
	下限	上限	下限	上限	
A01	1455.22	1455.22 *	1455.22	1455.22 *	0
A02	1729.15	1729.15 *	1729.15	1729.15 *	0
A03	1168.85	1168.85 *	1168.85	1168.85 *	0
A04	1509.46	1509.46 *	1509.46	1509.46 *	0
A05	1173.01	1173.01 *	1173.01	1173.01 *	0
A06	1267.55	1267.55 *	1267.55	1267.55 *	0
A07	1379.71	1379.71 *	1379.71	1379.71 *	0

续表

算例	没有车辆数量下界的下限的结果		有车辆数量下界的下限的结果		差距%
	下限	上限	下限	上限	
A08	1474. 25	1474. 25 *	1474. 25	1474. 25 *	0
A09	1828. 01	1828. 01 *	1828. 01	1828. 01 *	0
A10	1283. 31	1283. 31 *	1283. 31	1283. 31 *	0
A11	1222. 7	1222. 70 *	1222. 7	1222. 70 *	0
A12	1472. 06	1472. 06 *	1472. 06	1472. 06 *	0
A13	1125. 96	1125. 96 *	1125. 96	1125. 96 *	0
A14	1333. 91	1333. 91 *	1333. 91	1333. 91 *	0
A15	861. 88	861. 88 *	861. 88	861. 88 *	0
A16	1215. 15	1215. 15 *	1215. 15	1215. 15 *	0
A17	1234. 06	1234. 06 *	1234. 06	1234. 06 *	0
A18	1236. 64	1236. 64 *	1236. 64	1236. 64 *	0
A19	1334. 11	1334. 11 *	1334. 11	1334. 11 *	0
A20	1085. 18	1085. 18 *	1085. 18	1085. 18 *	0
均值	**1319. 51**	**1319. 51**	**1319. 51**	**1319. 51**	**0**
B01	2122. 00	2606. 63	2248. 00	2584. 50	5. 94
B02	2941. 90	—	3477. 90	—	18. 22
B03	5131. 10	—	6060. 90	—	18. 12
B07	2415. 30	—	2668. 00	—	10. 46
B08	4497. 20	—	5305. 90	—	17. 98
B11	1581. 50	—	1978. 30	—	25. 09
B12	2242. 50	—	2939. 90	—	31. 10
B13	4157. 30	—	5546. 10	—	33. 41
B17	1989. 70	—	2350. 00	—	18. 11
B18	3806. 70	—	4945. 20	—	29. 91
均值	**3088. 52**	**—**	**3752. 02**	**—**	**20. 83**
C01	2595. 00	2768. 06	2654. 70	2768. 06	2. 30
C02	3432. 80	—	3901. 10	—	13. 64
C03	6393. 40	—	7504. 20	—	17. 37
C04	6442. 80	—	7552. 20	—	17. 22
C07	3210. 70	4505. 63	3477. 80	4280. 36	8. 32
C08	5831. 10	—	6670. 10	—	14. 39

续表

算例	没有车辆数量下界的下限的结果		有车辆数量下界的下限的结果		差距%
	下限	上限	下限	上限	
C11	1865.50	—	2259.00	—	21.09
C12	2625.60	—	3367.90	—	28.27
C13	5351.00	—	6961.90	—	30.10
C17	2680.80	—	3178.10	—	18.55
C18	4941.00	—	6170.60	—	24.89
均值	**4124.52**	**—**	**4881.60**	**—**	**17.83**
D01	3155.54	3155.54*	3155.54	3155.54*	0.00
D02	3871.30	—	4418.00	—	14.12
D03	7126.30	—	8553.00	—	20.02
D04	7363.50	—	8429.60	—	14.48
D07	3566.00	4360.30	3685.50	4113.90	3.35
D08	6557.10	—	7458.00	—	13.74
D11	2213.40	—	2721.30	—	22.95
D12	3307.50	—	4131.70	—	24.92
D13	6260.80	—	7900.50	—	26.19
D17	2920.30	—	3513.90	—	20.33
D18	5480.50	—	6939.00	—	26.61
均值	**4711.11**	**—**	**5536.91**	**—**	**16.97**

注："—"表示CPLEX没有找到可行解；"*"表示该解是最优解。

用复合邻域离散萤火虫算法计算带时间窗的非对称多车场车辆路径问题的结果与CPLEX12.5计算结果进行了比较。计算结果和差距如表12-7所示。CPU为首次找到最优解时的CPU时间。相对标准偏差用百分比表示＝目标值的标准差/平均目标值×100，差距（%）＝（复合邻域离散萤火虫算法得到的最佳值-由CPLEX得到的下限）/由CPLEX得到的下限×100。

表12-7显示，复合邻域离散萤火虫算法得到了与CPLEX相同的A类最优解，得到了比B类、C类、D类CPLEX更好的可行解，与CPLEX得到的下界相比，A类、B类、C类、D类的平均差距分别为0%、16.10%、13.09%和9.81%，总体平均差距仅为9.75%。此外，A、B、C和D类的相对标准偏差分别为0.04%、0.45%、0.42%和0.37%，相对标准偏差的总体平均值为0.32%，

说明复合邻域离散萤火虫算法得到的解较稳定。

表 12-7　复合邻域离散萤火虫算法与 CPLEX 的比较

| 算例 | 复合邻域离散萤火虫算法 | | | | CPLEX（5hCPU） | | 差距（%） |
| | 平均值 | | 最佳值 | | 下限 | 最好值 | |
	平均值	相对标准偏差	最好值	CPU 时间（分钟）			
A01	1456.49	0.14	1455.22	0.01	1455.22	1455.22*	0
A02	1729.15	0.00	1729.15	0.00	1729.15	1729.15*	0
A03	1168.85	0.00	1168.85	0.00	1168.85	1168.85*	0
A04	1509.46	0.00	1509.46	0.00	1509.46	1509.46*	0
A05	1173.01	0.00	1173.01	0.00	1173.01	1173.01*	0
A06	1267.55	0.00	1267.55	0.01	1267.55	1267.55*	0
A07	1379.71	0.00	1379.71	0.00	1379.71	1379.71*	0
A08	1474.25	0.00	1474.25	0.00	1474.25	1474.25*	0
A09	1828.01	0.00	1828.01	0.03	1828.01	1828.01*	0
A10	1283.31	0.00	1283.31	0.00	1283.31	1283.31*	0
A11	1222.70	0.00	1222.70	0.01	1222.70	1222.70*	0
A12	1472.06	0.00	1472.06	0.01	1472.06	1472.06*	0
A13	1125.96	0.00	1125.96	0.00	1125.96	1125.96*	0
A14	1333.91	0.00	1333.91	0.01	1333.91	1333.91*	0
A15	861.88	0.00	861.88	0.01	861.88	861.88*	0
A16	1215.68	0.06	1215.15	0.01	1215.15	1215.15*	0
A17	1234.06	0.00	1234.06	0.01	1234.06	1234.06*	0
A18	1236.64	0.00	1236.64	0.00	1236.64	1236.64*	0
A19	1334.11	0.00	1334.11	0.00	1334.11	1334.11*	0
A20	1099.47	0.55	1085.18	0.01	1085.18	1085.18*	0
均值	**1320.31**	**0.04**	**1319.51**	**0.01**	**1319.51**	**1319.51**	**0**
B01	2459.42	0.00	2459.42	0.21	2248.00	2584.50	9.40
B02	4052.31	0.52	4036.97	9.37	3477.90	—	16.07
B03	7029.92	0.27	7014.75	19.16	6060.90	—	15.74
B04	7685.07	0.72	7579.69	77.00	—	—	—
B05	8607.35	0.60	8495.91	40.08	—	—	—
B06	12415.31	0.32	12370.71	216.12	—	—	—

续表

| 算例 | 复合邻域离散萤火虫算法 | | | | CPLEX（5hCPU） | | 差距（%） |
| | 平均值 | | 最佳值 | | 下限 | 最好值 | |
	平均值	相对标准偏差	最好值	CPU 时间（分钟）			
B07	3124.08	0.17	3119.35	1.09	2668.00	—	16.92
B08	6247.22	0.52	6204.73	19.82	5305.90	—	16.94
B09	8964.93	0.86	8851.83	16.05	—	—	—
B10	11682.17	0.27	11646.52	31.75	—	—	—
B11	2164.01	0.00	2164.01	0.50	1978.30	—	9.39
B12	3570.12	0.38	3560.85	18.13	2939.90	—	21.12
B13	6568.02	0.32	6531.78	18.85	5546.10	—	17.77
B14	7394.51	0.63	7317.52	77.55	—	—	—
B15	7675.88	0.48	7604.43	148.64	—	—	—
B16	11095.27	0.40	11023.22	147.72	—	—	—
B17	2887.27	0.65	2872.60	1.44	2350.00	—	22.24
B18	5747.30	0.46	5708.81	0.86	4945.20	—	15.44
B19	8190.02	0.50	8112.81	60.14	—	—	—
B20	10863.22	0.27	10830.31	138.46	—	—	—
均值	**6921.17**	**0.42**	**6875.31**	**52.15**			**16.10**
C01	2762.35	0.00	2762.35	1.26	2654.70	2768.06	4.06
C02	4577.93	0.12	4566.35	4.14	3901.10	—	17.05
C03	8314.03	0.50	8235.48	28.43	7504.20	—	9.74
C04	8939.82	0.66	8888.81	76.75	7552.20	—	17.70
C05	10003.25	0.45	9915.67	30.74	—	—	—
C06	14126.96	0.54	14036.02	116.92	—	—	—
C07	4018.86	0.24	3991.29	0.5	3477.80	4280.36	14.76
C08	7568.14	0.38	7528.70	6.78	6670.10	—	12.87
C09	9921.05	0.83	9770.74	32.98	—	—	—
C10	15171.87	0.46	15081.04	32.60	—	—	—
C11	2563.22	0.21	2548.17	0.87	2259.00	—	12.80
C12	3901.97	0.74	3868.64	3.21	3367.90	—	14.87
C13	7850.96	0.39	7827.57	6.28	6961.90	—	12.43
C14	8479.54	0.72	8358.05	33.59	—	—	—
C15	9326.25	0.49	9229.73	24.17	—	—	—

续表

| 算例 | 复合邻域离散萤火虫算法 | | | | CPLEX（5hCPU） | | 差距（%） |
| | 平均值 | | 最佳值 | | 下限 | 最好值 | |
	平均值	相对标准偏差	最好值	CPU 时间（分钟）			
C16	13037.37	0.33	12965.53	188.46	—	—	—
C17	3662.21	0.85	3639.44	1.14	3178.10	—	14.52
C18	7016.98	0.41	6985.42	21.14	6170.60	—	13.20
C19	9264.48	0.48	9204.43	44.34	—	—	—
C20	14078.02	0.17	14039.78	94.40	—	—	—
均值	**8229.26**	**0.45**	**8172.16**	**37.44**			**13.09**
D01	3165.94	0.17	3155.54	1.67	3155.54	3155.54*	0.00
D02	5036.56	0.71	5019.83	7.29	4418.00	—	13.62
D03	9251.75	0.26	9222.55	6.87	8553.00	—	7.83
D04	9708.31	0.50	9644.28	14.77	8429.60	—	14.41
D05	11164.42	0.55	11050.40	21.26	—	—	—
D06	15753.54	0.23	15718.61	87.32	—	—	—
D07	4008.20	0.00	4008.20	0.38	3685.50	4113.90	8.76
D08	8221.93	0.34	8195.89	6.16	7458.00	—	9.89
D09	11239.00	0.75	11152.57	3.45	—	—	—
D10	15731.54	0.28	15662.80	150.01	—	—	—
D11	2913.41	0.03	2913.13	0.87	2721.30	—	7.05
D12	4764.17	0.66	4723.24	6.87	4131.70	—	14.32
D13	8785.69	0.45	8739.15	13.47	7900.50	—	10.62
D14	9459.21	0.50	9392.67	53.42	—	—	—
D15	10482.35	0.21	10450.10	65.49	—	—	—
D16	14629.84	0.34	14574.36	95.35	—	—	—
D17	3885.69	0.13	3880.51	0.51	3513.90	—	10.43
D18	7781.83	0.52	7700.81	4.14	6939.00	—	10.98
D19	10288.03	0.44	10184.12	46.62	—	—	—
D20	14753.09	0.30	14682.08	66.29	—	—	—
均值	**9051.23**	**0.37**	**9003.54**	**32.61**			**9.81**
总均值	**6380.49**	**0.32**	**6342.63**	**30.55**	—	—	**9.75**

注："—"表示 CPLEX 没有找到可行解；"*"表示该解为最优解。

12.5.5 复合邻域离散萤火虫算法应用到 MDVRPTW 问题

将复合邻域离散萤火虫算法应用到的 MDVRPTW 问题结果与其他方法得到的结果进行比较，进一步评价复合邻域离散萤火虫算法的有效性。包括文献[26]提出的改进禁忌搜索（ITS）、文献[27]提出的协同自适应 VNS（CA_VNS）、文献[1]提出的遗传算法与禁忌搜索的混合算法（GA&TS）、文献[28]提出的并行迭代禁忌搜索（PI_TS）、文献[29]提出的改进型自适应遗传算法（IA_GA）。

表 12-8 描述了带时间窗的多车场车辆路径问题基准算例的特征，其中包括客户数量、车场数和每个车场可用的车辆数量，以及每辆车的最大容量和最大路径持续工作时间。

表 12-8 MDVRPTW 问题基准算例的基本信息

算例	客户数量	车场数	可用的车辆数量	车辆最大容量	最大路径持续工作时间
Pr01	48	4	2	200	500
Pr02	96	4	3	195	480
Pr03	144	4	4	190	460
Pr04	192	4	5	185	440
Pr05	240	4	6	180	420
Pr06	288	4	7	175	400
Pr07	72	6	2	200	500
Pr08	144	6	3	190	475
Pr09	216	6	4	180	450
Pr10	288	6	5	170	425
Pr11	48	4	1	200	500
Pr12	96	4	2	195	480
Pr13	144	4	3	190	460
Pr14	192	4	4	185	440
Pr15	240	4	5	180	420
Pr16	288	4	6	175	400
Pr17	72	6	1	200	500
Pr18	144	6	2	190	475
Pr19	216	6	3	180	450
Pr20	288	6	4	170	425

表 12-9 给出了复合邻域离散萤火虫算法和其他亚启发式方法得到的计算结果、它们之间的差距以及最佳解。相对标准偏差以百分数表示＝目标值的标准差/平均目标值×100，差距%＝（由复合邻域离散萤火虫算法获得的最好目标值-最好解）/最好解×100。与最好解的平均差距＝（每种方法的平均值-最好解的平均值）/最佳解平均值×100。

表 12-9　MDVRPTW 的复合邻域离散萤火虫算法与其他亚启发算法的比较

算例	改进禁忌搜索算法	协同自适应算法	遗传算法与禁忌搜索的混合算法	并行迭代禁忌搜索算法	改进型自适应遗传算法	已知最好值	复合邻域离散萤火虫算法		
							最好值	相对标准偏差	差距%
Pr01	1074.12	1074.12	1101.80	1074.12	1074.12	1074.12	**1074.12**	0.00	0.00
Pr02	1762.21	1762.21	1762.21	1762.21	1762.21	1762.21	**1762.21**	0.53	0.00
Pr03	2373.65	2373.65	2408.42	2373.65	2373.65	2373.65	**2373.65**	0.30	0.00
Pr04	2852.29	2815.48	2858.20	2819.76	2818.24	2815.48	2822.09	0.06	0.23
Pr05	3029.65	2965.18	3029.65	2971.90	2965.18	2962.25	2964.06	0.33	0.06
Pr06	3627.18	3612.72	3758.36	3590.58	3598.35	3588.78	**3588.78**	0.98	0.00
Pr07	1418.22	1418.22	1418.22	1418.22	1418.22	1418.22	**1418.22**	0.16	0.00
Pr08	2102.61	2096.73	2103.89	2096.73	2099.64	2096.73	**2096.73**	0.44	0.00
Pr09	2737.82	2727.42	2737.82	2717.69	2724.90	2712.56	**2712.56**	0.27	0.00
Pr10	3505.27	3483.22	3577.28	3469.29	3468.94	3464.65	3469.29	0.34	0.13
Pr11	1005.73	1005.73	1005.73	1005.73	1005.73	1005.73	**1005.73**	0.58	0.00
Pr12	1478.51	1467.72	1478.51	1464.50	1464.50	1464.50	**1464.50**	0.20	0.00
Pr13	2011.24	2001.83	2014.02	2001.81	1994.14	1994.14	2001.81	0.27	0.38
Pr14	2202.08	2196.28	2202.08	2195.33	2199.48	2195.33	2196.29	0.13	0.04
Pr15	2494.57	2456.52	2509.75	2434.94	2449.64	2433.15	2436.28	0.50	0.13
Pr16	2901.02	2853.32	2896.03	2852.25	2837.58	2836.67	2842.30	0.22	0.20
Pr17	1236.24	1236.24	1239.13	1236.24	1242.38	1236.24	**1236.24**	0.10	0.00
Pr18	1792.61	1788.18	1792.61	1788.18	1793.25	1788.18	**1788.18**	0.37	0.00
Pr19	2285.10	2269.33	2310.92	2263.74	2260.68	2257.13	2261.08	0.27	0.17
Pr20	3079.16	3013.71	3079.73	2995.08	2991.79	2984.01	2987.24	0.64	0.11
均值	2248.46	2230.89	2264.22	2226.60	2227.13	2223.19	2225.07	0.33	0.09
平均差距	**1.14**	**0.35**	**1.85**	**0.15**	**0.18**	—	**0.08**	—	—

表 12-9 显示，复合邻域离散萤火虫算法在 20 个带时间窗的多车场车辆路径问题算例中获得了 11 个已知最好的解。如最后一行所示，我们的最好解与已知最好解的最大差距是 0.38%。我们的研究结果与最好解的平均差距为 0.08%。此外，从平均值差距看，复合邻域离散萤火虫算法还优于其他亚启发式算法，如改进禁忌搜索算法、协同自适应算法、遗传算法与禁忌搜索的混合算法、并行迭代禁忌搜索算法、改进型自适应遗传算法。这些结果表明，复合邻域离散萤火虫算法具有较强的竞争力。此外，最大的相对标准偏差为 0.98%，平均的相对标准偏差为 0.33%，这表明复合邻域离散萤火虫算法在求解带时间窗的多车场车辆路径问题时也具有稳定性。

12.6　本章小结

本章研究了一种用于农业机械维修的新型车辆路径问题。将该问题转化为带时间窗的非对称多车场点弧混合路径问题。然后，对其建立了混合整数规划模型。为了解决这一问题，提出了带有复合邻域的萤火虫算法，并提出了新的复合邻域方法。此外，还证明了复合邻域相对于顺序移动算法的优势。为了降低计算复杂度，提出了评估持续工作时间不可行性的新方法。采用能量推理算法提高车辆数量的下界，并将复合邻域的萤火虫算法得到的带时间窗的非对称多车场车辆路径问题算例结果与 CPLEX12.5 得到的结果进行了比较。最后，为了进一步评估复合邻域的离散萤火虫算法的有效性，我们将复合邻域的离散萤火虫算法获得的带时间窗的多车场车辆路径问题结果与其他亚启发式方法（包括改进禁忌搜索算法、协同自适应算法、遗传算法与禁忌搜索的混合算法、并行迭代禁忌搜索算法、改进型自适应遗传算法）得出的结果进行了比较。结果表明，复合邻域的离散萤火虫算法具有较好的竞争力。

附录 A

命题 1：对于给定的解 S，具有目标值 $f(S)$，它通过 σ 和 σ' 的序列移动得到解为 S_1，通过 $\sigma \oplus \sigma'$ 复合移动的解为 S_2，那么 $f(S_2) \leqslant f(S_1)$。

证明：设 ξ_1 为移动 σ 后产生的节约值，ξ_2 为移动 σ' 后产生的节约值，则当

$\xi_1>0$ 时执行移动 σ，当 $\xi_2>0$ 时执行移动 σ'。然而，当 $\xi_1+\xi_2>0$ 时执行 $\sigma\oplus\sigma'$，即当 $\xi_1<0$、$\xi_2>0$ 和 $\xi_1+\xi_2>0$ 时，$\sigma\oplus\sigma'$ 仍然执行，但不执行顺序移动。因此，$\sigma\oplus\sigma'$ 可以找到更好的解。

附录 B

命题 2：如果路径 $Pa'=(0,\cdots,x,v,y,\cdots,n+1)$ 由路径 $Pa=(0,\cdots,x,y,\cdots,n+1)$ 通过在需求 x 和需求 y 之间插入需求 v，那么路径 Pa' 的持续时间是 $D'=fa'_{n+1}+\Delta NA-(ba_0'-\Delta ST)$。

证明：对于路径 Pa，在路径中插入需求 v 后，到达 y 点的时间为 $fb'_y=\max(fa_x+s_x+q_x+c_{x,v},e_v)+s_v+q_v+c_{vy}$，到达 $n+1$ 车场的时间增量为 $\Delta NA=fb_y'-fa_y'-FW_y$。最后，到达 $n+1$ 车场的时间为 $fb_{n+1}'=fa_{n+1}'+\Delta NA$。

插入需求 v 后，车场 $n+1$ 左移的变化为 $\Delta=l_{n+1}-fb_{n+1}'$，y 处左移的变化为 $\Delta y=\max\{\Delta-(BW_{n+1}-BW_x),0\}$。因此，在需求 x 的到达时间是 $bh_x'=\min\{ba_y'-\Delta y-s_v-q_v-c_{vy},l_v\}-c_{xv}-s_x-q_x$，在车场 0 的时间变化是 $\Delta ST=\max\{\max(ba_x'-bh_x',0)-BW_x,0\}$。最后，新的开始时间是 $bh_0'=ba_0'-\Delta ST$。

因此，新路径 Pa' 的持续时间为 $D'=fb_{n+1}'-bh_0'=fa_{n+1}'+\Delta NA-(ba_0'-\Delta ST)$。

本书参考文献：

［1］Noori S, Ghannadpour S F. High-level relay hybrid metaheuristic method for multi-depot vehicle routing problem with time windows［J］. Journal of Mathematical Modelling and Algorithms，2012，11（2）：159-179.

［2］Herrero Antón R. Hybrid methodologies for symmetric and asymmetric vehicle routing problems［D］. Universitat Autònoma de Barcelona，Spain，2016.

［3］Bettinelli A，Ceselli A，Righini G. A branch-and-cut-and-price algorithm for the multi-depot heterogeneous vehicle routing problem with time windows［J］. Transportation Research Part C：Emerging Technologies，2011，19（5）：723-740.

［4］Vidal T，Crainic T G，Gendreau M，et al. A hybrid genetic algorithm for multidepot and periodic vehicle routing problems［J］. Operations Research，2012，60（3）：611-624.

［5］Moccia L，Cordeau J F，Laporte G. An incremental tabu search heuristic for the generalized vehicle routing problem with time windows［J］. Journal of the Operational Research Society, 2012, 63 (2): 232-244.

[6] Vidal T, Crainic T G, Gendreau M, et al. A hybrid genetic algorithm with adaptive diversity management for a large class of vehicle routing problems with time-windows [J]. Computers & Operations Research, 2013, 40 (1): 475-489.

[7] Dell'Amico M, Díaz J C D, Hasle G, et al. An adaptive iterated local search for the mixed capacitated general routing problem [J]. Transportation Science, 2016, 50 (4): 1223-1238.

[8] Liu R, Jiang Z B. The close - open mixed vehicle routing problem [J]. European Journal of Operational Research, 2012, 220 (2): 349-360.

[9] Kontoravdis G, Bard J F. A grasp for the vehicle routing problem with time windows [J]. ORSA Journal on Computing, 1995, 7 (1): 10-23.

[10] Erschler J, Lopez P, Thuriot C. Raisonnement temporel sous contraintes deressources et problèmes d'ordonnancement [J]. Artificial Intelligence Review, 1991, 5 (3): 7-36.

[11] Afifi S, Guibadj R N, Moukrim A. New lower bounds on the number of vehicles for the vehicle routing problem with time windows [C] //International Conference on AI and OR Techniques in Constriant Programming for Combinatorial Optimization Problems, Springer, Cham, 2014: 422-437.

[12] Baptiste P, Pape C L, Nuijten W. Satisfiability tests and time-bound adjustments for cumulative scheduling problems [J]. Annals of Operations Research, 1999, 92 (1): 305-333.

[13] Fister I, Fister Jr I, Yang X S., et al. A comprehensive review of firefly algorithms [J]. Swarm and Evolutionary Computation, 2013, 13 (1): 34-46.

[14] Yang X S. Firefly algorithms for multimodal optimization [C] //International Symposium on Stochastic Algorithms, Springer, Berlin, Heidelberg, 2009: 169-178.

[15] Lukasik S, Zak S. Firefly algorithm for continuous constrained optimization tasks [C] //International Conference on Computational Collective Intelligence, 2009: 97-106.

[16] Jati G K. Evolutionary discrete firefly algorithm for travelling salesman problem [C] //Adaptive and Intelligent Systems, Springer, Berlin, Heidelberg, 2011:

393-403.

[17] Kumbharana S N, Pandey G M. Solving travelling salesman problem using firefly algorithm [J]. International Journal of Scientific & Technology Research, 2013, 2 (2): 53-57.

[18] Osaba E, Yang X S, Diaz F, et al. A discrete firefly algorithm to solve a rich vehicle routing problem modelling a newspaper distribution system with recycling policy [J]. Soft computing, 2017, 21 (18): 5295-5308.

[19] Ropke S, Pisinger D. An adaptive large neighborhood search heuristic for the pickup and delivery problem with time windows [J]. Transportation Science, 2006, 40 (4): 455-472.

[20] Li J, Pardalos P M, Sun H, Pei J, Zhang Y. Iterated local search embedded adaptive neighborhood selection approach for the multi-depot vehicle routing problem with simultaneous deliveries and pickups [J]. Expert Systems with Applications, 2015, 42 (7): 3551-3561.

[21] Potvin J Y, Rousseau J M. A tabu search heuristic for the vehicle routing problem with time windows [J]. Journal of the Operational Research Society, 1995, 46 (12): 1433-1446.

[22] Chen J F, Wu T H. Vehicle routing problem with simultaneous deliveries and pickups [J]. Journal of the Operational Research Society, 2006, 57 (5): 579-587.

[23] Or I. Traveling salesman-type combinational problems and their relation to the logistics of blood banking [D]. Northwestern University, USA, 1976.

[24] Schneider M, Sand B, Stenger A. A note on the time travel approach for handling time windows in vehicle routing problems [J]. Computers & Operations Research, 2013, 40 (10): 2564-2568.

[25] Cordeau J F, Laporte G, Mercier A. A unified tabu search heuristic for vehicle routing problems with time windows [J]. Journal of the Operational Research Society, 2001, 52 (8): 928-936.

[26] Cordeau J F, Laporte G, Mercier A. Improved tabu search algorithm for the handling of route duration constraints in vehicle routing problems with time windows [J]. Journal of the Operational Research Society, 2004, 55 (5): 542-546.

［27］ Polacek M, Benkner S, Doerner K F, et al. A cooperative and adaptive variable neighborhood search for the multi depot vehicle routing problem with time windows ［J］. Journal of Business Research, 2008, 1 (2): 207-218.

［28］ Cordeau J F, Maischberger M. A parallel iterated tabu search heuristic for vehicle routing problems ［J］. Computers & Operations Research, 2012, 39 (9): 2033-2050.

［29］ Liu C Y. An improved adaptive genetic algorithm for the multi-depot vehicle routing problem with time window ［J］. Networks, 2013, 8 (5): 1035-1042.

第13章 基于农村电商的生鲜农产品合作配送成本分配问题研究

13.1 引言

随着天猫、京东等电子商务的不断发展，其销售领域由保质期长的商品扩展到保质期短的商品甚至是生鲜农产品。生鲜农产品极其易腐，这对运输时效及运输过程中的温控提出了较高的要求：运输时效要求缩短运输距离，尽快将商品送至目的地；温控则要求在运输过程中采用冷藏设备或者低温设施，从而转变以往的常温模式，这些要求导致了物流成本的增加。因为农村网点稀疏，第三方物流配送频率较低，所以难以满足生鲜农产品配送要求。此外，由于单独配送成本较高，且第三方物流配送时间较长，因此需要采用共同配送，在满足生鲜配送要求的同时减少各自所需要支付的成本。

共同配送以最短时间、最低成本为目标，尽量将较新鲜的产品运送到客户处，因此要进行路径规划，即旅行商问题（Travelling Salesman Problem，TSP），而如何公平地分摊共同配送成本则是合作者需解决的问题。共同配送有助于高效、低损耗地完成配送任务，公平的成本分配则是保证联盟的稳定性及可持续性的条件。因此，加强生鲜农产品合作配送问题的成本分配研究具有重要的意义。

对于生鲜农产品合作博弈的研究较少，且研究内容主要集中在运输设施选择费用分配[1~2]、利润分配[3]、配送路径规划[4~5]等方面上，缺少将生鲜农产品与旅行商问题结合的合作博弈问题研究。本书旨在结合农村电商背景，对生鲜农产品合作配送的成本分配问题进行研究，建立数学模型，比较不同求解方法的结果，以期为小批量农产品共同配送提供成本分配依据。

13.2 问题描述

随着生活水平的提高，人们越来越重视农产品的新鲜度。为了降低农村商业成本，扩大农村商业规模，将农产品及时运送至客户处，农村电子商务随之诞生。农村电子商务是指以数字信息化的手段，进行跨区域、跨行业的联合，使农民成为平台的最大获利者、使商家的利润增加。它具有高普遍性、可扩展性、便捷、安全、降低成本等特点，经营主体为农村中小企业，例如农民合作组织，所在地多属于农村，数量较多，分布广泛，与周围的市场联系紧密。农民合作组织就根据需求信息，在多个农民的合作下，将生鲜农产品配送至各个客户点。

生鲜农产品从起初的生产到最终的销售要经历多个环节。本书仅考虑生鲜农产品的配送问题：多个农民将种植的新鲜蔬菜、水果等存储于农民合作组织处，由农民合作组织统一将生鲜农产品及时快速地配送到连锁超市、零售店、学校食堂、菜市场等地点。农民合作组织负责这段过程的配送，交付期间产生的固定成本、燃油费、冷藏费用等总成本由农民合作组织中农户按一定原则分摊。生鲜农产品合作配送问题的总目标是实现总成本最小，农户的目标是使分摊给他们的成本最小且确保分配方案是公平合理的。

13.3 生鲜农产品合作配送数学模型

联盟 N 共同配送生鲜农产品的总成本采用式（13-1）计算：
目标函数：

$$\min A + P_d \sum_{i \in V} \sum_{j \in V} (t_{ij} + u_i) x_{ij} + P_s w \sum_{i \in V} \sum_{j \in V} d_{ij} x_{ij} + fQ \sum_{i,j \in V} d_{ij} x_{ij} + M \sum_{i \in N} h_i \max \{ (E_i - R_i), 0 \} + M \sum_{i \in N} h_i \max \{ (R_i - L_i), 0 \} + q(\sum_{i \in V} \sum_{j \in V} t_{ij} + \sum_{i \in N} u_i) \quad (13\text{-}1)$$

约束条件：

$$\sum_{j \in N} x_{ij} = 1 \quad \forall i \in N \tag{13-2}$$

$$\sum_{i \in N} x_{ij} = 1 \quad \forall j \in N \tag{13-3}$$

$$t_{ij} = \frac{d_{ij}}{v} + M(1 - x_{ij}) \quad \forall i \in V, \quad \forall j \in V \tag{13-4}$$

$$\sum_{i \in N} h_i \leq Q \quad \forall i \in N \tag{13-5}$$

$$R_j \geq R_i + t_{ij} + u_i - M((1 - x_{ij})) \quad \forall i \in N, \quad \forall j \in N \tag{13-6}$$

$$R_i \geq t_{0i} - (1 - x_{0i})M \quad \forall i \in N \tag{13-7}$$

$$E_i \leq R_i \leq L_i \quad \forall i \in N \tag{13-8}$$

其中，A 为固定成本，元/h；P_d 为司机费用单价，元；t_{ij} 为车辆从 i 行驶至 j 所需的时间；u_i 为在客户 i 的服务时间，h；P_s 为燃油单价，（元/L）；w 为油耗，L/（100 * km）；f 为过路过桥费率（元/t * km）；Q 为车辆的载质量，t；h_i 为客户需求量，t；M 为惩罚系数，是 1 个极大的值；E_i，L_i 为到达客户 i 的最早时间及最迟时间，h；R_i 为车辆到达客户 i 的时间，h；q 为单位时间的制冷成本，元；v 为平均行驶速度（km/h）；0 为车场；N 为所有客户集合；V 为客户集合及车场；x_{ij} 为决策变量，如果车辆从客户 i 直接到达客户 j，则 $x_{ij} = 1$，否则 $x_{ij} = 0$。

目标函数（13-1）表示将生鲜农产品从车场配送到 $|N|$ 个客户处产生的总配送成本最小，其中包含固定成本、雇佣司机费用、燃油费用、过桥过路费用、惩罚成本及制冷成本。式（13-2）、式（13-3）表示所有客户只能被访问 1 次。式（13-4）为行驶时间约束。式（13-5）为保证满足所有客户的需求但不超过车辆载重约束。式（13-6）表示删除子路径不等式，即其排除包含超过 1 个循环的解。式（13-7）为第一个客户到达时间约束。式（13-8）为车辆到达客户点的时间窗约束。

13.4　合作配送成本分配的方法

成本分配问题是联盟中客户所重视的关键性问题。成本分配的方法有很多，无论是平等分配，还是按贡献分配，抑或是按稳定的原则分配，其目标都是要实现联盟中客户的满意程度更高。

成本分配方法主要分为以下两种：①按比例分配成本的方法；②按对策论分配成本的方法。

13.4.1 按比例分配成本的方法

按比例分配成本的方法是一种常用且简单的合作分配方法，也是客户容易接受的方法之一。由于客户的需求量、距离等特征量不同，可根据各客户的特征量所占比例进行分配，即：

$$\pi_i = \frac{C'(i)}{\sum\limits_{i \in N} C'(i)} C(N) \quad \forall i \in N \tag{13-9}$$

其中，π_i 为各个客户所分摊到的成本；$C'(i)$ 为客户 i 的特征量；$|N|$ 为大联盟的客户数，具体客户集合表示为 $\{1, 2, \cdots, n\}$；$C(N)$ 为所有客户共同配送的总成本。

13.4.2 按对策论分配成本的方法

根据合作博弈理论概念进行成本分配，主要方法有核心法、Shapley 值法、GQP（Game Quadratic Programming）法和简化的 MCRS（Minimum Cost-Remaining Savings）法。

13.4.2.1 核心法

大联盟分配集有很多种分配方式，在个体最理性的情形下，联盟中的每位客户希望得到最有利的分配结果，当分配结果不公平时，一些客户可能会退出大联盟。因此，要使大联盟稳定，必须保证不存在任何 1 个小联盟，会让客户觉得加入小联盟 S 比加入大联盟 N 好。核心是体现大联盟稳定性的分配解，但是核心不一定存在。在合作博弈中，不被优超的分配集合称为核心，即全体优分配。

每个博弈者 i 都有 1 个对应的分配成本 π_i，各个博弈者分配成本之和应等于大联盟 N 的总成本 $C(N)$（有效性），π_i 是不能被其他子联盟优超（稳定性）。核心 π 表示为：

$$E(N; C) = \left\{ \pi \in R^N \mid \sum_{i \in N} \pi_i = C(N); \ \forall S \subset N, S \neq \phi: \sum_{i \in S} \pi_i \leq C(S) \right\}$$

$$\tag{13-10}$$

式（13-10）表示总成本由所有的博弈者分摊，满足有效性和稳定性两个条件。一般情况下，核心不是由唯一解组成的，但也可能是空集，因此需要探讨是否可以保证 1 个博弈有 1 个非空的核心。

已有研究表明[6~10]，保证核心非空的条件有以下 4 种：

（1）博弈是凸面的[6]，即：

$$C(S \cup T) + C(S \cap T) \leqslant C(S) + C(T) \quad S, \ T \subset N \tag{13-11}$$

但是，即使博弈不是凸状的，核心也可能是非空的；

（2）博弈是稳定的[7]；

（3）带有对称成本矩阵的旅行商博弈的图形有最多 5 个点（$|N| \leqslant 4$）[8]，而 Kuipers[9] 进一步证明最多可以有 6 个点（$|N| \leqslant 5$）；

（4）成本矩阵满足三角不等式，且固定路径是大联盟最小成本旅行商问题的解[10]。

为了区别核心中的解，Schmeidler[11] 提出了核仁的概念。它通过最小化联盟中的最大不满，或者是最大化最小满意或收益以区别核心中的解。核仁是核心的一部分，有且只有 1 个。

1 个非空子联盟 S，其成本分配矢量为 x，超出率为 $e(S, x) = x(S) - C(S)$，其中 $e(S, x)$ 的大小反应子联盟 S 对 x 分配方案的满意度。$e(S, x)$ 越小，子联盟 S 对 x 分配越满意，因为子联盟中客户分配到的成本之和远远小于子联盟总成本，有了更大的成本节约；反之，$e(S, x)$ 越大，子联盟 S 对 x 分配越不满意，大联盟越不稳定。

分配方案 x 的超出率矢量为 $\theta(x)$，即 $\theta(x) = (e_1(S, x), e_2(S, x), \cdots e_n(S, x))$，分配方案 y 的超出率矢量为 $\theta(y)$，且 $\theta(x)$ 和 $\theta(y)$ 都按降序排序。对于矢量 $\theta(x)$ 和 $\theta(y)$，存在 j，使 $\theta_i(x) = \theta_i(y)$，$1 \leqslant i \leqslant j-1$，且 $\theta_j(x) < \theta_j(y)$，则称 $\theta(x)$ 字典序小于 $\theta(y)$，即 $\theta(x) <_\theta \theta(y)$。联盟对分配方案 y 的满意度小于联盟对分配方案 x 的满意度，即 x 优于 y，核仁则是分配方案 x。

令矢量 $\pi = (\pi_1, \pi_2, \cdots, \pi_n)$ 为博弈 $(N; C)$ 的核分配。根据核的有效性和稳定性条件，可以通过以下方法找到核仁解。令 S 为在当前迭代中子联盟集合（考虑 $S = \{\{1\}, \{2\}, \cdots, \{n\}, \{1, 2\}, \{1, 3\}, \cdots, N\}$）。研究问题是与核相关的松弛问题，定义为数学模型 P_1[12]，由式（13-12）~式（13-17）组成：

$$\max w_1 \tag{13-12}$$

$$\pi_i \leqslant C(i)\ i \in N \tag{13-13}$$

$$\sum_{i \in S} \pi_i + w_1 \leqslant C(S)\ S \subset N \tag{13-14}$$

$$\sum_{i \in N} \pi_i = C(N) \tag{13-15}$$

$$\pi_i \geqslant 0\ i \in N \tag{13-16}$$

$$w_1 \geqslant 0 \tag{13-17}$$

其中，w_1 为子联盟配送成本与该子联盟各个客户在大联盟中分担成本之和的差。式（13-13）和式（13-14）是稳定性条件的松弛规划；式（13-15）是指来自于核定义的有效性条件；式（13-16）和式（13-17）规定了变量的取值范围。

令 $\boldsymbol{\Psi}^1(i)$ 为式（13-13）的对偶变量，$\boldsymbol{\tau}^1(S)$ 为式（13-14）的对偶变量。则（$\boldsymbol{\Psi}^{1*}$，$\boldsymbol{\tau}^{1*}$）为 $\mathbf{P}_1$ 的最优对偶解。如果 $\mathbf{P}_1$ 有唯一解（$\boldsymbol{\pi}^*$，w_1^*），$\boldsymbol{\pi}^*$ 则是核仁[13]。

包含变量 w_1 的式（13-14）有 p_1 个不等式（$p_1 \geqslant 1$），这些不等式中至少有 1 个对应严格的对偶解 $\boldsymbol{\Psi}^{1*}(S) > 0$，进而确定了字典序最小的超出矢量 $\boldsymbol{\theta}(x)$。如果解（$\boldsymbol{\pi}^*$，w_1^*）不是唯一的，则求解下 1 个数学模型 $\mathbf{P}_2$。如果 $\mathbf{P}_2$ 有唯一的解（$\boldsymbol{\pi}^*$，w_2^*），则该解为核仁，否则继续求解 $\mathbf{P}_3$，直到有唯一的解为止。令所有联盟的个数为 q，迭代 t 次后，得到数学模型 $\mathbf{P}_t$，由式（13-18）~式（13-24）组成：

$$\max\ w_t \tag{13-18}$$

$$\pi_i \leqslant C(i)\ i \in N \tag{13-19}$$

$$\sum_{i \in S} \pi_i + w_t \leqslant C(S)\ S \subset N \tag{13-20}$$

$$\sum_{i \in S} \pi_i + w_q^* = C(S)\ S \in \{S \subset N \mid \psi^{q*}(S) > 0\},\ q = 1,\ 2,\ \cdots,\ t-1 \tag{13-21}$$

$$\sum_{i \in N} \pi_i = C(N) \tag{13-22}$$

$$\pi_i \geqslant 0\ i \in N \tag{13-23}$$

$$w_t \geqslant 0 \tag{13-24}$$

其中，w_t 为第 t 次迭代中子联盟配送成本与子联盟各个客户在大联盟中分担成本之和的差。若计算结果无解，即核心为空核，表明大联盟不稳定，但仍要实现大联盟稳定性，可以向小联盟征收的附加成本 ε。这样转化为附加成本 ε 最小的大联盟成本分配问题（称为最小核心法），其数学模型如下：

$$\min \varepsilon \tag{13-25}$$

$$\pi_i \leqslant C(i) \quad i \in N \tag{13-26}$$

$$\sum_{i \in S} \pi_i \leqslant C(S) + \varepsilon \quad S \subset N \tag{13-27}$$

$$\sum_{i \in N} \pi_i = C(N) \tag{13-28}$$

$$\pi_i \geqslant 0 \quad i \in N \tag{13-29}$$

$$\varepsilon \geqslant 0 \tag{13-30}$$

13.4.2.2 Shapley 值法

Shapley 值法是一种解决多人合作对策问题的数学方法。在 1 个大联盟中，根据不同合作方式对应的贡献函数，得出最佳成本分摊方案。多人参与某项合作时，参与者之间会形成若干种组合，若全体客户合作必定会带来最大的效益，而且随着参与者的增加，效益不会减小，反而会增大。Shapley 值法就可以用来分配出这种合作的最大效益。

用 Shapley 值法求得的解是唯一的，求解公式如下：

$$\pi_i = \sum_{S \subset N} w(S) \left[C(S) - C(S-\{i\}) \right] \quad \forall i \in N \tag{13-31}$$

其中，$w(S) = (n-s)!\ (s-1)!\ /n!$；$s$ 为联盟 S 中的人数；n 为全体客户集合 N 中的人数；$w(S)$ 为加权系数[13]。即使成本分配的核是非空的，Shapley 值也有可能不在核中，但是，Shapley 值在每个凸博弈的核中。

13.4.2.3 GQP 法

GQP 方法采用二次规划模型计算，得到最优分配解。该二次规划模型的约束条件同式（13-10），目标函数为：

$$\min z = \sum_{i=1}^{n} \left(\pi(i) - v(i) \right)^2 \tag{13-32}$$

目标函数（13-32）指各个客户所分摊的成本与理想分摊值之差最小，其中 $\pi(i)$ 为分配给大联盟中单个客户的成本；$v(i)$ 为第 i 个客户最少需要承担的成本，即理想分摊值，或称为可分离成本 M_i，表示为：

$$M_i = C(I) - C(I-i) \quad i = 1, 2, \cdots, n \tag{13-33}$$

其中，$C(I-i)$ 为客户 i 未加入时产生的总成本；$C(I)$ 为需要进行分摊的总成本[14]。则

$$v(i) = C(N) - C(N-i) \quad i = 1, 2, \cdots, n \tag{13-34}$$

13.4.2.4 简化的 MCRS 法

简化的 MCRS 方法中，成本分配矢量 π 有上界矢量和下界矢量，即 $\pi_{\min} \leqslant \pi \leqslant$

$\pi_{\max}$。数学模型[15] 为：

$$\pi = \pi(i)_{\min} + \lambda(\pi(i)_{\max} - \pi(i)_{\min}) \tag{13-35}$$

$$\sum_{i=1}^{n} \pi_i = C(N) \tag{13-36}$$

$$\pi(i)_{\max} = C(i) \quad i \in N \tag{13-37}$$

$$\pi(i)_{\min} = C(N) - C(N-i) \quad i \in N \tag{13-38}$$

其中，$\pi_{\max}$ 和 $\pi_{\min}$ 分别为单独配送的成本和各个客户的理想分配成本；$C(N-i)$ 为客户 i 未加入时产生的总成本。

13.5　计算步骤

生鲜农产品合作配送的成本分配问题需要考虑的因素较多，并涉及旅行商问题，因此计算过程较复杂。具体计算步骤如下：

（1）计算采用租车方式下的生鲜农产品合作配送最优成本。运用 CPLEX 软件，在 mod 档中编写数学模型；在 dat 档中录入通过调查分析的实际数据。运行软件得到租车配送情形下 2^n 个联盟的总成本（n 为共同配送客户数）及车辆的行驶路径。

（2）计算采用第三方物流公司的配送成本。选取顺丰物流计算各个联盟的配送成本。顺丰物流的计价标准为货物超过 50 千克时，省内单票最低收费为 120 元，异地的单票最低收费为 150 元，超过 50 千克的部分，每千克加收 1~7.5 元。成本随着客户需求量的增加而增大。第三方物流公司配送方式与租车方式相比，节约了燃油费用、租赁冷藏车的费用等，但是 1 个客户点对应 1 个单票，相应地也增加了成本。因而需要进行比较，从中选取成本较少的方式配送。

（3）将两种配送方式通过 Excel 进行比较，得到最优总成本。

（4）计算核心法下共同配送的成本分配解。

（5）计算其他方法下的成本分配解。

通过 CPLEX 软件编写模型，计算 GQP 方法，简化的 MCRS 方法下各个合作者的成本分配解。通过 Excel 软件，计算 Shapley 值法和按比例分配成本法下各个合作者的成本分配。

（6）通过 Excel 软件处理数据，进行多种方法的比较分析。

13.6 算例分析

13.6.1 算例数据

本书中，配送车辆从农民专业合作社出发，途经位于市区的 8 个客户，最后回到农民专业合作社。根据交通限行规定及实际情形，需选取载质量适当的车辆进行配送，根据租赁宝网站的数据，采用 4.2m 长的福田欧马可冷藏车，其额定载质量为 1.50t，租车费用为 300 元/d，且最短租期为 1 天，车辆行驶时间段为 7：00～11：00 和 13：00～17：00。农民专业合作社与客户的具体信息如表 13-1 所示。

表 13-1　农民专业合作社与客户的具体信息

客户编号	坐标 x/km	坐标 y/km	服务时间/min	需求量/t
0	24	28	0	0
1	80	100	10	0.07
2	89	58	20	0.30
3	100	100	10	0.11
4	130	88	20	0.24
5	140	110	20	0.21
6	120	96	20	0.26
7	59	98	10	0.13
8	160	44	20	0.18

注：编号 0 表示农民专业合作社，即车场，编号 1~8 表示客户编号。

在测试算例中，根据需求量的大小，将每个客户的服务时间设置为 10min 或者 20min，8 个客户的时间窗都为 6：00～18：00，车辆必须在这个时间段到达客户点。由表 1 可知，客户总需求量为 $Q = 1.50$t。

根据实际数据，实际车货总质量小于或等于 10t，其过路过桥费率计算收费 $f=0.08$ 元/t·km。计油价 $P_s=6.03$ 元/L，单位时间的制冷成本 $q=6.9$ 元[16]。计冷藏车临时司机工资为 $P_d=30$ 元/h，福田欧马可冷藏车的实际油耗 $w=12.2$ L/100km，租车固定成本 $A=300$ 元，车辆的平均速度设为 $v=60$ km/h。

当客户需求量比较少时，因为采用租车方式为客户进行单独配送成本可能会比较高，所以一般会选择第三方物流配送的方式，如顺丰物流。由于文中案例的客户点之间距离较近，因此选择单票 120 元，续重部分 2 元/kg 的计费标准。

根据建立的数学模型，通过 CPLEX 计算各个客户组成的联盟的最小总成本。该案例的旅行商博弈问题一共包含了 255 组联盟，因此经过 CPLEX 运算后将得到 255 组解，即为农民专业合作社要配送的 8 个客户所组合的 255 组联盟的最小成本，然后将运算得到的解分别与顺丰物流成本进行比较，选取较低的成本，从而使各个客户的分摊成本更低。比如共同配送 8 个客户，租车配送的最小总成本为 1246.59 元，顺丰物流配送的总成本为 3150 元，可以发现采用租车方式的成本较低，并且比顺丰物流方式节约了较多的配送成本。表 13-2 列出了租车配送方式下各项成本及其占总成本的比例。可以看出，由于配送车辆带有冷藏设备，因此固定成本较高，所占比重较大。此外，燃油成本是可变成本中所占比重最大的部分。

表 13-2　租车方式下各项成本类型所占百分比

成本类型	成本（元）	百分比（%）
固定成本	600.00	48.13
司机费用	257.60	20.67
燃油成本	283.63	22.75
过路过桥费	46.11	3.70
制冷成本	59.25	4.75
总成本	1246.59	100.00

根据车场及客户的坐标，车辆从车场出发，经过 8 个客户最后回到车场的路径有多条，如 0-7-1-3-2-6-4-5-8-0、0-2-8-4-5-6-3-1-7-0，从车场出发到需要服务的客户的最短路径为 a：0-7-1-3-6-4-5-8-2-0；而通过计算机运算，实现配送所有客户的总成本最小时，行驶路径为 b：0-2-8-4-5-6-3-1-7-0。两条

路径虽然差别细微，但是可以发现，在本章中当 8 个客户生鲜农产品配送分摊的总成本最小时，车辆行驶路径的距离不一定最短。

13.6.2　合作配送成本与单独配送成本比较

本书采用各客户的成本节约值和成本节约百分比对各种方法的分配结果进行比较分析。成本节约值是指客户单独配送成本与联盟中各客户分摊成本之差。成本节约百分比是指成本节约值与客户单独配送成本的百分比 $\varphi = \dfrac{C(i) - \pi_i}{C(i)} \times$ 100%。表 13-3 列出了联盟客户数不同情形下各客户成本节约的最小和最大比例，当客户数小于 8 时，联盟始终存在核仁解，使大联盟稳定；客户数等于 8 时，大联盟无核仁解，这时维持大联盟的稳定，需要给子联盟附加成本，才能避免客户脱离大联盟。

表 13-3　联盟客户数不同情形下各客户成本节约比例

联盟客户数	是否存在核仁解	成本节约最小和最大比例（%）	
		最小	最大
3	存在	17.56	36.68
4	存在	11.60	73.44
5	存在	11.53	73.41
6	存在	20.48	76.15
7	存在	35.56	78.93
8	不存在	17.07	80.93

由表 13-3 可以看出，各客户在联盟情形下的成本比单独配送时节约了至少 11.60%，最多节约 80.93%，这说明对客户而言，合作比不合作更有利。

此外，当大联盟客户数为 8 时，大联盟无核仁解，这是因为多个子联盟的成本小于子联盟中客户在大联盟中分摊的成本总和，使大联盟不稳定。其中，子联盟 {1，4，5，6，7，8}、{2，3，5，6，7，8}、{3，4，5，6，7，8}、{1，2，3，4，5，6，7} 和 {1，2，3，4，6，7，8} 的成本与其客户在大联盟中所分摊的成本差最大，为 107.26，因此需在子联盟上增加附加费用 107.26 元，使大联盟稳定。添加松弛之后的客户 1~8 的核仁解分别为 61.07、160.60、61.21、

162.56、257.77、101.09、127.14、315.15。这是将原约束条件加松弛后的解，即使用最小核心法计算得到的核心解，从计算结果来看，其满足数学模型的约束条件，即分配给客户的成本小于单独配送的成本；分配给客户的成本之和小于等于各自形成的联盟的成本；分配给所有客户的成本之和即为大联盟的总成本。

根据运算得到的 8 个客户的成本分配解，将其与单独配送时客户所需支付的成本作比较，结果如图 13-1 所示。在大联盟中各个客户所分摊的成本即为合作下的成本，单独配送客户的情况则为不合作，可清晰看出，合作下的成本都比不合作下的成本低，且合作情况下的成本节约率比较高。在大联盟中 8 个客户的成本节约百分比分别为：61.83%、69.27%、74.50%、67.49%、41.42%、80.93%、54.59%、17.07%。每个客户至少节约了 17.07%，实现了个体利益与集体利益最优化，表明合作是有益的。因而，在生鲜农产品配送的客户成本分配的问题中，客户可以尽可能地形成联盟，实现个体和集体利益最大化。

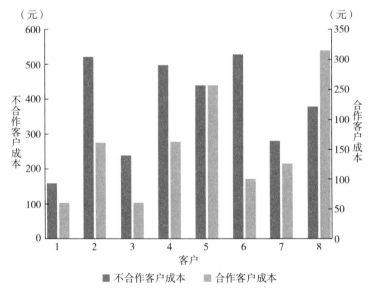

图 13-1　合作与不合作情况下的各个客户所分配的成本

13.6.3　4 种基于对策论的成本分配方法的结果比较

根据基于对策论的 4 种成本分配方法，求得 4 组成本分配解。首先比较大联盟核心为空时成本分配的结果，研究对象选取客户数为 8 个的联盟，采用最小核心法进行计算得到成本分配解，然后比较大联盟核心为非空时的核仁解，研究对象选取客户数为 7 个的联盟。

通过线性规划 P_1 计算，发现客户数为 8 时，大联盟不能实现稳定，因为子联盟的 {1，2，3，4，5，6，7} 的成本为 824.18 元，但大联盟总成本为 1246.59 元，则客户 8 所分摊的成本必须大于 1246.59 元－824.18 元＝422.41 元；然而单独配送客户 8 的成本仅为 380 元。这种情况下，客户 8 则会选择单独配送的方式，即脱离了大联盟。

通过 GQP 法计算时，该方法与核心法相似，都需要加入松弛 107.26 元，才能使得大联盟稳定。而通过简化的 MCRS 法计算时，需对子联盟 {1，2，3，4，5，6，7} 加收 42.41 元，使得联盟稳定。

在存在客户脱离联盟的情况下，要保证大联盟稳定，需在子联盟上增加部分费用。GQP 法、MCRS 法与核心法都比较相似，因为它们都需要加入松弛成本，才能实现最优解。表 13-4 列出了联盟客户数为 8 时，采取 4 种方法计算每一个客户的成本分配解。在约束条件上增加松弛后，发现 GQP 法的最优解较为平均，简化的 MCRS 法体现优势方的支付较少。

表 13-4　联盟客户数为 8 时基于对策论 4 种方法的成本分配值　　单位：元

客户编号	σ_1	σ_2	σ_3	σ_4
1	61.07	65.43	102.56	34.43
2	160.6	163.45	119.10	114.50
3	61.21	82.16	102.69	49.22
4	162.56	170.73	121.07	111.96
5	257.77	236.04	257.78	378.79
6	101.09	155.62	113.94	111.65
7	127.14	108.28	114.29	66.03
8	315.15	264.88	315.16	380.00

注：σ_1，σ_2，σ_3 和 σ_4 分别为采用核心法、Shapley 值法、GQP 法和简化的 MCRS 法的成本分配值。

表 13-5 进一步给出了核为非空时，基于对策论的 4 种方法的成本分配值对比效果。可以看出，GQP 法与核心法求得的解相同。简化的 MCRS 法和 Shapley 值法的求解结果较为接近，即优势方支付的成本较少，但简化的 MCRS 方法不能

使得大联盟稳定，而 Shapley 值法求得的解能使得大联盟稳定，即解在核心中。采用核心法支付的成本能使得各个客户形成大联盟，且每个客户的分摊成本比单独配送或子联盟时的分摊成本要少。

表 13-5　联盟客户数为 7 时基于对策论的 4 种方法的成本分配值　单位：元

客户编号	σ_1	σ_2	σ_3	σ_4
1	103.1	54.07	103.1	47.48
2	110.09	136.58	110.09	149.94
3	103.23	73.21	103.23	69.06
4	116.53	149.83	116.53	148.58
5	161.94	170.60	161.94	165.70
6	114.49	148.02	114.49	155.15
7	114.83	91.87	114.83	88.28

注：σ_1、σ_2、σ_3 和 σ_4 分别为采用核心法、Shapley 值法、GQP 法和简化的 MCRS 法的成本分配值。

通过比较解在核心的 2 种方法，即核心法和 Shapley 值法发现，这 2 种方法的子联盟中的客户总成本与子联盟成本之差，即超出率，各不相同。按字典序，将 2^n 个超出率由大到小排列，当字典序为 2 时，核心法的超出率为 -56.9，小于 Shapley 值法的超出率 -47.88。根据优超性质，比较核心法得到的核仁解和 Shapley 值法的解发现，核心法得到的分配方法优超于 Shapley 值法，各个客户整体得到的成本节约最大。因此，当核心不为空时，核心法既能取得核心解，还能取得核仁解。

13.6.4　核心法与按比例分配成本法的分配结果比较

除了基于对策论的方法外，还有按比例分配成本的方法。这种方法比较简单，经常在实际生活中运用。针对研究的问题，按比例分配各个客户成本可分为以下 4 种情况：

（1）按各客户单独采用第三方物流（顺丰）的配送成本比例，简记为 r_1；

（2）按各客户需求量的比例，简记为 r_2；

（3）按各客户离配送中心的距离比例，简记为 r_3；

（4）按客户之间的运输周转量比例，即利用客户需求量和配送中心到客户距离的乘积比例，简记为 r_4。

将 4 种情况分别运算，结果如表 13-6 所示。

表 13-6　核心法与按比例分配成本法下的成本分配值　　　　单位：元

客户编号	σ_1	不同比例分配成本法的成本分配值			
		η_1	η_2	η_3	η_4
1	103.1	47.61	43.87	103.37	37.96
2	110.09	184.47	188.03	81.13	127.70
3	103.23	71.41	68.94	118.64	68.47
4	116.53	148.77	150.42	138.03	173.81
5	161.94	130.92	131.62	160.99	177.38
6	114.49	157.69	159.82	133.32	178.36
7	114.83	83.31	81.48	88.69	60.49

注：σ_1、η_1、η_2、η_3、η_4 分别为采用核心法、r_1 法、r_2 法、r_3 法、r_4 法的成本分配值。

计算表明，按顺丰物流配送成本比例及按需求量比例分配成本的方法取得的解存在于核心中，即满足稳定原则；而按距离比例和按运输周转量比例方法得到的解不存在于核心。因此，按顺丰物流配送成本比例的方法和按客户需求量比例进行分配是可行的，而且通过比较这两种方法，发现其解也较接近。

根据优超性质，即按照字典序方法先从大到小排列，依次比较 2 个分配方案的超出率，超出率越小，客户越满意。当字典序为 2 时，核心法的核仁解超出率为 -56.9，小于顺丰物流配送成本比例方案的超出率 -41.42，更小于需求量比例分配方案的超出率 -37.68。所以，核心法分配方案优超于按顺丰物流配送成本比例方案，而按顺丰物流配送成本比例方案优超于按客户需求量的比例方案。因此，在实际生活中，首先选用核心法进行成本分配；在软件设施等不完备的情况下，可选用按顺丰物流配送比例方法分摊成本，其次是按需求量比例分配法。

为分析客户在不同联盟的成本节约情况，选取客户 1、客户 2 和客户 3 进行详细的对比分析（见图 13-2），当核心不为空时，客户 1、客户 2 和客户 3 在客户数为 7 的联盟中，成本节约最多，即 $|N|$ 越大，成本节约百分比越大；当核心为空时，客户 1、客户 3 在客户数为 8 时，成本节约最多，客户 2 却在客户数为 7 时，成本节约最多。结合需求量数据可以看出，低需求的客户和许多其他的

客户形成联盟，能更好地减少成本，然而，高需求的客户仅仅能够和其他一些客户形成联盟时有利。

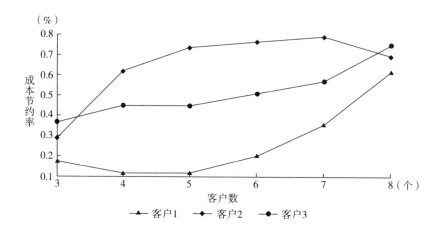

图 13-2　客户 1、2、3 在不同联盟中的成本节约

13.7　本章小结

结合旅行商问题和生鲜农产品共同配送，对比按比例分配成本方法和基于对策论的成本分配方法，得到以下结论：

（1）当核心为空时建立大联盟，需要加入松弛（补贴），才能使得客户不脱离联盟，即大联盟稳定；

（2）在能取得核心解时，GQP 方法的解与核心法的核仁解较接近，其次为 Shapley 值法及按顺丰物流成本比例分配的方法及按客户需求量比例进行成本分配的方法；

（3）在核心不为空时，分析不同客户数联盟，表明合作比不合作有显著的优势，成本节约了至少 11.7%；

（4）低需求的客户更应与其他客户形成联盟，而客户的需求量较高时，其与其他客户形成联盟的条件较严格。

进一步应从以下方面展开研究：优化算法，简化算法的计算过程，从而减少计算工作量；拓展问题，研究多车辆下的成本分配问题。

本章参考文献：

［1］李军，蔡小强. 基于合作博弈的易腐性产品运输设施选择的费用分配［J］. 中国管理科学，2007，15（4）：51-58.

［2］李军，蔡小强. 易腐性产品运输设施选择博弈［J］. 管理科学学报，2009，12（1）：28-37.

［3］朱军伟. 基于合作博弈的农超对接参与主体利益分配研究［J］. 安徽农业科学，2013，41（2）：867-872.

［4］Hsu C I，Hung S F，Li H C. Vehicle routing problem with time-windows for perishable food delivery［J］. Journal of Food Engineering，2007，80：465-475.

［5］Ahumada O，Villalobos J. R，Mason A N. Tactical planning of the production and distribution of fresh agricultural products under uncertainty［J］. Agricultural Systems，2012，112：17-26.

［6］Shapley L S. Cores of convex games［J］. International Journal of Game Theory，1971，1（1）：11-26.

［7］Bondareva O. Some applications of linear programming to the theory of cooperative games［J］. Problemy Kiberneikit，1963（10）：119-139.

［8］Tamir A. On the core of a traveling salesman cost allocation game［J］. Operation Research Letters，1989，8（1）：31-34.

［9］Kuipers J. A note on the 5-person traveling salesman game［J］. ZOR-Methods and Models of Operations Research，1993，38：131-139.

［10］Potters J A M，Curiel I J，Tijs S H. Traveling salesman games［J］. Mathematical Programming，1992，53：199-211.

［11］Schmeidler D. The nucleolus of a characteristic function game［J］. Siam Journal on Applied Mathematics，1969，17：1163-1170.

［12］Engevall S，Göthe-Lundgren M，Värbrand P. The traveling salesman game：An application of cost allocation in a gas and oil company［J］. Annals of Operations Research，1998，82：453-471.

［13］姜启源. 数学模型［M］. 北京：高等教育出版社，2003.

［14］宋美英．基于 DEA 理论的共同成本分配方法研究［D］．重庆：西南大学，2015.

［15］琚春华，高春园，鲍福光，蒋长兵．基于多种方法的共同配送成本分配模型研究［J］．铁道运输与经济，2011，33（2）：57-63.

［16］Young H P，Okada N，Hashimoto T. Cost allocation in water resources development［J］. Water Resources Research，1982，18（3）：463-475.